U0076407

慈濟急難賑災

—— 無量大悲 救苦眾生 ——

TZU CHI
Disaster Relief

編著——

財團法人印證教育基金會

祈願人心淨化、社會祥和、天下無災難。（攝影／阮義忠）

1999 年 921 地震臺北市東星大樓災況及搶救。（攝影 / 林鳳琪）

2010 年高雄杉林慈濟大愛園區入住典禮。（攝影 / 王賢煌）

1991 年中國河南省固始縣水患賑災。（慈濟本會提供）

2009 年中國四川省地震 1 周年感恩祈福會。（攝影／蕭耀華）

2009 年菲律賓凱莎娜風災，鄉親與志工進行清掃工作。（攝影／許書桓）

2008 年納吉斯颱風重創緬甸，慈濟志工搭船前往發放。（攝影／李文傑）

2005 年斯里蘭卡「南亞地震海嘯」救援。（攝影／林炎煌）

2015 年尼泊爾地震，災民點亮燭光為災區祈福。（攝影／蕭耀華）

2000 年約旦巴喀及紮來喜難民營食物發放。（約旦聯絡處提供）

2020 年約旦慈濟志工於安曼帳篷區供應熱食。（陳秋華提供）

2011 年日本地震海嘯，志工前往重災區宮城縣勘災救援。（攝影 / 蕭耀華）

2005 年美國卡崔娜颶風，災民高舉物資兌換卡及上人慰問信。
（美國德州分會提供）

2019 年莫三比克伊代風災，志工前往裘尼斯昆托村發放。（攝影 / 蔡凱帆）

2019 年底 COVID-19 疫情開始蔓延全球，美國馬里蘭州志工捐贈防疫物資。
（美國華府分會提供）

2019 年獅子山共和國爆發伊波拉病毒疫情，慈濟美國總會進行物資發放。
（攝影 /Desmond Jones）

2016 年厄瓜多地震，鄉親在馬路上寫下「卡諾亞重生，感恩慈濟」。
（慈濟基金會提供）

印證法源　廣行宗門

　　慈濟宗門本於一念慈悲濟世之心，五十五年來，超越宗教、種族、地域，撒播無量善種；在宇宙星河，則有一顆「慈濟」小行星，位於火星與木星間、距地球3億多公里，日夜繞行太陽。天上「慈濟」的星光，輝映著世間慈濟人的心光，心星相映，光光相照。

　　這顆「慈濟（Tzu Chi）」小行星，係2007年5月間鹿林天文台觀測時發現，中央大學為彰顯慈濟對世人之貢獻，命名「慈濟」行星。2010年7月26日國際天文學聯合會命名正式通過，象徵以善、以愛為寶的「慈濟」躍上天際，代表無私、無所求的精神恆久傳遞。

　　為傳承慈濟宗門之廣行，各志業同仁發心編寫四大八印專書，蒐羅博采，揀擇核實，徵引大事紀，剖析大數據，匯編大歷史。《叢書》費時一年完成，以四大志業為

綱，八大法印為目；依各志業歷時性的發展為主軸，輔以共時性的學術論述，文理史論，交互輝映。各書以《無量義經偈頌》為標引，諸佛名號果德為指歸，啟發人人本具性德為路徑，誠正信實走入人群，慈悲喜捨濟度有情。

《慈濟慈善志業—洪注大乘　潤漬眾生》志承「如來」家業，如來者，乘如實之道，來成正等正覺。慈善志業以如法、如理、如是之道，成救苦、救難、救世之行。詳載難民援助、防災減災，行善半世紀，愛灑百餘國之紀錄。

《慈濟醫療志業—救處護處　大依止處》效法「大醫王」胸懷，創設全臺七家醫院，在缺乏資金、人力、土地，艱困籌建後，造福偏鄉原鄉；國際慈濟人醫會全球醫療援助，及析論臺灣醫療之永續發展。

《慈濟教育志業—曉了分別　性相真實》學習「天人師」之德行，興辦慈濟大學、慈濟科技大學、慈大附中、臺南慈濟中學四校，培育典範良師，作育人間英才，推廣國際教育、社會教育，援建海內外學校，闡述慈濟教師聯誼會與靜思語對教學之助益。

《慈濟人文志業—大愛清流　法音宣流》本乎「正遍知」之使命，宣揚正知、正念、正行，以期達到正確而普遍了知。回溯慈濟月刊、大愛廣播、大愛電視台、經典雜誌、人文真善美志工創立緣起，報真導正，傳播人間美善。

　　《慈濟急難賑災—無量大悲　救苦眾生》依止「明行足」之德行，結合智慧與實踐，圓滿而具足。在全球災禍連連之際，慈濟人研發救苦救難之科技設備，直接、重點、及時、務實、關懷五大洲、119個國家地區之歷程。

　　《慈濟大捨捐贈—頭目髓腦　悉施於人》體現「善逝」之精神，亦即善巧教化，不執著、無分別，捨身度人。無語良師盡形壽獻身命於大體解剖學、模擬手術教學和病理解剖，貢獻醫學教育，培育良醫。骨髓捐贈則為救人一命，無損己身之例證。

　　《慈濟社區志工—布善種子　遍功德田》立「調御丈夫」之志，各區志工以大丈夫之氣度，調伏煩惱，發揮功能與良能，全人、全家、全面、全程，就近就地，長期守護社區，成為安定社會的磐石。

《慈濟環境保護—扇解脫風　除世熱惱》尋求「世間解」之精髓，通達理解世間之事理，尋求解決環境之沈痾。面對氣候變遷、地球暖化，慈濟推行環保三十年，從回收品研發綠色產品，在生活中減塑、素食到身心環保。

　　總括八冊專書以「事」契「理」，修習理事圓融。以「行」入「解」，深明解行相應。以「悲」啟「智」，體悟悲智雙運。從「做中學，學中覺，覺後修。」實踐慈濟「行經」之宗風行菩薩道，經真實路，尋根溯本，印證法源。

　　叢書分為兩套，第一套「四大志業」，編修慈善、醫療、教育與人文志業，編撰各志業開展史實。第二套輯錄急難賑災、大捨捐贈、社區志工及環境保護，秉持四大八法之精神，結集四大志業相依相攝、合和互協，名為「四大合協」。

　　《無量義經》云：「譬如從一種子生百千萬，百千萬中，一一復生百千萬數，如是展轉乃至無量。」一生無量的慈濟人，秉承佛心師志，為佛教、為眾生，聞聲救苦，慈心悲願之文史得以付梓，感恩四大志業，合心編纂印證叢書，記載志業發展歷程，撰述全球援助事例，匯集人間美善行誼，見證宗門無邊大愛、無量善行。

釋證嚴

序

大愛無痕 —— 無疆界的承擔

慈濟全球志工總督導　黃思賢

　　說到國際賑災因緣，應該要從1991年3月濟助波斯灣戰爭的孤兒，以及6月幫助孟加拉的水患說起，那時由美國分會主導，非常感恩上人呼籲大家一天省一個麵包錢，捐給美國分會幫助孟加拉水患。那一年捐了十五萬美金給紅十字會，這是慈濟第一次的國際賑災。也奠定了之後，我發願當上人的腳，走到全世界苦難地方去賑災，宣揚慈濟，除了感恩自身有此福報之外，更因此改變了我人生的價值與命運。

　　常聽到上人跟我們說，人要見苦才能知福，尤其在這科技發達的年代，生活在臺灣非常優裕的社會，以及美國這麼先進的國家，說要看到暗角眾生，除非你很有心，否則並不容易。我很幸運，因有機會投入國際賑災，參與各種急難救助，所以感受特別深刻。在慈濟援助的眾多個國

家裡，印象深刻的實在太多，在此就簡列幾個讓我學習成長，又十分難忘的國家。

因慈悲前往賑災，以智慧完成任務

　　第一個是阿富汗。1998年2月4日，阿富汗北部塔哈爾省（Takhar），發生規模6.1的強震，造成四千多人喪生，十三萬人無家可歸。當時，慈濟與美國騎士橋組織合作，他們安排當地賑災事宜，慈濟則提供善款，並派員一同前往賑災發放。那時可說是穿梭在戰火中，當地情勢非常紛亂、緊張。賑災團需先經烏茲別克首都塔什干（Tashkent），才能再從北邊，乘坐北方聯盟老舊飛機進入，但起飛時間很不確定，因需確保領空安全，所以隨時都在變化中，總是關關難過關關過，因為要進到巴米揚災區，就這麼一個管道，就是這麼困難。

　　到了巴米揚大佛區，長期戰亂又發生強震，看到巴米揚佛窟中，皆是老弱婦孺、瞎眼殘廢者，孩子更是骨瘦如柴，見了不勝唏噓！慈濟捐贈了650公斤的醫療用品，當地衛生處一名女醫師表示：「我們已是一點醫療資源都沒

有，你們的藥不僅是救急，更是救命！」而這次發放由佛教徒、基督教徒組成賑災團，去幫助遠在阿富汗的伊斯蘭教徒，是真實展現無宗教、種族、國界分別的大愛情懷。

九一一事件後，美國發起對阿富汗蓋達組織的一場戰爭，造成逾百萬人流離失所，慈濟再一次前往阿富汗，在冰天雪地之下，我們來到艾巴克市的哈茲拉地薩頓（Hazrati Sultan）難民營，發放小麥、糖、食用油、煤油、鞋子及毛毯等急難物資。看到當地人民的處境，五歲孩子當戶長，要照顧四歲、三歲、二歲的弟妹；另一角落，一生病的婦人抱著出生不久的嬰兒，孤伶伶地坐在一小洞裡，連一片擋風遮雪的東西都沒有……。此情此景：灰濛濛的天，黃澄澄的地，孤伶伶的人，不像家的家，讓我不禁流下淚來，阿富汗這個歷史上苦難的國度，可說是我賑災路上，看過最悲苦的地方。

離開阿富汗，向上人報告完畢，立即就被通知代表慈濟參與1月20日到22日在日本東京舉行的「聯合國重建阿富汗國際研討會」，共有六十多個國家地區與國際組織代表出席。會議上當大家就援助阿富汗及幫助數百萬難民

重建家園等問題進行協商時，我把握機會跟阿富汗總統及各國領袖分享：「48小時前我人就在阿富汗……」，說出所見所聞，慈濟更已實際幫助了艾巴克市的難民。然令人惋惜的是，20年來沒有因緣再回到阿富汗，圓滿援助巴米揚大學及女子學校的心願！

前勘，了解災情；後勤，運籌帷幄

第二個就是土耳其。1999年8月17日，土耳其發生芮氏規模7.4強烈地震，造成近一萬八千人往生，約60萬人無家可歸。看到如此慘重災情，當時的臺商胡光中投書臺灣媒體，發出「救援土耳其，臺灣在哪？」的質問。其實地震發生不久，慈濟人早已到現場，展開援助工作。與此同時，全球發起「馳援土耳其，情牽苦難人」募心募愛行動。上人哽咽說出：「土耳其太可憐了，所以我們要救！」但當時有人卻理直氣壯說：你告訴我，土耳其在哪裡？土耳其和我有什麼關係，臺灣都救不完了……。

看到臺灣人的冷漠，上人於9月20日開示時，無意中說了一句：「臺灣地處地震帶，要像土耳其這樣，不是

不可能，我們要趕快付出愛心。」沒想到，話才剛說完，9月21日凌晨一點四十七分一陣天搖地動，在花蓮的我也被震醒，那一瞬間想到「上人有沒有怎麼樣？」立刻衝到大殿前，上人已出來，我站在上人身後，聽著上人喃喃自語：「怎麼來那麼快？不知道怎麼會來那麼快？」

當天我請示上人，臺灣發生大地震，土耳其還要不要去？上人說：「早已答應別人的事，就要守信用。」故9月22日一早，我就帶領著團隊飛往土耳其。當地最大報社Zaman頭版頭條標題是「心繫臺灣，身在土耳其，真正的人道救援」。而土耳其政府也立即派遣一救難隊到臺灣，還真救出一位46歲的婦女。後來，當救難隊回到土耳其，與還在土耳其救災的我們見面時，兩隊相互擁抱和感恩。當下讓我深信「希望來自於人類互助」，唯有大愛才能化解大難。

歷經四個多月不停趕工以及暴風、地震、大雪考驗，我們終於完成了300戶大愛屋、200頂大型禦寒帳棚和4間臨時教室，並趕在開齋節讓500戶災民有安身、安心的依靠。賑災團回臺灣前，胡光中也發願以伊斯蘭教徒身

份，承擔慈濟土耳其聯絡點負責人，象徵這分大愛將在當地扎根、延續，也開展目前能在土耳其幫助千千萬萬敘利亞難民，以及教育近萬難民孩子的契機。

災情環境錯綜複雜，抽絲剝繭理出頭緒

另外一個國度是佛陀的出生地尼泊爾。記得1993年，當地發生大水災，造成四十多萬人無家可歸。那一年我打電話給上人，報告尼泊爾發生大水災，慈濟是不是要去賑災？上人馬上問我：「尼泊爾是在哪裡？」我回答說：「是佛陀出生的故鄉。」才牽起慈濟去勘災的因緣，並歷經16個月的時間，在三縣四村重災區，援建1,800戶的大愛屋。

當然，2015年尼泊爾發生大地震，慈濟又即刻前往，甚至請求印尼空軍派機，緊急運送帳篷等賑災物資。此次尼泊爾賑災，同樣有很多動人故事，但也親見無數震毀的寺廟，斷垣殘壁的學校，貧困災民長期露宿街頭的無助景象，此時閉眼猶歷歷在目！最令人扼腕的是，上人的大悲願，為當地大學、中小學及醫院之援建，因為政治因素

而遲遲無法展開，這是我賑災史上最令人難過的一章。我也因地震蓋屋而前往印度，遺憾的是，至今還未能建立慈濟據點。不像酷寒的俄羅斯，在等待一、二十年後因緣具足，終在莫斯科有一群熱心的慈濟志工，展開了救濟單親家庭及殘障兒童的慈善工作。

慈濟紅溪河，清流繞全球

再說印尼，印尼跟我的因緣更是奇妙難喻。紅溪河的故事大家耳熟能詳，2002年元月雅加達遭逢世紀水患，那一整年，我就去了印尼九次之多。印尼是全球最大的伊斯蘭國家，最近一、二十年一些伊斯蘭教徒與西方世界的衝突，可說是近代史中，影響巨大的沈痛歷史。慈濟能夠從1998年排華暴動，開始落實照顧、關心當地居民，到現在印華關係變得祥和，甚至還有華人當上省長，相信這與慈濟人二十多年來，深入民間建清真寺，蓋大愛村、學校，還有設立醫院，舉辦醫療義診及貧困發放等等活動有重要的關聯，也就此改變印尼人對華人的印象，促成印、華和諧共處。

「慈濟」兩字在印尼文的發音，就是「清流」的意思。2007年7月19日，雅加達省長蘇提優梭（Sutiyoso）宣布，將紅溪河部分河段命名為「慈濟紅溪河」。而印尼慈濟也是唯一與國防部三軍總司令長期簽約，必要時有陸海空三軍支援所有慈濟賑災行動的組織，因此傳為佳話。當地慈濟人所做，已成為亮麗、動人的歷史篇章。

「勘災」可以為災民悲傷；「賑災」卻不可感情用事

　　還有就是非洲。2019年伊代風災帶給東非幾個國家非常大的災情，上人發了一個悲天憫人的大願：「用愛來翻轉非洲貧困的命運」。其實，我在1997年就到過南非，與當地慈濟人一起從事關懷、救濟，並給予當地居民職訓、培訓，期待能從根本改善他們的生活。2007年也到過辛巴威。因自己也發願，要協助上人落實翻轉非洲大願，所以2019年，多次前往莫三比克，努力至今，許多計畫已在進行，如23所學校、4座大愛村援建，以及設立培訓中心等。然要翻轉這塊相對弱勢的非洲大陸，以及如何幫助這麼多貧窮苦難的眾生，這將是慈濟未來重大的歷史使命，

也很有可能是我生命後期最艱鉅的任務！

　　從1991年，慈濟幫助中國大陸華東水災，之後96、97年，我也到過河北、福建，對大陸著實有難以言說的情感。1996年夏天，兩岸都遭受到賀伯颱風肆虐，我帶隊前往災情慘重的河北省，那時跟民政部閻部長溝通完後，就到井陘展開勘災工作。當地官員跟我們說，大水來的時候，一著名古蹟上的六根柱子，有六個人緊緊地抱著，才沒被大水沖走，可見當時水之大，情況之驚險。井陘這個地方，也是歷史上蕭何月下追韓信之所在。一根柱子可以救一條命，而在時光推移千年之後，我站在這個地方，因賑災才有機會看到這些古蹟。

　　有時會想，就如那年我站在阿富汗巴米揚大佛腳下，遙想玄奘法師也曾經路過此地，那時這地方稱為「梵衍那國」，睹物思情，同樣也是因國際賑災，才讓我重溫了這段歷史。所以，不管是玄奘法師偉大的取經之旅，還是三國時代慘烈的各國爭鬥，歷史都能作為人類至重、至大的警惕。亦如上人在美國九一一事件後開示，「驚世的災難，要有警世的覺悟」。十多年前便不斷慈示，「美國要覺

醒，世界才會太平；大陸能幸福，世界才會安定。」然想想，曾幾何時，我們真的已有「警世的覺悟」了嗎？這也是我常常低頭思考的重要課題。

當頭棒喝：人到無求「便」自高

我居住美國已近五十年，對於美國慈濟的發展，實有最深的因緣，而美國的賑災，我更是無役不與。讓我至今不敢或忘的一次，是在1994年洛杉磯北嶺區發生規模6.7的淺層大地震。那次傷亡非常慘重，我立刻打電話向上人報告，上人在電話中問了一句：「需不需要本會援助？」當時我想到1989年第一次見上人時，上人期許海外志業發展的八個字：「自力更生，就地取材」。我竟不假思索地回說：「感恩上人！不用，我們美國自己會承擔起來。」其實那時美國分會才成立四、五年，規模還很小，我這樣的回答，也是自不量力。

馬上電話那頭就聽到上人慈悲地訓示：「你不可以這樣，這不是你個人的事情，人到無求，『便』自高」。平常我們聽到的都是，「人到無求品自高」。上人改了一個字以

後，意義完全不同。當下，我恍然大悟，了解上人是在教導我，這是救命的事情，賑災很緊急，而且必須馬上有資源進入，這不是自己覺得，該不該跟人家要求或不要求的問題。每個人有自己的風骨沒錯，但我們是在帶領一群有緣行菩薩道的志工，不能只有個人的思維，而是要以公為重。這一當頭棒喝，讓我以後的慈濟路或國際賑災路，都更加謹慎，事事一定要思維周密，而且要用較高、較大的格局來著想，這點讓我受益匪淺。

獨特的慈濟人文賑災模式

從以上的分享，或許大家已發現，慈濟的國際賑災及急難救助，是以「無緣大慈，同體大悲」為精神依歸，而「直接、重點、尊重、即時、務實」，以及「感恩」，則作為賑災的原則及方法，且盡量要「走在最前，做到最後」，才算圓滿達成賑災的目的。而國際賑災的救援行動，也隨經驗的累積，發展出不同的模式。

早期一開始大都由本會啟動，並派志工前往。南亞海嘯這樣大的災難，沒慈濟人的地方如斯里蘭卡，仍由本

會主導，我依命在災後第二、三天即飛抵重災區，選定漢班托塔勘災，之後在當地援建國立高中、大愛村，以及設立聯絡處。而印尼、泰國、馬來西亞等國家，因當地有慈濟人，做法就是自力更生、就地取材，這也是從賑災經驗慢慢累積發展，主要就是希望讓更多志工，更多有愛心的人就近參與。之後，菲律賓海燕風災，雖菲律賓慈濟人賑災經驗豐富，但因災害過大，故啟動本會及鄰近國家，共同馳援，而形成了另一種全新的賑災模式，例如「以工代賑」、「現值卡發放」、「急難慰問金」等，期盼在安全無虞的前提下，讓更多國家志工能夠見苦知福，共同參與、付出和交流學習。

無論是哪一種賑災模式，慈濟人在救助過程，都一定不忘帶動「竹筒歲月」的精神，期許這些苦難人，也能從手心向上，反轉過來，成為一個能為自己植福、造福，手心向下的人。也就是從一位受助者，變成一位能幫助別人的人，並在他心中播下這助人為善的善因種子，從而也為自己植福。

這些精神理念的源頭，皆是來自上人的無盡慈悲。上

人不斷要我們把「慈、悲、喜、捨」四無量心的悲願，行至全世界苦難處及暗角的眾生。五十多年來，上人一直帶領著弟子行菩薩道，尤其國際賑災，常常是半夜、清晨，都還在關心前線的進度及狀況，並親自陪伴、教導，如2010年海地發生大地震後，因災區太過動亂、危險，我們無法立即前往災區，上人也是步步關心、一天一天都上線視訊，並提醒我們要去關懷當地的修女、神父，這才促成援建天主教聖恩修女會三所學校，並讓修女會本堂的麗塔修女感動地說出：「你們給我們的，不僅是幾棟建築物，而是『希望』。」如今，慈濟所蓋的學校已成為首都太子港的地標，而在太子港最貧窮、高犯罪率貧民窟裡守護的如濟神父，已皈依上人，並受證成為慈濟志工，至今每月仍照顧數萬饑民的生活。

上人就像雁群南飛時，那隻領頭的大雁，所要面對的風阻及承受的壓力總是最大的。領頭的帶得好，雁群自然能安全抵達目的地。所以上人真的非常非常地辛苦，更是不顧自己的生命，「抽骨為筆，用髓當墨，皮肉為紙。」因為來不及，所以要更積極，做到最後一口氣，上人就是

以此作為全球弟子的典範。每次當我遇到困難而頹喪時，每每想到上人，就又精神百倍。

很欣慰，從十多年前，帶動一群發心實業家，成立「慈濟國際人道援助會」（Tzu Chi International Humanitarian Aid Association，簡稱TIHAA），其中包含了食品、衣著、住屋、行輸、資訊通訊、及綠能等六組，之後再衍生出「大愛感恩科技」，目前在防疫PPE及環保衣物產品等，也做出很大的貢獻。這些成果，都是由一群富有愛心的企業家，以實際行動來支持上人悲願，所研發的慈悲科技產品，現更成為慈善救災的堅強後盾。

赤子、獅子、駱駝

國際賑災讓慈濟多次走上國際舞臺，也得到聯合國、梵蒂岡，以及許多國家元首的肯定，如2014年紐約桑迪颶風的賑災，得到白宮歐巴馬總統的讚賞，且派宗教司長到臺灣，參加慈濟五十周年慶典，親自上臺嘉許頒獎。這也是上人理念，「慈悲沒有敵人，大愛沒有國界」的展現。想想當年佛陀有大慈悲心，卻因客觀條件不足，雖然誓

願救度一切眾生，但也只能在印度恆河兩岸，講經說法度眾。今天慈濟在上人領導下，非常不容易地已幫助了119個國家，也在66個國家建立慈濟的據點。所以我們做任何事情，若能依上人教導，用一顆純真赤子心，及獅子的勇猛，再加上駱駝的耐力，相信就能完成每一次賑災的任務。

其實寫這個序的時候，我心中一直有個聲音，要不是上人的諄諄教誨，以及上人用法華菩薩道犧牲奉獻的精神，我實沒辦法一直走在這條充滿挑戰的賑災路上。就如擁抱蒼生歌曲裡所表達的，「若不是大智大仁和大勇，有誰敢擁抱蒼生？」我相信慈濟的國際賑災不管是在國際上，或者是臺灣內部，所作所為都已是歷史上不可抹滅的篇章，個人除了感動以外，還是環抱著謙卑心，畢竟要有這些苦難示現，才能成就此福德因緣，這也是上人經常對我們的叮嚀：「付出無所求，還要感恩！」本書的編撰，相信也是要傳達這種精神理念。

最近上人的開示談到影子，讓我有感而發，我們每一個人沒有辦法跟上人一樣，一生一心一志，專心做一件事，那就是「為佛教，為眾生」。因我們有家業、事業，

重重的業障；有親情、愛情，等等的私情。但是，假如有五十個、五百個，甚至五千、五萬個人加起來，能貼近上人的心志，說不定也能成為上人的影子。上人最近常常說「大愛無痕」，也是在提醒我們，要做到無私、無我，才能成就大我，也才能做到「無疆界的承擔」，這是菩薩道修行很高的境界。慈濟人因國際賑災，急難救助發揚了佛教精神，對於個人修行也產生了莫大的助益。

個人才疏學淺，不敢說這是為本書寫序，僅是講出一些自己參與國際賑災時，所得到的感受與體會，也想藉此分享，向大家請益，並給予指教。更希望慈濟這一段段的歷史，能藉此出書因緣，展現給全世界的人看到、知道：在慈悲的上人—證嚴法師帶領之下，慈濟人做了哪些悲天憫人的賑災事蹟，如何弘揚靜思法脈，慈濟宗門於世界各地。為此因緣，深深感恩！

思賢筆於美國洛杉磯 2020 歲末大寒 COVID-19 疫情嚴峻時

目　次

2009 年屏東莫拉克颱風賑災（八八水災）。（攝影／廖瓊玉）

2015 年臺北復興航空空難，慈濟志工為潛水員披上毛毯保暖。（攝影／吳麗花）

2018 年花蓮 0206 地震，慈濟志工補給毛毯供鄉親禦寒。（攝影／潘彥同）

2016 年臺南 0206 地震，慈濟志工在倒塌大樓現場設立關懷站。（攝影／許翠卿）

921地震後，上人關懷旭光國中希望工程進度。（攝影／阮義忠）

第一章
臺灣急難賑災

釋德淨

◇◇◇◇◇◇◇◇◇◇◇◇◇◇◇◇◇◇

慈濟是宗教團體也是慈善機構，從事慈善活動已有五十幾年的經驗，創辦人證嚴上人凡事都以人為中心來思考，所以過程中不是只有救災行動，更有救災的理念與智慧。

依據衛生福利部的定義，急難救助是針對遭逢一時急難的民眾，及時給予救助使其得以度過難關，迅速恢復正常生活的臨時救助措施。慈濟的一般急難救助方式為：由各地民眾就近報知當地慈濟委員，經委員親自瞭解後，向花蓮本會或各地分會專職社工員提出申請，或由當事人以電話向本會及各分會社工員提出申請；當社工員接案後，會立即通告委員組成的濟貧訪視小組進行個案訪視，再決定是否給予幫助、如何幫助。

若發生緊急災害時，則由慈濟人立即趕赴現場進行救

助。上人一向期勉慈濟人抱持「跑在前頭，做到最後」的精神。所謂「跑在前頭」，就是急難事件一旦發生，慈濟委員馬上發揮立即動員的力量，趕赴現場，給予受災民眾及時的幫助、關懷和慰問。「做到最後」，是指災後還要對受災戶做後續的追蹤關懷，確定案主能夠完全自立，真正度過難關，才能結束工作。急難救助，是慈濟人發揮佛教「聞聲救苦」、「拔苦與樂」精神的具體表現。

壹、慈濟急難救助的精神理念與智慧

一、第一次

（一）首次的大規模急難救助

佛教慈濟功德會創立之初，所有的資源都非常拮据，一切都還處在克難時期，平時都是花東地區鄰里間的貧困濟助，資源也都用在刀口上。

1969年9月臺東縣卑南鄉大南村，因逢艾爾西颱風過境，颳起陣陣大風，大南村一戶人家煮食的星星之火蹦出灶臺，在風勢助長下延燒起來，最後釀成了全村的大災難。當時上人剛好在豐原，從收音機的新聞播報得知，這

場大火傷亡慘重，全村已成廢墟，立刻趕回花蓮和慈濟委員趕赴臺東，親自深入了解災情。

當時慈濟功德會甫成立第三年，花蓮委員不過十來人，缺善款沒人手，而大南村燒毀的房屋有一百四十多戶，百餘人死傷，七百多人無家可歸。需要救援的人那麼多，如此單薄的力量要如何伸援呢？

在實地勘災慰問後，知道臺東縣政府有成立臨時收容所，安置災民食宿。但上人思量僥倖逃生的人，雖食宿已有著落，然而身無長物，尤其時節已過中秋，天候漸寒，最需禦寒之物，於是決定展開慈濟首次的大規模救濟行動。除了請慈濟委員積極募款外，並呼籲各界善心人士，伸出援助之手，最後以兩萬餘元購得毛毯148條，並親率花蓮委員前往臺東大南村致贈給災民，每一災戶發放一件，帶給災民無限的溫暖。

1995年6月的慈濟全省聯誼會上，有位大南村的沈為信先生帶來一條毯子，上面繡有「慈濟功德會敬贈」字樣；沈先生表示，1969年9月大南村發生大火，慈濟前往賑災，這條毯子便是他當時領到的發放物。這件毯子溫暖

了他們一家 7 口，陪著他度過二十幾個寒冬。沈先生將毯子回贈慈濟，做為慈濟歷史的見證，這條毛毯，現在存放在花蓮的慈濟靜思堂展覽館，它肩負歷史的使命，要為所有的愛做見證。

（二）首封急難慰問信

1970 年 11 月 27 日晚間，花蓮市成功街發生大火，火勢波及仁愛街、福建街，使七十餘戶三百多人無家可歸，損失達 1,400 萬元以上。

當時慈濟功德會才創立 4 年多，雖有許多善心人士極力護助，但因救濟的對象月月增加，每月支付數目總在收入邊緣，所以當時所存的餘款不多。但因這次火災的損失真的很慘重，所以上人及全體慈濟委員再三討論後，決定將本會幾年來存蓄的基金撥出一大部分，作為這次火災的慰問金，數目雖然微薄但誠意十足。

致送災民慰問金時，還附一封給受災民眾的慰問信，裡面除了以佛法說明世間無常的真理，也安慰災民不要因為遭受這次的災難而傷心，只要人命平安，平時多造福業，自然會有福報。最後還提及這次災害損失慘重，本會

應該盡最大的力量，但因本會的儲蓄有限，所以慰問金數目雖然微薄，卻是集千餘人的善心，致萬億分誠意的共同慰問，希望大家不要嫌棄。這封是慈濟史上的第一封慰問信，後來在慈濟的賑災發放活動上都會附上一封對災民的慰問信。

（三）首次的急難賑災模式

全球慈濟人從事急難賑災時，通常是先到災難現場勘災，確定需要協助時就會啟動募款，然後開始了解需要協助的人數名冊，接著進行發放工作。而且會秉持「直接、重點、尊重、及時、務實、感恩」的賑災原則，對受災居民持續關懷，讓慈濟的救災工作有願有力，有方有法，而且有始有終！而這樣的原則是有其演變歷史的。

1973年10月8日，強烈颱風「娜拉」在雅浦島西北方海面形成，繞過本省西南部海面，由金門附近進入大陸地區。這個颱風雖未登陸，卻為東部地區帶來接連3天的豪雨，致使花蓮縣玉里鎮、臺東縣受到空前的大災難。依據當時內政部資料顯示，此風災造成一百多人死傷，一千多間房屋倒塌，學校損毀、田地流失、農作畜牧養殖、防洪

灌溉工程、道路橋樑損壞等災情極其慘重。

　　當時適逢國慶期間，新聞都報導國慶的相關活動，西部民眾並不知道東部發生嚴重災情，無法即時給予援助，於是上人本著慈悲濟世的精神，率同多位委員前往災區實地調查災情。由於公路，鐵路、橋樑被沖毀流失，訪視時還有許多未修復，交通斷絕了，消息不通，所到之處發現災情比想像中的還要嚴重。首先在玉里災區勘災時，逐戶慰問災戶並調查受災的人口及戶數，以便作為救災確實資料，讓委員們可以討論出濟助的標準。

　　回來後立刻召集委員舉行會議，因為這次災害損失的地方遼闊，受災人數甚多，評估賑災款約需60萬元，但本會僅有十幾萬元基金，而委員只有二十幾位，大部分會員的生活也不寬裕，但上人覺得「不救，心不安」，還是決定在克難中賑災。於是發動東部的委員到街頭巷尾勸募，而上人則手刻鋼版印紅單，寄送到西部的每一座寺院，請大眾捐款。

　　另一方面也向大眾募集舊衣物，但因只有少數人力，實難整理大量衣物，所以廣召愛心人士來幫忙分類，還請

大家各自分攤一部分帶回家中清洗、縫補，將衣物整理乾淨，提供給無家可歸的災民禦寒度冬。舉辦發放時，還為受災民眾辦理義診服務，期能讓災民早日恢復安穩的生活。

娜拉風災是慈濟功德會成立7年來，面臨最大的挑戰，也是最大一次的賑災工作，當時會中決定成立賑災小組，訂定濟助發放的標準，設立捐款專戶籲請各界捐輸，由各委員負責勸募，發放時同時舉辦義診服務等等，便成了日後慈濟急難賑災的模式──勘災、募款、造冊、發放。這個模式後來又演變出急難救助的原則，到目前為止仍是全球慈濟人急難賑災的標準程序。

1991年的大陸賑災工作，是本會從事慈善救濟工作，首次遇到最困難艱鉅的挑戰。當時除了災區遼闊、災民眾多，且兩岸關係未明，剛開始大陸官方希望慈濟也能比照聯合國的作法，將所有物資折合現金，交由該協會統籌使用，為災民蓋房子。但慈濟已有一套急難賑災模式，而且還要善用每一分善款。為了降低彼此因政治僵局所引發的誤解與敵意，又能堅定「尊重生命」以及「人道關懷」的信念，於是提出事先擬具的賑災構想：一個目的、二項原

則、三種不為、四類物資、五個希望，並希望協助安排評估小組前往災區了解災情。

由於大陸賑災首次提出「直接、重點」的賑災原則後，慈濟人再根據實際的救災經驗以及上人的提醒與指導，慢慢演變調整成「直接、重點、尊重、及時、務實、感恩」的原則，現在慈濟人參與各項急難救助時，均會依此賑災原則，務必將關懷親自送達最需要的災民手中，這同時也是對捐助者的善心負責。

二、平凡的熱食 無限的暖意

通常對忽然遭逢災難的民眾而言，除了保障生命的安全以外，生理所需常常是第一時間就必須到位。在慈濟急難救助的過程當中，熱食是最常被需要的物資。

1989年10月26日由花蓮機場飛往臺北松山機場的華航班機，起飛3分鐘後，因轉向錯誤撞上花蓮的加禮宛山而墜毀，機上54人全數罹難。當時因為失事現場在山區，地形險峻沒道路，完全靠人工徒步救難，所以請求山下的靜思精舍協助提供場地、對外通訊、傳真等服務，及

提供全體搜救人員、罹難家屬及記者們的飲食（飯糰、飲水），這是慈濟第一次在急難時協助提供熱食。

1995年2月2日（大年初三），板橋市中正路發生瓦斯爆炸，造成119戶住戶房屋被燒毀、燻損，數百人無家可歸。由於適逢家家戶戶歡慶新年之際，災難來得如此突然，當地居民既驚嚇、也錯愕，大家只能睜著淚眼看著現場迅速蔓延成一片火海，卻無能為力挽救些什麼。慈濟人當天迅速成立救難服務中心，協助解決災民的民生問題。從搭棚煮熱食、薑湯到送衣禦寒均細心備妥，讓驚惶未定的災民免於挨餓受凍，並於次日下午迅速發放慰問金。這次提供的熱食美味可口，而且所吃到的都是熱騰騰的，這已經非常接近受災民眾的需求。

有了板橋瓦斯爆炸事件的經驗，1999年9月21日凌晨1點47分臺灣發生大地震，慈濟人兩點多抵臺北松山東星大樓現場協助救難人員，並馬上分工烹煮熱食，一直配合到救災結束。重災區的中部地區，從地震發生後，慈濟人24小時輪班全天候為災民們供應熱食熱飲。全省總共設置30個大的煮食點（小點不計），提供熱食及帳蓬、睡

袋、棉被、水、乾糧、奶粉、照明設備等民生物資，服務救難人員與災民。

上人到災區看見到處搭帳篷煮熱食，而且旁邊又是一桶一桶的瓦斯，這些「臨時廚房」管線紊亂、大人小孩進進出出，不禁擔憂：「那些地方都很窄，一大鍋水在那裡滾，菜也在那裡切、那裡煮，瓦斯管線交錯重疊，若不小心踢倒，真的很危險。」而且不只九二一災區，颱風侵襲後的受災鄉鎮，也常見這種場景。

上人為了確保安全，於是提出了煮熱食的解決方案，一是在慈濟各會所、環保站廣設廚房；其次就是設置「行動廚房」，把鍋具、瓦斯、火爐集成一體，哪裡有需要就往哪裡去。

2000年10月31日，象神颱風襲臺，全省各地災情以北臺灣受災最嚴重，當時桃園有新航空難，大臺北地區到處淹水，慈濟人乘坐橡皮艇到災區發放，基於「需求訊息統一接收、物資集中發送、烹煮過程安全衛生、前往災區交通便捷、人員調度彈性」等原則，上人指示在內湖聯絡處設置中央廚房。中央廚房雖然在忙亂中成立，但8天供

應受災地區民眾20萬份便當，另有麵食、土司、饅頭、油飯、餅乾、礦泉水、熱湯、薑茶等。首次設置的中央廚房立即在急難救助期間，發揮了極大的效能。

隔年的納莉颱風重創全臺，3萬餘志工提供災區六十多萬份熱食及協助清掃、義診、發放應急金及物資、勘災關懷等。當時大臺北地區是重災區，每天熱食的需求，連煮飯都來不及，更不用說煮菜，中間還曾發起「每人帶飯來」，亦即呼籲慈濟人在家把飯煮好後帶到內湖園區，中央廚房則負責煮菜的方法，但是還是無法供應每天的熱食需求量。後來慈濟人進一步與餐廳、便當公司合作煮飯，才解決了熱食的需求。

而行動廚房的概念，也在慈濟志工憑著「以師志為己志」、「有事弟子服其勞」的使命感，開始將抽象的設計概念具象化，並不斷地請示上人。2001年3.5噸級的「大愛餐車」通過檢驗，正式啟用發揮提供熱食的功能。10年的使用過程中也陸續發現一些大愛餐車可以改善的事項，後來為了提高品質和擴大提供熱食的數量，於是再重啟設計，將廚房與車體分離。二代行動廚房在2013年推

出，2015年首次支援復興航空南港空難的救援行動，更在2016年臺南維冠大樓震災搜救現場發揮極大的功能。

隨著慈善邁開國際化的腳步，上人思及海內外慈濟人緊急動員賑災，於災區要採買食材以及煮食用餐都有困難，於是責成幾位精舍常住，在人援會的協助下，亦曾前往日本參觀、了解乾燥飯製作的方法與流程並用心研發，2006年終於成功地做出美味的「香積飯」。2009年莫拉克重創南臺灣，在災區沒水沒電的情形下，根本無法煮食，於是熱食提供全面改採香積飯。香積飯不論用冷水、熱水，皆可沖泡食用；於賑災時，發揮快速救援、節省能源、就地沖泡等優點。現在全球各地只要發生急難賑災事件時，第一時間都是先提供香積飯。

提供熱食的歷程，從華航花蓮空難的精舍飯糰、板橋瓦斯氣爆、九二一大地震等的災難現場煮熱食、象神颱風設置中央廚房統一煮食、研發「大愛餐車」，到現今「香積飯」用於全球，可以看到慈濟救災的理念與智慧。一個便當雖然不用多少錢，但背後的心意與精神，卻遠遠超過它的價值。

三、安身的堡壘 慈濟大愛屋

慈濟慈善志業長年來，不斷在海內外為孤苦無依者建屋、為受天災的民眾造村，建屋、造村都是為了讓受難者能安頓身心，展開新生活，世代都擁有平安的家園。

慈濟為受災民眾建屋的歷史，要從1967年10月初剛決定濟助的孤苦老人李阿拋說起，由於他的茅草屋已破爛不堪，佔地大概只有3個榻榻米，他的眼睛已經失明，煮飯睡覺都在裡面，上人擔心萬一他煮飯的火苗沒處理好，可能有燒毀他棲身之所的危險。過了幾天來了一個颱風，上人擔心老人的安危，於是就在功德會克難草創、縮衣節食下籌措工程費，為他重建一間空心磚水泥砌、覆蓋鐵皮、佔地5坪的新屋。土地由當時服務於花蓮鐵路局的南華鄉熱心人士張榮華先生捐贈，這可算是慈濟援建的第一間慈濟屋（後來改稱為大愛屋）。

1971年7月，娜定颱風過境造成花蓮縣災情慘重，大水沖毀堤防橋樑，許多房子倒塌。新城鄉嘉里村有3戶貧民的房屋倒塌，無力重建；為了讓他們有個安穩的家，於是慈濟購地建屋3間。當時物力維艱，本會也沒有充裕的

基金可供使用，只得邊建屋邊籌錢。期間，地方熱心人士也有提供瓦、鋼筋、門斗、碗盤等物資協助。1971年11月11日3間房屋落成了，初期命名為「慈濟一期小築」，而後更名為「慈濟嘉里小築」。贈屋儀式由上人主持，花蓮縣長黃福壽蒞臨剪綵、新城鄉長吳萬紫啟鑰，還有花蓮社會各界人士都到場參加，場面隆重而溫馨。黃縣長實際了解實況後，深為感動，嘉勉備至，他期望各界多給予本會贊助，以期能使更多的貧民受惠。

1975年8月妮娜颱風橫掃花蓮，造成新城、秀林、花蓮市嚴重受災，許多災民「舉頭無屋蓋、下腳無寸地」。為了幫風災貧胞重建家屋，慈濟功德會設立賑災捐款專戶，這是慈濟早期有計畫性的首批建屋，使用材料為水泥磚造。工程分兩期進行，第一期6幢房屋建在功德會右側後方，土地為本會所有，安頓孤兒寡母，1993年精舍改建，這6幢房屋就拆除了。第二期房屋位於精舍右前方、約兩公里處的康樂村民眾活動中心附近，由於土地為國有，取得手續繁複，動工較晚，共建築3棟隔成9戶，收容單身災民，稱為「慈濟康樂小築」。康樂小築歷年來，

多位案主相繼往生，也陸續從慈濟醫院轉來不同個案，到目前為止仍有人居住，讓案主能安居生活。

幾十年過去了，這些住屋依然挺立，當時住在「嘉里小築」的住戶已到第三代，房子或許舊了，但慈濟幾十年來的如常關懷，隨著時間的累積，卻越來越濃、越來越醇，只要了解這段過程，總會深深地溫暖人心。

1967年，慈濟功德會以新臺幣四千餘元為貧戶首次興建房屋；1991年前往大陸賑災時，首次為災民興建慈濟村；1994年，首次在臺灣為南投縣仁愛鄉翠巒部落建慈濟村。其後多次在國內外興建慈濟屋或慈濟村，以協助貧民和災民度過難關。因慈濟屋及慈濟村匯聚了所有慈濟人的愛心，所以有時又稱「愛心屋」，現在則通稱「大愛屋」或「大愛村」。

1999年8月土耳其發生大地震，慈濟人在當地緊急提供6,000條毛毯和3,000份床墊；另外，為讓災民能儘早安居，9月18日派遣7人工作小組再赴土耳其洽談搭設簡易屋事宜。結果還在洽談中，臺灣發生了大地震，中南部災區倒塌的房屋不計其數，大部份受災民眾都住在帳篷裡。

上人到災區關心災民，發現帳篷裡熱又不透風，一遇下雨天裡面就積水，災民根本無法安住。上人心疼災民，為了讓災民有暫時且安全的棲身之所，就提出儘速在災區廣建組合屋及大愛村，並且希望無家可歸的災民們，能在寒冬將至之際搬離帳篷，於是本會9月23日開始採購組合屋建材，9月28日動工，至同年12月28日悉數完成。慈濟當時援建的種類包含住家、簡易守望相助亭、簡易派出所、消防隊臨時辦公室、簡易圖書館及佛寺等，動員人力超過5萬人次，完成1,776戶。

　　慈濟大愛屋以「人性化」為考量，上人強調以堅固、環保、社區總體營造三大理念，建構大愛屋。所以慈濟人以兼顧環保理念，並用建構「自己的家」的心情來為災民蓋房子。其建築理念是採墊高設計、周遭路面則鋪設連鎖磚，目的就是讓大地有呼吸的空間，也便於3年後土地能完好歸還給政府和相關單位。打造時也特別設計出一個符合災民生活需求的環境，讓他們能夠安頓身心，這樣才能擁有重建家園的勇氣。當時的大愛屋雖不華美，但大愛屋的物資齊備，災民一搬進去就有家的歸屬感，可以幫助他

們重新開始人生的新旅程。

　　莫拉克風災重建之初，大家紛紛提出比照九二一大地震的模式，趕快搭建組合屋給災民安住，但上人卻提出援建永久住宅的想法，上人分析為受災鄉親建設永久住宅的考量是，災後已知山區崩坍嚴重，山體滑動不穩，重建之路會走得很辛苦，受災鄉親未來何去何從？大家都不知道。更何況全球氣候變化愈來愈劇烈，鬆動的山體已經禁不起風雨的摧折，希望山區居民能遷至安全的平地，故決定為受災鄉親建設永久住宅，使之得以世代安居、安定生活，孩子的教育也不受延宕。

　　而九二一的受災者，屬於截然不同的社會經濟層面，當時受災地區在平地，許多鄉親的家園毀壞了，但大部份可以就地重建家園，只是需要一些時間。而鄉親們攜家帶眷，無法長久居住飯店或借住親朋好友的處所，也不忍心讓他們棲居帳篷，所以趕緊商借土地，搭建簡易屋。等到2、3年後，鄉親另尋合適的租屋處，或是重建住屋，陸續搬離大愛村，慈濟就將簡易屋拆除，建材回收再利用，土地則完整歸還所有人。慈濟為受災鄉親所做的一切，最

主要的也是要發揮安定社會的大力量。

　　2010年元月海地發生芮氏規模7.0的強烈地震，一百五十多萬人受災，罹難者逾30萬人。慈濟於第一時間籌備物資、志工待命，啟動賑災救援機制，由美國總會、多明尼加聯絡處成立賑災協調中心，攜手合作，做為慈濟賑災第一線。本會並發起「善念齊聚‧送愛到海地」的全球募心募款活動。

　　由於災情慘重，災民只能緊急安排住在帳篷區，慈濟海地勘災團透過視訊回報，海地雨季即將來臨，志工先緊急發放一千多戶的塑膠布，但塑膠布只能應急使用，如果沒有更好的住所可以遮風避雨，居民在雨季的生活可能會雪上加霜。上人因不捨受災民眾棲身簡陋帳篷、直接睡在泥濘地上，即請慈濟人著手研發簡易住屋。

　　這時南投有一位企業家，因看到慈濟人在莫拉克風災的付出，很感動，正巧倉庫有一批簡易急難屋，材質是由白色的PP瓦楞板作成，原理就如同手風琴一樣，一拉開就是屋頂和牆壁，只要再加上二面門板，用防水膠布連接，大約30分鐘就能蓋好，而且只有40公斤重，搬遷容

易，希望捐給慈濟去賑災。拆裝容易，防水耐熱，輕巧不怕地震，正好符合海地居民所需求，經過測試和評估後，發現只需再加強隔絕地面上的濕氣問題就可以。於是慈濟人稍為改裝，在屋內加上15公分高的地基，先送280間簡易急難屋到海地。

後來因應全球各地災區不同的環境需求，簡易屋不斷地研究改進。從最早的臨時賑災帳篷、住屋型帳篷，改良至PP瓦楞板簡易屋，後續又強化了架高型地板、防風、防雨及改善通風等功能。2013年年底，菲律賓遭受強烈颱風海燕侵襲，慈濟的中長期援助計畫中，就為當地災民援建二千多戶改良後的簡易屋。

而置於簡易屋內的「淨斯多功能福慧床」研發因緣，是在2010年巴基斯坦水患時，上人從慈濟志工傳回來的畫面中，看到一個剛出生不久的嬰兒，鋪著簡單的衣物睡在地上。上人心生不忍，請志工們從海地簡易急難屋的墊高板再集思廣益，設計出輕巧、可摺疊、易組裝及易搬運等多功能的福慧床。後來志工設計出「簡易組合式睡床」，順利地在巴基斯坦發放，床架是由ＰＰ瓦楞板交錯

組裝而成，床面離地有15到20公分，足以隔離低溫、雨水和溼氣。夏天時鋪上ＰＰ瓦楞床板即可，秋冬時氣溫低再加上一層發泡床墊，就可以保暖。比起鋪毯子躺在地上，慈濟人設計的床讓受災鄉親睡得安心，不再受坑洞或雨天積水所苦，健康也更有保障。

有了「簡易組合式睡床」的基礎，慈濟志工再不斷地努力研究，並且多次由上人指導方向，終於研發出融合慈悲與大愛的「淨斯多功能福慧床」。在操作上也非常簡單，不用組裝，不需螺絲、扳手等工具，一拉開就可以躺、可以坐，這項賑災新法寶，隨著慈濟人救災的足跡，已分送至世界各地，也運用在臺灣的慈善工作或大型賑災行動。

上人曾經慈示，淨斯福慧床的因緣，起於苦難眾生，慈濟志工見苦知福，啟發內在本具的慈悲心，立下助人離苦的願，然後落實在行動中，開始研發製作，於是有了福慧床的誕生。上人也以此砥礪眾人慎念勿忘，唯有時時保持清淨無染的意念，知足、感恩、善解、包容，才是能夠解脫苦難，轉苦為福的最根本方法。

四、送行者的菩薩胸懷

　　飛機大概是目前世上最快的大眾運輸工具，節省人們非常多的交通往返時間。不過，若遇到一些不可抗拒或人為因素而造成的飛機失事，可能是最可怕的事故之一。通常出事了大多是凶多吉少，尤其事故現場所見的一切，都是觸目驚心，而所造成的人員傷亡和財產損失，通常都會讓人無法接受。

　　慈濟首次參與的空難事故急難救助，是1989年10月的中華航空204號班機空難，那時慈濟功德會因地利之故，做了一些簡單的行政後援協助。1994年4月26日晚間，華航第140班機在日本名古屋機場降落時，不幸失事，造成264人罹難、7人倖存的慘重傷亡。這次的空難意外，也稱之為「名古屋空難」。

　　空難的次日上午，上人交代日本慈濟人在臺灣家屬抵達後，要特別照顧他們的身體狀況，除安慰家屬，並在協調、溝通及生活照顧上，給予家屬們一切協助。原先日警不允許毫無關係的人進入空難現場，但因認屍家屬情緒激動，哀哭聲四起，現場一片混亂。而且因為語言上的隔閡

造成許多不便，日方所派的翻譯人員又不多，所以，通曉中（含閩南語）、日、英文的慈濟師兄師姊隨即派上用場，慈濟人分別慰問每位家屬，家屬在聽聞勸慰後，情緒才較穩定。這也就使原本封鎖的失事現場，特准身著慈濟志工背心的師兄師姊，穿梭其間幫忙處理。

當時有罹難者家屬反映，日方為往生者化的妝太過簡易，慈濟日本分會Amy師姊在得知消息後，主動表示願意幫罹難者補妝、換衣服。當Amy師姊為亡者補妝時，在場家屬以及日方人員均合掌為罹難者助念，場面感人。而那些尚未認親的家屬，何嘗不是存著一分渺茫的希望，心裡都期望親人能倖免於難，想著也許是被拋到某處的草地上，只是還沒被發現，並未受到重傷、火燒而遇難……。日本慈濟人本著將心比心、人傷我痛、人苦我悲的心情，一路陪伴安慰家屬，當時遺體停放所及遺體安置所，僅准許穿慈濟志工背心者進出。

在名古屋災難現場的慈濟人，從失事後就和花蓮本會保持聯繫，隨時提供現場所發生的相關訊息及需要協助之事。而臺灣的慈濟委員則組成關懷小組，登門慰訪華航名

古屋空難罹難者的家屬，除致上慰問函、慰問金及水果禮盒外，並殷殷詢問治喪事宜是否有需慈濟人協助之處。許多家屬見到慈濟人從日本到臺灣，仍不斷持續追蹤給予關懷，皆深表感動與謝意，多數家屬都堅持退還慰問金，並詢問委員有關佛法的因緣觀及往生處理等問題。直到罹難者家屬護送遺體返回臺灣，撫喪事宜才由臺灣的慈濟委員接續，在罹難者居住地分別展開。慈悲，戰勝了一切畏懼，也讓志工變得更堅強、更有智慧。

1998年2月16日晚間，從印尼峇里島飛返中正機場華航CI676班機，因重新起飛撞上機場外圍而失事墜毀，機上196人全部罹難，另波及2位民眾及4位計程車駕駛與乘客，共計202人往生。這是臺灣史上首次發生的重大空難，也稱之為「大園空難」。

有了日本名古屋空難事件的協助經驗，慈濟人的關懷行動變得更有效率及智慧，從電視報導中獲知空難消息後，桃園地區八十餘名師兄師姊10分鐘內即前往現場待命，並應華航要求到過境旅館安撫家屬。同時於災難現場成立「緊急服務站」，安撫家屬，協助助念。而桃園支

會則成立「指揮中心」，統籌整體服務網絡。由於天氣寒冷，慈濟人趕快煮薑湯、熱麵條供救難人員及家屬驅寒充飢。當罹難者遺體運至板橋殯儀館時，隨即設立「服務臺」，由北區慈濟人以兩個小時為區隔，50人為一梯次，全天候輪番助念。同時慈濟人還協助現場清理善後事宜，慰問關懷波及戶、受災民眾及罹難者家屬。

慈濟人雖破例被允許進入現場助念，但在通往失事現場的路好長好長，罹難者遺體血肉模糊，飛機殘骸散落一地，慈濟人在毫無預警的情況下，面對一張張亡者驚愕的容顏，大家都心跳得很厲害，只能不斷告訴自己，這時候不能害怕，就算是怕，也得承擔這個工作。面對這樣的景象，若不是有大智、大仁、大勇的菩薩胸懷，有誰願意承擔這樣的工作？

2000年10月31日正當象神颱風侵襲臺灣時，新加坡航空在桃園機場發生空難，意外發生後40分鐘，慈濟桃園支會立即成立了聯絡中心，50位志工及急難救助隊員也隨即抵達失事現場，協助搬運遺體、布置臨時靈堂等。

有了大園空難的協助經驗，讓慈濟人更有智慧和慈悲

心，當一具一具焦黑的遺骸被一次又一次地掀開指認時，看在志工眼裡令人悲憐，更何況是家屬？慈濟志工主動協助法醫，經歷12小時的勇氣，整理出一本「認屍目錄」，詳細記載了每位罹難者身體特徵和隨身物品，一來可避免罹難者的遺體一次次被掀開、展示，對往者產生不敬；二來也可讓家屬在認屍的過程中，有所參考和依據，以便順利尋回親人遺體。

2002年5月25日，預計從桃園飛往香港的華航CI611班機，下午3點28分在澎湖馬公外海墜機，造成225位乘客及機組人員全部罹難，原本純樸寧靜的菊島，頓時變成了哀戚島。墜機意外發生後，僅有32位慈濟志工的澎湖，全體動員，承擔起協助第一線的工作。晚間，當第一具罹難者遺體被打撈上岸時，因家屬還沒有到現場，慈濟志工暫時遞補家屬的位置，守候在罹難者身旁，以輪班方式不眠不休地替亡者助念。

26日一早，從臺灣本島趕來的慈濟志工，立刻投入罹難者資料建檔及協助家屬比對的工作。有些悲痛過度的家屬，以口述方式由志工代筆登錄相關資料。檢察官勘驗

的資料建檔後，志工立刻依家屬提供的資料先進行比對，找出大致符合家屬描述特徵的遺體，再請家屬確認，避免家屬逐一辨認而更感哀傷。

膚慰、協助比對、確認遺體、入殮、助念、設置靈堂之外，現場救難人員及家屬的體力也是必須被照顧的。如香積志工在接獲新航空難消息後，必須在最短時間內，準備熱食，哪怕是狂風暴雨的颱風夜，香積菩薩們想盡辦法籌措食物，不管是挨家挨戶去敲門，收集1塊薑、3塊豆干、半包香菇，或是走遍大街小巷收購麵包、乾糧等，就是為了呵護救難人員及家屬，讓往者靈安、生者心安，這種人傷我痛、人苦我悲的慈憫之心，一一顯露在這些人間菩薩的身上。

一杯熱薑茶，溫暖了一雙雙冰冷的手，一碗熱食，暫時撫慰了悲傷的情緒。除了前線支援外，遇難後的心靈重建工作也相當重要，慈濟志工以愛的接力，持續給予關懷。罹難者家屬悲痛多久，慈濟人的關懷就有多久。慈濟人以虔誠、尊重、正念的精神投入救災工作，長期無私的付出，受到多方的肯定。

由於名古屋空難、大園空難，慈濟人快速動員協助和關懷，受到各航空公司的讚許與肯定，從2000年8月開始，慈濟受邀參加「機場緊急應變訓練課程」，將慈濟團體加入機場的任務編組，有效協助救難工作進行。

　　當日本名古屋空難發生時，日本分會慈濟人，不眠不休地協助翻譯、認屍等工作，感動了所有親屬，華航特別在2周年的慰靈祭上，感恩慈濟人的無私付出。

　　而中華航空，為了感謝慈濟人在多次的空難事件中，即時伸出援手，在四川大地震時，也響應了「川緬膚苦難、善行聚福緣」活動，免費以專機方式，將4萬2,000條的賑災毛毯，送達災民的手中。

　　慈濟基金會創辦人證嚴法師期勉全球慈濟人，要視普天下人為自己人，視普天下事為自己事。每當意外發生時，慈濟人總是排除萬難，前往災難現場協助救災。如此大無畏的付出皆因秉持無緣大慈、同體大悲的精神，期望人間處處有大愛。

貳、慈濟近年面對的國內重大急難賑災

一、賀伯風災

　　1996年7月31日強烈颱風賀伯來襲，由基隆、蘇澳間登陸帶來強風豪雨，全國各地災情嚴重，根據內政部統計資料，全臺有51人死亡，22人失蹤，463人受傷，房屋全毀503間、半毀880間。

　　在這一夜之間，臺灣多處山崩路斷，海水倒灌，房屋傾頹或沈埋於土石堆中，洪水甚至逼進人煙稠密的街道巷弄中，多少人失去棲身的處所和家當，而最傷痛的莫過於親人罹難，浩劫餘生後餘悸猶存。山體受損、良田淹沒、民生物資供應中斷、菜價上揚，對臺灣民眾造成的衝擊非常大。

　　從北到南的慈濟人，於風勢減弱後立即成立「賑災小組」前往災區勘災，並於臺北、嘉義、南投3地設立救災中心，於急風驟雨中展開慰訪災民的工作。由於山坡過度開發，颱風又挾著大量的風雨，造成斷崖殘壁、亂石橫陳的災難景象。

　　當土石還在滑落、路毀不知路標方向時，慈濟人無畏

於艱難險阻，尋聲救苦救難。扛著熱騰騰的食物、乾糧、藥品，走過湍急的溪流，爬過高低崎嶇不平的石礫堆，甚至乘坐克難流籠，就是希望趕快把災民所需的物資送達。霧氣深濃的嘉義梅山，飛機空投失敗，救難人員無法到達，他們請慈濟人設法，慈濟人果真不畏艱難前往，用接駁的方式送進物資紓困。

上人憂懷各地災情，也為了慰勉在風雨中付出的慈濟人，首次破例於農曆24日精舍發放前一天離開花蓮，行經新竹、苗栗、南投、嘉義親自勘災慰問受災者。看到東石災民泡水十多天皮膚潰爛之苦，以及山區土石流失、大地疲相畢露，上人語重心長地勉勵慈濟人持續地關懷，具體地協助抽水、造林、重整重建家園。而全球慈濟人更發起大規模的「鄉親受災害，大家來關懷」風災募款活動，凝聚社會大眾的愛心，配合政府陸續進行災後復健及補助工作。

本會的賀伯救災工作有其階段性：災難發生之初，首重在食物的緊急接濟、提供醫藥援助、發放住屋損毀以及人員傷亡之急難濟助金。當時又適逢各級學校開學之際，

緊接著提供受災戶就讀高中職以上子女的助學補助金，並陸續展開受災房屋的修建及重建。上人指示，真正需要者，都是慈濟要濟助的對象，故須再依田地流失情形、人口結構等因素，決定濟助方法；若為孤老、寡婦幼兒、病殘等，則列入長期救濟。

賀伯颱風重創臺灣後，因為災區遼闊，救援人力無法即時到位，讓救災的工作速度延宕很多，上人開始思考「救山救海」的歷史任務，以及希望凝聚守望相助的社區意識，當社區有難時，大家能發揮親幫親、鄰幫鄰的力量，讓生活能快速回歸正常。於是上人8月份行腳時，正式向全臺慈濟人提出推動「社區志工」的理念，落實「小組關懷、多組活動」。「社區志工」後來成為慈濟四大志業八大法印的一環，世界各地只要有慈濟人的地方，一定推動「社區志工」，並且在急難賑災與社區關懷方面，都發揮了很大的效用。

二、九二一大地震

1999年9月21日凌晨1點47分，臺灣發生近百年來

規模最強烈的地震。依據中央氣象局公布，「九二一大地震」為芮氏規模7.3，震源深度8公里，震央位於南投縣集集鎮附近，故又稱「集集大地震」。此次地震釋出的總能量相當於30顆廣島原子彈威力，全臺灣均感受到嚴重搖晃，共持續102秒，造成2,415人死亡、1萬1,305人受傷、失蹤29人，房屋毀損全倒5萬1,711棟、半倒5萬3,768棟（依據內政部消防署歷年天然災害損失統計資料）。

　　雖然山川風貌震碎了，卻震盪出臺灣人的善與愛，大家互相扶持，各地的救援以前所未有的速度馳向各災區。9月21日凌晨兩點，上人陸續獲知各地災情後，立即指示成立救災中心，臺灣慈濟人迅速地動員起來，先後在災區成立了30處的救災服務中心，提供熱食及帳蓬、睡袋、棉被、照明、口糧等民生物資，另有17處的定點義診及巡迴醫療，服務救難人員與災民，充分發揮了及時援助的功能。而這次在災區的定點義診及巡迴醫療，也是慈濟首次在災難現場提供醫療義診服務，這項服務於急難賑災一直延續到現在。

　　由於慈濟人平時落實社區志工，熟悉鄰里，主動關

懷，所以能在此次災變中迅速動員，各就各位，充分發揮救災功能。而地震發生的第三天，上人就到受災最嚴重的中部地區，並在臺中停留一個多月，每天指示救災重點和方向，並到災區勘查、慰問災民，許多災民看到上人前來都不禁落淚，並不斷表達對慈濟及時援助的感謝。

在上人與慈濟志工親自了解災民狀況後，逐步擬定了「安心」的急難救援，「安身」的大愛屋興建，以及「安生」的希望工程與長期關懷，協助受災的鄉親身心安頓，生活回復常軌，這三階段的賑災步驟也成為日後慈濟人急難賑災的方針。

在急難救援時期，慈濟人不僅支援物資、協助醫療，對於災民情緒上的安撫，更是不遺餘力。因為大地震後，災民承受生離死別、家園毀棄的衝擊，所以災戶心靈關懷是慈濟的重點工作之一。來自全臺各地的慈濟志工，到各個收容中心、醫院及帳棚內關懷災民，傾聽、了解他們的處境，並關注日後復原能力、心靈的陪伴與對慈濟大愛屋的需求。

慈濟大愛電視臺則從1999年10月3日起，在南投與臺

中災區舉行14場「用愛心建家園」祈福晚會，每天晚上以現場直播方式播出，讓大家可以盡情抒發感受，在情感交流中相互打氣，並藉藝文表演及燭光同心祈福，慰撫受災的民眾，為重建家園而準備。到了歲末，慈濟人在7處慈濟大愛村舉辦歲末祝福，安撫災民的心。也因這樣的因緣，後來每年到了歲末，慈濟人就會在社區舉辦歲末祝福，社區歲末祝福目前已是全球慈濟人固定舉辦的活動。

除了心靈的安撫陪伴外，為了讓無家可歸的災民不致棲身帳篷，上人指示搭建簡易屋來安置災民。上人認為，災民是一時的災難，不是一世的落難；只要拉他們一把，他們很快地就會站起來，很快地會再闖出一片天，所以不要將簡易屋蓋成慘淡的難民營。簡易屋應該是人性化的、安全的、環保的，讓災民覺得溫馨，受到尊重，讓他們能以簡易屋為出發點，重新開始人生的新旅程。慈濟因此興建12坪、居家用品、衛浴設備齊全的簡易屋。

1999年9月28日，慈濟大愛村最先在南投市中興新村德興棒球場動工，接著陸續於南投、臺中、雲林共19處動土。全球慈濟人大批投入興建大愛屋的行列，支援基礎

工程：從灌漿到鋪設地下水管，以及鐵架、柱、屋頂、牆板與鐵窗組裝工作等，在1999年12月底完成1,776戶大愛屋。慈濟所建的房子雖無法與他們原來的住家相比，但是讓災民得以遮風蔽雨，把身心安頓下來，養精蓄銳重新面對人生，無疑非常重要。

除了安頓與關懷災民外，地震帶來的巨大災難，也讓臺灣許多有百年歷史的學校應聲倒塌，即使一些新建的學校也不堪強震蹂躪，滿目瘡痍。由於國家社會的希望在教育，學校是孕育未來主人翁，於是在政府與民間通力合作下，展開「九二一震災校園重建工程」。慈濟基金會除了在第一時間，緊急協助修繕、援建13所簡易校舍外，也毅然承擔起認養重建災區學校的「希望工程」，匯集全球無限愛心，挹注百億的經費，動員志工十萬餘人次投入校園的重建工作。

在教育部公布由民間認養災區中小學重建的108所學校當中，慈濟認養了五十多所，佔慈濟救災重建計畫總經費79％。上人認為，教育是百年大計不能等，而且學校和醫院不能倒，無論遇到任何災難，醫院是救人的中心，

學校則是避難中心。希望學校在世紀末倒下，但在世紀初就能新建屹立千百年的學校。

在希望工程展開之初，上人便提出「全部採用鋼骨結構」、「綠化及水資源回收」、「採光通風良好」作為重建的三大原則。這不僅讓慈濟援建的學校成為全臺首批鋼構的中小學，也因援建學校都具有堅固耐震、採光良好、通風舒暢、自然綠化、資源回收等多項為人稱道的特質，體現出慈濟「珍惜、節約、創造能源」的精神。自此以後，慈濟所有建築物皆採用SRC結構（鋼骨鋼筋混凝土構造）。

九二一希望工程是歷史上空前的創舉，數字本身並無意義，重要的是數字背後的深意：代表生機與希望。希望無價，只要能幫助災難中的孩子擁有美好的未來，投注再多的金錢也是值得。慈濟人安心、安身、安生關懷總動員，這次慘重的創傷，是臺灣民眾心中難以抹滅的痛，但大家的心力卻也因此更凝聚。

這次救災行動中的每個階段都是艱鉅的過程，但難行能行，慈濟唯一的考量是「人傷我痛，人苦我悲」、「尊

重生命」，也因慈濟人的無私付出，得到廣大鄉親及媒體的肯定，願意投入慈濟擔任志工的菩薩，就像雨後春筍般地不斷湧現。

2019年，臺灣九二一大地震20周年，大家透過當時的影像照片、文字以及當事人的現身說法，紛紛喚醒沈睡20年的記憶。當時毀損的學校，重建後校園煥然一新，而曾經一臉驚恐的稚嫩學童，如今已成家立業並在各行各業擔任要職，有的還回到母校任教，完成當年想回饋的心願。而震毀的殘破街景，現在已是另一種新風貌，連嚴重崩塌的南投九九峰，經過20年的休養生息，山頭已是綠意盎然。當年苦難的陰霾，已在歲月的刻劃中逐漸遠離，但悲苦的記憶不能忘記。九二一大地震這段歷史，讓我們見證了世間毀壞與重生的大力量，見證了人性的高貴，因為善良與無私，讓愛的力量生生不息。天地不仁，人間卻有愛，如上人所言：「臺灣無以為寶，以善、以愛為寶！」

三、莫拉克風災

（一）莫忘慈濟人間路

　　莫拉克風災又稱「八八水災」，是近半世紀以來，臺灣氣象史上傷亡最慘重的颱風。上千公釐的大雨，一夕之間水漫臺東、屏東、高雄、臺南、嘉義，阿里山甚至降下三千多公釐的豪雨，海拔兩千多公尺的阿里山青年活動中心竟淹水達一人高。原本期待為瀕臨乾旱的島嶼帶來甘霖的雨水，卻成為滾滾惡水，家園淹沒，路毀橋斷。而自1999年「九二一」大地震之後，臺灣山區一直潛藏著山坡鬆動、地質破裂的危機，也在此時無情地顯現－前所未見的大規模走山，極具破壞力的土石流，造成原住民部落世紀以來，最嚴重的一次歷史浩劫。

　　2009年8月的莫拉克颱風所造成的損失規模，超過50年前的「八七水災」，莫拉克在離開臺灣後繼續前往大陸，重創華南、華東地區。聯合國亞太經濟社會委員會及世界氣象組織下屬的颱風委員會第四十三屆會議決議將「莫拉克」在熱帶氣旋名單中，永久除名。「莫拉克」之名消失於氣象命名，但它所帶來的遺憾與傷痛，卻深深烙

印在世人記憶中。

　　風災一開始，慈濟人便投入大量的資源與人力，協助緊急救濟的工作，災後僅僅8天，就動員了15萬餘人次。成千上萬的各地志工，自備工具、雨鞋，一梯次一梯次地接力支援，清掃被汙泥與漂流木充塞堆積的街道；5所慈濟醫院的醫護人員主動排班，一輪又一輪地走進災區義診。臺東的山區受創嚴重，宛如孤島，山裡的災民叫天天不應，也無法走出來求救，關山慈濟醫院的醫護人員有的徒步翻山越嶺，有的搭乘直升機，想盡辦法把醫療送進去……當滿目瘡痍的清掃工作如火如荼地進行時，災區已經傳出疫情，醫護人員身上掛滿慈濟醫院連夜趕製的「家庭醫藥包」，一戶戶分送並做衛教，經常雙腳深陷泥淖而狼狽不堪，但仍勇猛前進防範疫情再擴大。

　　慈濟人力挽狂瀾，涉水送熱食，揮汗助清掃。災後的那幾天，天空總會無預警地陰暗下來，隨之而來的是一陣傾盆大雨，所有人只能放下手邊工作，躲在狹窄的屋簷下，望著不斷滴落的雨水，就像看到災民哀傷的淚水……救援直升機還不斷在災區盤旋搜救，愈來愈多人罹難的消

息傳出，慈濟人趕赴醫院關懷傷者，也陪伴家屬為往生的親人助念，他們哭倒在志工懷裡，不願也不能接受這樣的事實，志工陪著掉淚，柔聲地勸著：「喝一口水，好不好？想哭就大聲哭出來。」

「我們希望慈濟志工協助我們，安撫家屬認屍。」高雄地檢署檢察官向慈濟志工提出了請求，當家屬面對難以辨識的大體，那巨大的驚惶與悲痛根本無法完成相驗工作。檢方第一個想到的就是慈濟，他們知道唯有慈濟志工能以一對一的陪伴，協助風災中受難、失蹤者的家屬完成認屍、驗屍、DNA採樣等工作。那段淒風苦雨的日子，慈濟的佛珠成為穩定心靈的力量，指揮官在部隊出發挖掘大體的前夕，為弟兄們請求戴上慈濟的佛珠；在災區、在臨時安置中心，靜思精舍的師父握著因哭泣、害怕而顫抖的手，輕輕地掛上佛珠……那是愛的力量，無需任何言語。

路通到哪裡，慈濟的勘災及訪視就到哪裡，他們隨身攜帶著應急金及生活包，人到、心到，救援物資也到位，縱使這一路山路顛簸，志工們強忍暈車之苦，走在遍布大

小石礫的河床，爬上橫亙的巨大漂流木，步步維艱，就是不肯放棄任何一個人。訪視志工們總在黑夜才回到家，身體的痠痛處貼上藥布，第二天清晨依舊準時再出發。

災難之初，慈濟以急難救助為重點，勘災、膚慰、發放、清掃、義診展開「五合一賑災」，直到受災約一週後，慈濟於大愛電視臺接受call in捐款，全世界52個國家的慈濟志工同步募心、募款，這其中包括海地、南非等受慈濟幫助過的貧窮國家，也都一分錢一分錢地將善款投進竹筒，對臺灣伸出愛心援手，臺灣各企業界更是一波又一波地馳援各項物資。這是繼「九二一」大地震之後，全球慈濟人再度動員為臺灣募心、募款。

（二）愛在付出、回饋之間

一場風雨，造成的災難令世人震驚！蕞爾小島—臺灣在累累傷痕中很快地立定腳跟，充滿生命韌性的島民再一次堅強起來，勇敢面對幾乎毀天滅地的困境。「幸好臺灣好人多、愛心多，大家動員起來互相幫助，困難很快就可以過去。」上人不只一次這麼說。

搶晴天、戰雨天。莫拉克災後第四天，慈濟即決定將

救災行動定為「三大階段、六大目標」，從緊急救難期到中長期復建工程，陸續推動「安身、安心、安居、安學、安生、山林安養生息」計畫，全程陪伴受災鄉親走過苦難，重建家園。

1999年的「九二一」大地震影響了山區地質結構，莫拉克颱風再次重創山區部落，各個山頭岌岌可危，有些人捨不得離開家園，決定和天地賭命運；而暫住安置中心的災民，後無退路，前途茫茫。十餘年前的數次風災，慈濟人數度冒險往山裡救災，上人即覺得山區很不安穩，曾經努力想要為他們遷村，但是沒有土地，政府也難以配合，因緣不具足只能作罷，這一路的憂心忡忡到了2009年，已容不得再猶豫。

大山已經遭到嚴重的人為破壞，加上全球氣候變遷，風災、水災愈來愈頻繁，也愈來愈大，找到永久安居之地是慈濟對災民最深切的掛念。慈濟基金會副總執行長林碧玉致電行政院院長劉兆玄，轉達上人希望能由政府提供土地興建永久住宅的概念與構想，獲得院長高度認同，隨即召開跨部會會議，會中通過由政府設法尋覓土地，無償提

供災民使用，並且委請有意願的NGO團體興建永久住宅。

慈濟在九二一賑災中，是第一個提出簡易屋構想的團體。然而，莫拉克風災與九二一不同，九二一的災民多半是上班族或做生意的平地人，家園雖然毀了，但是清除瓦礫後，即能就地重建，雖然受災，不過工作還在，可以很快地重建家園，臨時簡易屋對他們來說是一個很好的過渡性安居之處。但是受莫拉克風災影響的是看山吃飯的子民，賴以維生的土地及田園一夕之間消失，就算有3至5年的安身之處，往後的生活依舊無著，將陷入更飄零無著的惡性循環，因此興建永久住宅是必要的選擇。

縱使「遷村」、「遷居」面臨了各方面的重重困難，慈濟、政府、部落長老三方仍努力克服，慈濟人走過崎嶇山路，展開地毯式的訪視複查；政府四處覓地、鬆綁法令；部落長老整合各方意見，重新凝聚情感。一場又一場的永久住宅說明會，一次又一次的入住資格審查，從誤解到釋懷，從不信任到感恩，背後有許多人默默地承擔考驗。

高雄杉林、屏東高樹、屏東長治、屏東新來義、臺南

玉井5處慈濟大愛園區陸續動工，慈濟志工一批批地投入永久住宅的興建，身有專長的志工放下自己的事業及工作，義無反顧地從各地趕赴支援。慈濟也啟動了在臺灣最大規模的以工代賑，聘用受災鄉親親手打造自己的家園，一點一滴提振他們頹喪的心，幫助他們逐漸重建生活的軌道。

在與村民多次開會討論永久住宅的建築造型後，慈濟採用輕鋼構的綠建築工法，節省工時又安全牢固，足以承受芮氏規模7的地震，以及17級的颱風，但此種現代化的工法及環保建材，讓每一戶的造價不菲。上人曾經問慈濟志工們：「也許你們有些人內心會想『我家才多大而已。』『我家也沒蓋那麼好。』會不會覺得捨不得？」志工們齊聲說：「不會捨不得。」給，就給自己所愛的，慈濟一直以蓋自己家的心情來為鄉親蓋房子；慈濟不是蓋臨時屋，而是建造能夠世代傳承，長治久安的永久屋；興建永久家園也不只是救災，更是一個歷史性的遷徙。

慈濟的營建團隊分成4組，日夜不停地施工，首座慈濟大愛園區於2009年11月15日，在杉林鄉的月眉農場動

工，88天之後，完成第一期七百多戶的永久住宅，讓鄉親們於春節前入住。入住當天，每一戶永久屋裡慈濟人皆為他們準備88項生活物資，從電視、冰箱、家具、床、沙發等，到油、鹽、醬、醋、茶等一應俱全，那是全球慈濟人傳遞的無限祝福，所有辛勞的付出，在看到入住鄉親們露出久違的笑容後，一切都值得。

慈濟大愛園區的永久住宅，無論是工程進度或是建物品質，都是劃時代的成果。在興建永久屋期間，歷經了凡那比颱風、高雄甲仙6級地震、屏東三地門5級地震，慈濟對鄉親許下永久屋具備「防颱、抗震」的承諾，穩健地度過天地的「驗收」。

2010年，上人站在由慈濟興建的愛農教堂十字架前真情致詞，見證了宗教間的大愛無私。那一年，國際天文學聯合會將中央大學「鹿林巡天計畫」團隊於2007年5月11日發現的編號192208小行星，正式通過命名為「慈濟（Tzu Chi）星」，以感謝慈濟人對臺灣莫拉克風災的援助行動，期許臺灣第一顆以宗教團體命名的小行星在宇宙中運行不息。

2012年9月23日，因海棠颱風而受災的屏東縣滿州鄉港仔村鄉親，在棲居廢校九棚國小的校舍7年後，終於和莫拉克風災受難的長樂村分水嶺部落鄉親，一起入住滿州慈濟大愛園區。至此，6處大愛園區全數完成，圓滿受難的人對「家」的盼望。

重建之路千頭萬緒，需要多方配合才能成就；即使一開始天時、地利、人和俱全，但也要面對許多聲音，有些關卡十分複雜，充滿變數。慈濟人扛在肩上的任務，艱鉅而繁瑣，在在都需要秉持「人和」的心態，才能度過難關。上人將這段日子的心路歷程，書寫成勵志的「十在心路」，帶領弟子在變數中考驗智慧，在艱難中激發韌力，在繁瑣中學習耐性，一步步誠正信實地走向「為國際立典範」、「為時代寫歷史」。

莫拉克颱風為臺灣帶來大規模的災害，卻也是重建速度最快的一次。慈濟大愛園區整齊的雙併洋房前，是綠絨般的草地，棋盤似的街道鋪著可以讓大地呼吸、雨水可以回收的連鎖磚，遠處裊裊山嵐在群山間輕移，有時如雲海翻騰，有時如薄紗輕掩。杉林慈濟大愛園區裡保留下來的

原生植物抽著新芽，波斯菊隨著山風搖擺；高樹園區裡的芋葉一片青青；長治百合部落園區的鳳凰木盛開，滿樹火紅。當一方付出，一方真誠回饋；當一方無私，一方由衷感恩，彼此之間激盪出最耀眼的人性光輝。這光，隨著歷史的沉澱，記錄著一個時代的悲傷、苦難、奮鬥與重生。這光，足以照亮一切黑暗。

（三）後來的我們，依然走著

　　慈濟大愛園區裡最後一輛工程車離開了，曾經揚起的塵土，靜靜地停歇在永久屋前的庭園綠草下，曾經熱切的話語已經淡去，只餘樹梢綠葉在清風中的輕輕款擺，屋裡的人聲隱約……真正的生活，才要開始。

　　而生活其實一直都不是容易的，尤其是驟然離開了自己的土地。2010年的春天，因莫拉克風災而遷居入住杉林慈濟大愛園區的居民，開始了他們的新生活，看似平靜的日子，背後有著對未來的茫然及不安；從風災後便不曾停止賑災援建的慈濟人，在這個各界熱情都已退去的時刻，沒有選擇放下責任，而是隨即在2月1日承接了「高雄縣杉林鄉生活重建服務中心」的服務工作。這是一份「包山

包海」且吃力不討好的工作，慈濟人的義無反顧只是緣於一個單純的想法——讓居民還能看到熟悉面孔，艱難的路上，還有人陪著。

期待從「人助」邁向「自助」的過程中，慈濟再次給出助力，聘請專業老師，也提供「以工代賑」的方式，讓居民能無後顧之憂地參加「傳統文化技藝」職訓。職訓班一期一期地開辦，繽紛的彩繩在手中如飛編織，圓潤的琉璃珠在串線中晶瑩閃耀，一鑿一斧下的漂流木開始有了新的生命。充滿原民風情的「magit」市集開張了、各個獨立的工坊在鄰里間伸展新苗，園區慎重地舉辦了首次的布農族射耳祭，那是遷居的人們，奮力在異地扎根的拚搏，也是原民文化走出更寬廣天地的契機。

這一切的欣欣向榮，不能只是如同煙花綻放，居民需要更多的就業機會，推動「合作社」的構想於是應運而生，慈濟與各方資源結合，一步步輔導居民籌組合作社，培植入股社員承攬工作。2011年，「縫紉」、「勞動」兩個合作社逐漸成形。一路相伴的慈濟人不敢鬆懈，當終有一天慈濟及政府的資源都撤出園區時，期待合作社的營運

及居民的生計已然穩健。

在試著彼此理解接納、自我適應獨立的日子裡，園裡的老人也隨著歲月逐漸凋零，他們想念山上的舊時生活，卻又不能阻礙下一代在平地更好的發展，夕陽餘暉中的寂寞身影是慈濟人怎麼也放不下的掛念。2012年，「生活重建服務中心」輔佐杉林慈濟大愛園區的在地協會，開辦老人共食計畫，將急難期的扶助逐漸轉型為在地社區化的服務，園區中各教派的教會及自主性的協會，肩負起守護族人的責任。「大愛生態社區關懷協會」是園區第一個成立的協會，至今依然在園區成立關懷據點，他們一直認為住民不該是漂流木，從慈濟志工身上看到的用心及堅持，也鼓舞了他們。

勞動合作社也在不斷磨合中，找到能兼顧人情及法理的運作模式，讓社員於山上農忙時，可以安心工作，農閒時則還有打工的機會，工作讓生活有了重心，飄零的心就可安住。政府除了在急難階段釋出「八八臨工」的就業機會，也在重建階段推出培力就業計畫，縫紉班開始轉型，從代工轉以布包製作為主，2016年更名為「杉林布包工

坊」，並創立自有品牌「Sunny Bobao」，在歷經負債危機後，努力站穩腳步而成立的「伊特鷹工作室」，以縫製貓頭鷹布偶傳承布農族文化，在一針一線中，園區的婦女撐起一片天，縫出「共好」的人生。

2012年1月16日，風災後的第三年，以1,553根鋼骨打造，由慈濟援建的民族大愛國小舉行落成移交典禮，細雨霏霏中，師生將「希望之鐘」掛在校門口中央，在場觀禮的人流下了百感交集的淚水，原本的那瑪夏民族國小早已在莫拉克風災中毀滅，僅存由族人搶救出來的這口老校鐘。2017年8月1日，民族大愛國小改制為原住民實驗小學，校名更改為「巴楠花部落小學」。2019年5月，「巴楠花部落國民中小學」的改制申請案順利通過，成為全國第一所12年一貫的原住民族實驗教育中小學。

布農族自稱為「巴楠（Panan）」，而「巴楠花」就是臺灣常見的菅芒花，菅芒花生命力極強，代表堅毅、韌性；清風中，菅芒花在山間水湄，隨風搖曳。令人想起風災當年，慈濟志工一波波地動員，奔走在山林部落，穿梭在市區巷弄，一戶一戶地尋找在陰影角落需要援助的學

子，3萬多份的助學金，延續了求學之路，自2009年舉辦的新芽獎學金，打造孩子們希望的未來。

莫拉克風災後，全球各地包括臺灣仍然災害頻傳，慈濟「八八惡水毀大地；秉慈運悲聚福緣」專案賑餘款使用計畫，於2014年2月11日，獲衛生福利部核准專案款項使用於國內相關救災工作。這來自於52個國家的愛心，依舊發揮加乘的力量，在一次次的風災和地震中，以愛陪伴受難的人。這一年，慈濟啟動了「減災希望工程」—援建花蓮、臺東、屏東、高雄、苗栗共26所學校的老舊校舍，搶在災難之前，防災、減災，希望永無憾事再發生。

歲月流淌，蜿蜒著生命中的悲歡離合。當初的莫拉克風災「災民」落腳在慈濟大愛園區，他們有人選擇在新的天地重新展開人生，有人選擇回到山上的故鄉，重新面對土地與接納自己；逃難時的驚惶、受助時的不堪，都在日升月落中，一次次沉澱成為生活的養分。縱使路上還有眼淚，因為有你、有我的愛，就能沖淡苦澀，看見一路繁花盛開。

參、十在心路

上人說，「在苦難中長養慈悲、在變數中考驗智慧、在艱難中激發韌力、在繁瑣中學習耐性、在複雜中欣賞優點、在理想中追求進步、在人我中相互感恩、在社會中祥和無爭、在大地中長期養息、在天下中消弭災難」，此「十在心路」，是莫拉克風災後一路行來的10種「在」的心路歷程。

莫拉克風災後，上人行腳一路從北到南，沿路看到慈濟人都是放下自己，全心全力投入救災、打掃，一心一意只想可以為災民做什麼，大家的悲心不斷被啟發。回想賀伯風災時，志工冒著土石崩塌，搭著棧道去救援的好茶村、小林村，現在已被土石掩埋必須撤村，如何關懷與後續援助災民，都考驗著大家的智慧，當時上人第一個念頭就是遷村。

但這時的遷村，可算是世紀的大遷徙，土地哪裡找？房屋及相關公共建設誰做？有多少時間可以處理？村民願意搬嗎？這些事情沒有公權力就很難做到。若為世代子孫設想，山林真的需要養息，天然災害一定要降到最低，現

在不做以後一定會後悔。就像賀伯風災時，慈濟已建議那瑪夏鄉遷村，但因諸多層面的考量而沒有共識，這次莫拉克颱風的土石流，不但讓村民喪失親人、毀了家園，同時也沖出了居住地安全性的問題。

　　為了讓社會儘快安定下來，受災者有地方可以代代安住，慈濟首先提出建置永久住宅的想法，同時希望趕在農曆過年前就能入住。提出這想法和規劃後，各方輿論和建言不斷出現，其中不論有多少的對與錯，或是讚歎、或是毀謗等等內容都要耐心聆聽，有人還當面警告說，你們不要做到最後無法兌現，變成一鞠躬下臺，災民是無辜的喔！各方意見多元，國家政策也因未遇過這麼大的災難，必須不斷開會、溝通，修訂相關條文，而且變數非常多，常常剛公告的政令，很快又改變。在這麼艱難的環境下，慈濟為了完成任務，只能邊走邊整隊，還必須不斷激發韌力，否則很難繼續走下去。

　　災民的心思也難測，為全面了解災民的需求與想法，不斷召開說明會溝通。過程雖然繁瑣，但在眾多意見中，有些是大家沒設想到的，有些是合乎敬天愛地的傳統思

維，還有一些災民只是單純樂天地想幫助大家早日回歸平靜的生活，這些都值得學習和欣賞。因為大家的目標一致，都希望能有長治久安的環境，甚至希望能夠創造一個國際性的模範村。

莫拉克風災重建期間，全球52個國家的慈濟人卯足全力，有錢出錢有力出力，慈濟人與國軍挑燈夜戰，日日追趕進度，有人還特別到工地附近租房子住，以求能全心全力投入重建工程。而中央、地方政府單位、民間機構等也全力合作，希望儘快提供災民安居樂業之處，終於在農曆年前讓災民入住永久住宅。因為眾人的合和之力，88天完成了這項不可能的任務，需要感恩的對象也述說不盡。

上人說：「要天下無災，社會要先祥和；要社會祥和，就要先淨化人心；人人心中有大愛，社會即能祥和。」人的心力不可思議，只要大家心中的善念與愛不斷地被啟發出來，再大的災難也可以克服，預約人間淨土的夢想指日可待。

1994 年中國廣西融水縣發放。（慈濟基金會提供）

2008 年中國四川省地震救援（512 汶川地震）。（攝影／顏霖沼）

2011 年中國貴州省羅甸縣冬令發放。（攝影／蕭嘉明）

2007 年中國甘肅省水窖抗旱工程援助會勘。（攝影／吳麗花）

2019 年中國福建省順昌縣水災關懷。（攝影 / 鄭爾婷）

2019 年中國青海省玉樹藏族自治州雪災物資發放。（攝影 / 邊靜）

第二章

大陸急難賑災

佛教慈濟基金會慈善志業發展處高專　**林櫻琴**

志工　**陳惠真**

壹、華東水災 慈濟為愛啟航

一、本於人道 首度跨足海外

　　1991年5、6月間，大陸華中、華東地區遭到百年不遇的特大洪澇襲擊，殃及19個省分，受災民眾高達2億2,000萬人。大陸官方在7月11日正式發布記者會，向國際社會尋求支援。

　　上人本於宗教家「人傷我痛、人苦我悲」的慈憫心懷，為讓災民「有飯吃、有衣穿、有屋住」，讓孩子「有書念」，毅然排除萬難，發起大陸賑災。將「拔苦予樂」的精神化為具體行動；跨越政治、地域，引領慈濟人為大陸受災同胞提供幫助與關懷，展現臺灣「愛心存底」。慈濟行善腳步，自此正式跨足海外，並藉由賑災經驗，開展出全方位人道救援行動。

（一）發起勸募 重點救災

　　7月15日，正在臺灣中部行腳的上人，趁著志工及會員齊聚在彰化中美製藥公司董事長林滄洲的家中會客廳，說起大陸洪澇的災情，勉勵大眾：「現在的平安，就是今天的福」，希望大家一起援助大陸水患災民。並於隔日（7月16日）出刊的《慈濟道侶》133期雜誌頭版，刊登慈濟大陸賑災的募款啟事，設立捐款專戶，呼籲人人響應。

　　上人考量大陸災區幅員廣闊，限於當時慈濟有限的人力、物力資源，有感於「瓢水不夠止渴」，因此初步決定，以受災最嚴重的省分做為救濟重點，一方面組織救災小組，與相關單位進行溝通並搜集資料，另一方面則從慈濟志業體開始呼籲勸募。

（二）成立小組 初擬賑災方向

　　為順利推展大陸賑災工作，「慈濟功德會大陸賑災小組」8月7日正式成立，成員由慈濟榮譽董事及委員推派代表組成，負責統籌一切大陸賑災事宜。除確立由功德會組團赴大陸，直接將賑災物資送達災民手中的大原則外；並就經濟支援、醫療防疫及物資救濟等三方面，做出初步

決議。

1. 經濟支援方面：

考量賑災經費非數億以上無法發揮功能，因此，功德會成員全面展開勸募行動；不僅在慈濟活動中，呼籲社會人士踴躍捐輸；同時也籲請企業團體支持慈濟「送愛心到大陸」，透過企業或會員自營的事業或店面，鼓勵捐出一日或數日所得，或提供商品參與義賣來響應賑災。

2. 醫療防疫方面：

善用大陸當地醫院、醫學院師生等醫療人力，配合本地資金在災區進行義診、施藥。待水退後，並前往災區消毒；藥品方面，美國一防疫機構及臺中一藥廠皆表示將全力配合。

3. 物資救濟方面：

賑災物資以毛毯、棉被、棉襖及毛衣等禦寒物品為主，協助災民度過寒冬；獎助學金方面，雖然大陸唸書只需負擔學雜費，但因受災慘重，考量許多家庭可能連生活都成問題，已無力供孩子念書。故擬提供清寒及績優兩項獎學金給災區大學生申請。

另外，賑災團成員，除交通費一律自理之外，尚須承擔傳遞大愛的使命。雙方秉持互助合作的關係，並強調慈濟並非政治團體，純粹是基於同胞愛，誠懇的想要幫助災民。所以，應尊重彼此的體制及法令，並懷抱感恩心，謹言慎行、不涉及政治，來圓滿達成賑災行動。

上人表示，慈濟功德會決定直接將賑災物資送交災民，實具有雙重意義。除了要將臺灣捐款人的愛心涓滴不漏地親自送達之外，更深重的意義則是為了啟發大陸同胞的愛心。

在賑災小組成立的同時，上人宣布將個人獲得菲律賓「麥格塞塞獎」（Ramon Magsaysay Award，被譽為亞洲諾貝爾獎）社會領導獎的3萬美元獎金之半數，用來濟助大陸水災災民，另一半則用來回饋菲律賓當地的貧苦百姓。

（三）兩度拜會 終獲勘災機會

8月11日，慈濟賑災行動在兩岸同步進行。一方面，慈濟志工在臺灣北投擎天崗、陽明山公園及西門鬧區等地展開慈濟史上的第一次街頭勸募，自此也為全臺募心募款行動拉開序幕。

另一方面，前往大陸勘災的先遣部隊一行6人，成員包括慈濟總管理中心副總執行長王端正、慈濟醫院院長曾文賓、免疫學專家陳光和教授、慈濟委員李憶慧，慈濟榮譽董事張君鴻，以及工作人員張月昭等人，亦從臺灣出發經由香港前往大陸北京，擬先拜會「中國抗災賑災協會」瞭解災情。

臨行前夕，上人對勘災小組耳提面命：「我們此行是去『求』人家讓我們來賑災，所以溝通時要尊重別人，且需和顏悅色。如果理念不一，務要盡力克服，堅守原則、忍辱負重，圓滿達成使命。」

8月12日上午，在北京「中國名人研究中心」秘書長顧伯平先生陪同下，慈濟勘災小組前往設於中共「民政部」內的「中國抗災賑災協會」，拜會由大陸民政部救災救濟司副司長兼任的該協會副秘書長李增義先生。

王副總執行長簡介慈濟及賑災緣起外，並提出事先擬具的賑災構想：

- 一個目的：賑濟受災地區同胞，讓他們能度過難關熬過秋冬；

- 二項原則：直接原則、重點原則；
- 三種不為：不談政治、不作宣傳、不刻意傳教；
- 四類物資：提供醫療、食品、衣物、金錢；
- 五個希望：雙方合作、人力支援、交通運輸協助、資料提供、工具配合。並由雙方議訂實施時間表，協助安排評估小組前往災區了解災情。

但對於慈濟所提的賑災構想，在兩岸冰封數十年，意識形態極度相異下，讓勘災小組為了堅持原則而倍嘗艱辛與壓力。初次溝通無果，換來的答案是「希望慈濟能比照聯合國的作法，將所有物資折合現金，交該協會統籌使用，為災民蓋房子。」幾經溝通無效，勘災小組無功而返。

當日下午4時，在陳光和教授的學生協助下，慈濟人再次由顧伯平先生陪同，前往同一地點拜會時任民政部副部長的閻明復先生。王副總執行長再度說明本會「一個目的、兩個原則、三種不為、四類物資、五項協助」的賑災構想，最後終於獲得閻先生的認同，將依照慈濟所提原則，對擬具的賑災方式全力配合。他表示，臺灣同胞對大陸此次世紀性大水災的關懷，使大陸同胞深受感動，「哪

怕只是一塊錢，代表的都是臺灣民眾的愛心。」

隨後，在閻先生與救災司的積極聯繫下，決定安排慈濟前往受災最嚴重、生活最困難的安徽省進行勘災。

（四）安徽首勘 雙方初擬共識

8月13到14日，賑災評估小組先後拜訪北京協和醫科大學暨中國醫科學院及浙江醫科大學校長，並表達提供獎助學金及賑災醫療人力需求之事宜，在取得浙江醫科大學鄭校長同意支援後，小組隨即搭機前往安徽。

14日晚間，安徽省抗災救災協會為災情進行口頭簡報，內容指出當地在5月18至7月15日間連降大暴雨，兩度造成安徽省世紀性的大災情。也因汛期提前，暴雨集中且來勢兇猛，全省72縣市無一倖免，災情各有輕重。

許多地方反覆受災，成熟的稻作還來不及收割就已泡爛在田裡，水退後的補種，又碰上另一次水災，災上加災，早稻及秋收毫無希望已成定局；低窪地區的房舍全倒被淹，全省災情普遍深重。總計夏秋作物受災面積達506萬公頃，受災人口4,400萬人，倒塌民房168萬間。

15日上午8時，賑災小組在相關領導陪同下，前往全

椒縣勘災。所見全縣22個鄉尚有三分之二仍泡在水裡，觸目盡是斷垣殘壁，一片瘡痍，圍堤上處處是災民臨時搭建的草棚。志工繼續深入縣內的陳淺鄉、官渡鄉瞭解災情時，見到一位老婦人手中拎著幾條小魚迎面走來，愁苦的一張臉，喃喃說著：「沒有家了！沒有家了！」這情景，似乎也代表著1991年華東大水患中，無數災民共同遭遇的困境。

16日，賑災小組與安徽省抗災救災協會人員開會做出以下結論：

1. 災民所需的金錢、糧食、醫藥、衣物及所需的房舍戶數、人數及數量，由當地救災協會造冊，提供慈濟賑災小組參考。

2. 福利院、敬老院、醫院、學校的恢復或新建部分另案辦理。

有關造冊內容，由安徽救災協會於一週內依輕重緩急列妥順序，擇要傳真到臺灣慈濟後，由賑災小組儘快擬定計畫並進行賑災。同時希望能做到事先過濾，做好災戶的精確預算，期能爭取冬天來臨前，集中力量協助最嚴重的

受災戶安度嚴冬。

（五）粒米藏日月 救世先救心

　　勘災小組返臺後，為盡速籌備大陸賑災物資，上人於
8月17日緊急通知慈濟榮譽董事、慈濟委員、慈誠隊代表
前往花蓮慈濟醫院開會討論。

　　在聽取花蓮慈濟醫院院長曾文賓、慈濟基金會副總執
行長王端正的大陸勘災報告後，上人指示與會代表應盡全
力發動捐款、勸募賑災基金，並勉勵「大陸賑災團」成
員，務必以最高的智慧與耐心，圓滿達成此項賑災工作。

　　爾後，上人日日擔憂夏末秋冬臨的大陸災民，在毫無
遮風避雪之處，又面臨存穀無收的窘境；生活困苦自顧不
暇，實無能力再去互幫互助。故時時提醒眾人「救世需
先救心」，希望透過慈濟的努力，可以喚起兩岸人民的愛
心。

　　在8月25日第十四次榮董聯誼會中，上人以「一粒米
中藏日月」為主題，揭示慈濟賑災理念，呼籲大眾集中力
量，響應大陸賑災。

　　上人開示中，憂心地提及大陸目前有19省正遭受空

前的水難，從新聞媒體得知，災區衛生條件本就不好，大水一來，茅坑污物浮上水面，水退後留下四處爬行的蛆，人就泡在污水裡，喝的也就是那些水；水不潔淨，肝病、腸炎、霍亂等疾疫，必將逐漸擴大蔓延。

有句話說：「一粒米大過須彌山」，此刻正是他們最需要幫助的時候，若能及時給他們一分恩情與愛心，他們會日日月月、歲歲年年難以忘懷；而這分愛，可以化解兩地幾十年來的隔閡。「一粒米中藏日月，半升鍋裡煮山河」，相信經由此次賑災因緣，也許只是一粒米、半鍋飯，亦當使兩岸的山河、人心交融和合，也開拓了大陸與臺灣人民的歷史新頁。這分愛的功能，歲月、山河皆可見證。

二、勘災勸募 兩岸積極同步

（一）安徽複勘 重擬九項決議

9月2日，第二梯次「勘災小組」啟程前往安徽，以6天的時間針對全椒縣官渡鄉、陳淺鄉、赤鎮鄉及城東鄉等地進行實地勘查，成員包括靜思精舍常住師父德融法師、

慈濟總管理中心副總執行長林碧玉師姊、慈濟榮譽董事兼慈誠隊代表張君鴻師兄，及工作人員張月昭。

另外，此行並針對大陸救災協會於8月23日提出的「擬請賑災援助項目優先順序表」內容進行會商。原救災協會所擬順序如下：

1. 在全椒縣城東南1公里的南屏山，重建社會福利院，床位60個。

2. 維修、擴建馬廠鎮等17個鄉鎮敬老院，並添置供養設備。

3. 重建陳淺鄉敬老院，新建八波等6鄉敬老院，敬老院皆設床位40個。

4. 重建全椒縣官渡中學及中心小學、大羅小學。

5. 重建全椒縣官渡鄉衛生院。

6. 賑濟陳淺、官渡等22個鄉鎮5,002戶，1萬9,630名災民生活基本保障，讓重災災民有吃、有穿、有住、有醫，不發生飢荒、病疫和外流乞討現象。

由於該表所提之社區規劃，尚包括劇院、商店、隊部等公共設施，與慈濟以災民為賑濟優先對象的原則不符，

經第二梯次勘災小組與救災協會進一步溝通後，雙方達成共識。協會尊重慈濟賑災原則，首對災民雪中送炭，以救濟災民為優先，餘則視情況併案辦理。

經雙方重新協調，共完成以下9項決議：

1. 重建、新建、擴建所需用地，均由安徽省當地提供。

2. 救災協會提供援建相關之地籍圖、高程圖及地形圖。

3. 興建項目應由當地救災單位提供建築計畫書，包括建築設計、材料明細、工程單價分析、工程總預算及管理計畫（包括收容對象、資格、人數及將來維護及經營管理計畫）。

4. 賑災單位提供當地鄉鎮實際五保戶及敬老院計畫收容人數，藉以訂定敬老院規模。

5. 對於重建計畫的興建原則，採完整之社區規劃為主。視實際需要，協助無能力重建住宅之災民進行興建，但不包含商店及行政部門之公共設施。對於衛生院及中小學、敬老院部分，則將儘量於協助重建之地區併案處理。

6. 災戶賑濟事宜如下：

（1）安徽救災單位提供各鄉鎮災民住房規劃書，內容包括分配之對象、資格，並提供工程完整圖說、工程材料及單價分析及總預算。

（2）物資發放時間，有興建住宅之地區，以啟用當日發放為原則，其他鄉鎮定在啟用當天或前後一日，在各鄉鎮集中發放。

（3）發放前，安徽救災單位應事先提供災民完整名冊（按戶造冊，包括人口、年齡、性別、經濟能力及受災情況），以便照冊發放物資。

7. 住房重建之各項計畫書，救災協會務必於9月20日前提供，由基金會完成審核後，最遲應在10月1日前開始動工，並以60個工作天為完工期限。

8. 施工期間，慈濟基金會得派員常駐工地，協助工程進行及經費運用。

9. 安徽救災協會應於9月25日前，提交福利院、衛生院、敬老院等設計及計畫書，供慈濟基金會審核評估。

依照上述9項協議，慈濟基金會初步援助計畫，除了對全椒縣特重災區22個鄉鎮約1萬9,630位災民提供生活

物資外，也將為無家可歸且無力重建家園的災民，協助興建6個社區共890戶住房。

（二）賑災小組 成立大會

　　大陸二次勘災之後，慈濟在臺灣也因應賑災需求，於9月8日上午，位於臺北長安東路的慈濟文化志業中心，正式成立「佛教慈濟慈善事業基金會大陸賑災小組」，與會者有臺北21組組長、榮譽董事與慈誠隊代表百餘人參加。

　　會中決議「大陸賑災小組」由上人擔任總召集人，慈濟榮譽董事何國慶師兄、總管理中心副總執行長王端正師兄等二人擔任副總召集人，其他成員包括榮譽董事代表李正富師兄、李宗吉居士、侯博文師兄、陳鍊輝師兄；慈誠代表黃永存師兄、林宗明師兄、張君鴻師兄；委員代表林勝勝師姊、江林雅美師姊、紀陳月雲師姊；總管理中心副總執行長陳紹明師兄、林碧玉師姊；花蓮慈濟醫院院長曾文賓、陳光和教授。小組聯絡人為孟月秀師姊、李憶慧師姊、林櫻琴師姊。

　　同時，賑災小組亦廣邀全省榮譽董事、委員組長及慈

誠代表隨喜參加賑災團。為響應大陸賑災，慈濟人在全省各地全面動員募款，如火如荼地展開各種義賣活動，甚至視街頭為修行道場，也深入鬧街夜市進行街頭勸募。

（三）三度赴陸 江蘇首次會勘

9月22日，時值中秋佳節，卻也遇上颱風警報。勘災小組一行6人，包括靜思精舍德融法師、總管理中心王端正、林碧玉兩位副總執行長、慈濟榮譽董事兼慈誠隊代表張君鴻、慈濟委員孟月秀及同仁張月昭等，第三度前進災區，前往全椒縣與縣長汪世和及當地救災協會多位代表召開協調會，就前兩梯次的雙方協議賑災內容展開全天候的協商與溝通，並實地參訪當地具代表性的建築，藉此做為災民住房的參考。

經勘災小組同步以電話向上人請示後，雙方做出第二次協調會的兩點結論：

1. 現金、物資分次發放：訂於10月中先發放救助金，災戶名冊由全椒縣提供，佛教慈濟慈善事業基金會派員並會同全椒縣代表共同辦理發放。第二次擬發放棉被、衣物等，待物資購置完備再擇期辦理，唯發放時間以不超

過12月底為原則。

2. 配合耕地，調整建地：考量農民往返住屋與耕地有些距離長達15華里（古制，1華里＝0.5公里），為讓農民就近耕種，同時兼顧社區自來水淨化設備規模，在不更動戶數原則下，重新調整過於集中或離耕地路途過遠的住房，由原定的6個社區調整為11個點。動工日期最遲不超過10月中旬，希望使災民能及早獲得安居。

第三梯次勘災行程，也應臺北市興化同鄉會之請，於9月24日冒雨前往江蘇省蕩朱鄉災區進行首次勘災。由於村內全倒戶極多，聯合國以每間1,750元的補助款，在當地蓋了47間住房。災民為省工資多由自己興建，有些則加上興化市政府的補助款及個人私蓄，將原本只夠用竹棚上覆蘆三蓆的建材，改為磚瓦結構的永久住房，不過屋頂仍採用竹架加油毯，但此法並不足以抵禦嚴冬，使用約2年就需再更換。每戶空間僅15平方米，擺上一張床更顯活動空間極為狹小，每戶大門皆掛有「聯合國開發計畫署援助興化建房第ＸＸ號」的牌子，成排房舍看起來還算整齊美觀。

房舍雖簡陋不大，但災民認為足以棲息都表示極滿意，不過也希望政府能再加些外援。也有災民表示「以後有能力，自己再改建大一點、好一點的。」基本上，當地對復建大致都極具信心。政府每口每天補助1斤（500公克）陳米糧，生活尚有基本的溫飽。

會勘結束，小組接續聽取興化市副市長金文鑾、民政局長黃冠學、市政府辦公室副主任莫其康及興化市臺胞聯誼會會長袁同時的災情簡報後，提請興化有關部門就項目重新篩選，並依優先順序提出具體計畫，讓團員帶回臺灣呈報基金會參考後，再視慈濟能力提供援助。

（四）以善破惡 用愛化敵為友

在經過接連三梯次的勘災後，慈濟在臺灣的大陸賑災勸募活動也有一段時日，有會眾響應，也有民眾負面反應。總是人間百態，善惡兩端，在在考驗著慈濟人的悲智願力與毅力。上人藉此人間事相，鼓勵慈濟人應提起堅定道心，以善破惡，才能真正發揮世間大愛，讓苦難眾生真正離苦得安樂。只要有心，就沒有不能達到的事情。

10月11日，配合慈濟募款活動的統一超商總經理徐

重仁，在拜會慈濟時表示，超商「小零錢救命錢」的勸募反應很好，期待能持續配合慈濟脈動，呼籲人人長期行善。上人有感而發地回應，啟發眾人的愛，每天做善事，一直是慈濟長期性的工作；卻是有人認為「有救就好了，為什麼要救那麼久，那麼多次？」上人為此舉例說明，「救災」就好比要把被燒紅的鐵塊給熄滅，如果只澆一杯水，是無法達成的，一定要繼續不斷地澆灌才能熄滅掉，而救災就如同此理。

上人懇切地教導慈濟人要化敵為友，縱然是敵對，也要保有像佛陀那樣寬大的心胸，要視普天下的眾生都是我們的孩子、我們的父母、我們的同胞。「無緣大慈、同體大悲」的精神，是要身體去力行，如果現在做不到，那以後就真的會後悔。

唯有把街頭當作是心靈修行的活道場，才能讓你到哪裡都受用。因為要在人群中修行已屬不易，更何況是上街頭去我執、滅我相，這種修行才是最上乘的功夫。真正的佛法要生活化，真正的修行就是在我們生活中，行在人間菩薩道，只要走得過考驗就是解脫。

上人也再次強調，「大陸救災對我們是一大挑戰，我們最大的使命，是希望能做親善的工作。我常說『普天之下沒有我不愛的人』，愛是要在行動中落實。為了愛他們，所以我們要去救他們。」

（五）首次發放 全椒動土奠基

慈濟第四梯次賑災團10月14日啟程，行前上人殷殷提醒參加的30位慈誠及委員，在大陸期間應全面素食，以佛教徒最虔誠的心來祝福大陸受災同胞，並視賑災工作為菩薩覺有情的「增上緣」，因為若非有受苦的眾生，我們就沒機會發揮良能。佛陀為眾生，是為天下的眾生，不只為臺灣的眾生。所以，此行應闡揚佛教慈悲喜捨的精義，使災民感受到佛教對人間的重要。

上人同時強調，此次大陸賑災是慈濟志業邁出海外的重要一步，團員需有任重道遠的體認，時時謹記「右肩挑佛教精神，左肩擔慈濟形象，胸前表現個人氣質」，團結一志，發揮菩薩無私無染的清淨大愛

14日清晨，賑災團從臺灣出發，首先前往安徽省全椒縣官渡鄉參與動土典禮。儀式上，何國慶師兄代表慈濟

致詞，表達臺灣同胞對全椒災民的愛心與關懷，李宗吉長者則代為宣達上人寫給災民的慰問函。安徽省政府副秘書長劉永年在致謝詞中，感謝臺灣同胞對安徽災民受百年水澇災情的關心，有感於慈濟功德會賑災款得來不易，他表示每一分錢均應做最大的珍惜，要做最好的運用，為災民蓋好住房，以不辜負臺灣同胞的關愛之情。

在靜思精舍德融師父和安徽省黨代表剷下第一把土之後，接著由師兄師姊們一起連鏟10下，祝福社區新建工程能「十全十美」。與會鄉親在收到慈濟人帶來的小點心時，人人既興奮又好奇。安徽電視臺也於當天晚間新聞，以3分鐘的時間報導了慈濟賑災團赴全椒縣舉行災民住房重建奠基與開工儀式的消息。

興建的住房為連棟式的兩層樓建築，土地、房屋產權皆屬災民所有。分成大套80平方米（約24坪）3房1廳予4口以上災民安住，小套60平方米（合19.8坪）2房1廳則提供3口以下的家庭使用。後院設有廚房、豬圈、廁所，嶄新的現代化設計，以使用50年不落後為原則。

全椒縣內總計有4個鄉鎮共設14個慈濟村，主要提供

給945戶的「三光戶」災民居住。（所謂三光：即財產沖光、房屋倒光、農田淹光。）

此行亦是慈濟大陸賑災的首次發放，團員分6組前往22個鄉鎮同步進行發放救助金及棉衛生衣，計有4,996戶，共1萬9,687人受惠，除每人發給一套禦寒的純棉衛生衣外，並發給每戶100元人民幣為基數，每增加一口加發20元的救災款，發放金額總計79萬3,420元人民幣。

三、慈悲增援 變數中的考驗

11月17日，上人於賑災評估會議上，依據第五梯次大陸勘災小組回臺後的報告，除了指示把河南固始、息縣做為另一個救災重點外，同時決定於江蘇興化援建15個社區，並在安徽全椒興建9所敬老院（按：後來正式援建10所）。

（一）以愛奠基 開工奮戰有因

慈濟第六梯次賑災團一行三十餘人，12月4至6日繼續前往江蘇省興化市，分組參加15個慈濟大愛村共568戶破土典禮，並親手發放棉衣褲及棉被給1,631位災民，同

時也為分散在興化慈濟社區的148間敬老院以及小學舉行開工典禮。

在任家中學奠基典禮會場，慈濟受到群眾夾道歡迎。會場兩旁豎立著各點新社區的鳥瞰圖看板，四周則大大書寫著：「團結合作奮戰三十」、「百年大計質量第一」、「文明施工確保安全」等三大口號的布條，顯見官民上下對元旦前完工的決心與期許。

12月7日，賑災團亦續為安徽省全椒縣「五保老人」援建的10所敬老院，2所小學及1所中學舉行開工典禮。

所謂「五保老人」，是指當地60歲以上的男性或55歲以上的女性，孤老無依，沒有兒女奉養，失去勞動力，又沒有經濟來源者，由當地政府籌款照顧他們，「保吃」、「保穿」、「保住」、「保醫」、「保葬」，一般均由各鄉收容在敬老院，唯全椒縣部分鄉鎮因財力不足，並未建敬老院，而是散居在民家或任其獨自謀生。

因此，慈濟為全椒援建了敬老院，其設計亦融入當地特色。例如白牆青瓦的南屏慈濟敬老院，所展現的是「徽派」建築。每棟隔為兩區可住8人，2人一間房，房內附

有床舖、五斗櫃、桌椅等，兩房中間另有起居室及衛浴設備。

住房外有寬敞的前後院，可讓長者種菜、圈養牲畜，既能勞動強身還可以有些許收入。敬老院於7日破土動工後，預計在農曆春節前完工，就能讓五保戶歡喜入住迎新年。

慈濟總管理中心副總執行長王端正表示，此次大陸賑災活動，喜見慈濟為災民援建的新社區及希望工程陸續奠基開工，實是一種博愛精神的發揮與展現。若要說慈濟發起大陸賑災的原因，主要基於3個立場：

1.人道立場 —— 秉持「人飢己飢、人溺己溺」的胸懷，面對受洪澇之患的災民，起悲憫心來救助他們。

2.宗教立場 —— 發揚佛陀「無緣大慈、同體大悲」的精神，以愛心為凝聚力，將兩岸同胞的心緊緊相繫。

3.從中國傳統仁愛精神來看，更應發揮同胞愛，從事賑災活動。

（二）募愛有成　住房陸續完成

1991年12月25日，慈濟於臺大校園舉辦「用愛心擋

嚴冬」大陸賑災義賣園遊會，短短6小時，吸引15萬人參加，更創下臺灣公益活動參與人數與募款所得最高的紀錄。

慈濟自上人於7月中旬呼籲大陸賑災以來，近半年來為了援助華中華東大水患的災民，全球慈濟人紛紛響應。無論是大企業董事長、富家少奶奶、職業婦女、或是路邊攤販、計程車司機，也有家庭主婦、自營商家、學生、農夫、小朋友等，不分身分地位，人人有錢出錢、有力出力。

在各種募款行動中，他們放下身段，拿起愛心箱，從街頭到巷尾、從鄉村到城市、從國內到海外，總在烈日下、風雨中，不嫌口乾、不畏腿麻，把街頭當作修行道場，在全球愛心的匯聚下，短短4個月內共募到4億元臺幣，點滴善款凝聚成功德海，造福大陸3省4縣六萬多位災民。

慈濟在安徽全椒及江蘇興化援建的1,513戶災民住房，於1991年12月23日完工後，慈濟基金會副總執行長林碧玉與慈誠隊員楊亮達、葉炳榮、林宗明及李朝森等人

是日前往當地，會同原留駐南京的工作人員蔣科尼、陳瑞昌、吳庚申、羅陸源等人陸續進行驗收。

（三）寒流來襲 志工臨危受命

　　慈濟基金會原訂1992年1月4至12日，趁農曆過年前，跨越3省4縣展開大型發放。準備6萬套棉衣褲、三萬三千多床新被，要讓安徽全椒、河南固始、息縣，共六萬多的災民都能穿新衣、蓋新被，歡喜過新年；同時並舉行安徽省全椒縣、江蘇省興化市住房交屋啟用，以及河南固始縣、息縣住房開工典禮，為此行程，賑災團成員人數高達八十餘人。

　　不料，在1991年12月25日開始，華中地區因寒流來襲，氣溫劇降、大雪不止。上人26日即毅然指示在當地的工作人員速讓災民先行遷住新居避寒；也考量冰封雪凍的惡劣天候，非但飛機起降有問題，往固始、息縣及興化的水路可能冰封，交通受阻，最重要的是擔心長年生活在亞熱帶的臺灣賑災團員，可能無法適應當地氣候及雪路。因此，緊急取消賑災團原訂行程，改由當地十多位工作人員負起衣被、現金、大米等發放任務。

因為這場意外大雪，讓此次龐大發放物資的採購及籌辦時間更顯緊急，為了克服惡劣天候及交通運輸的嚴峻條件，好讓災民能及時取得物資抵擋嚴冬，包括供應商、當地官員及幹部，甚至災民與慈濟工作人員，人人「起早摸黑帶夜幹」，打破體制並採取許多權宜措施，希望藉由眾人無私的大愛精神全力以赴，來順利完成此次賑災任務。

　　由於慈濟基金會為災民所準備的衣服式樣及大小，皆依年齡分為5類次：4至8歲、9至15歲、16至35歲、36至50歲、50歲以上，每個年齡類次的款式及花色，男女有別，因此在工廠製作及分戶打包的過程顯得相當複雜。除了全椒的2萬套棉衣是向當地服裝廠訂購外，河南固始、息縣的4萬套，則分別由上海「第三百貨製衣公司」、南京「銅陵製造廠」兩地合製，慈濟會員黃華德先生更發心親赴上海負責採購。

（四）備貨輸運 風雪中的奇蹟

　　在各廠集中人力，放棄休假，日夜趕工之下，短短半個月終於如數交貨。但在運送過程中也歷經艱辛，許多卡車司機發出「這種天啊！要命不要錢！」的慨歎而拒

絕，在志工鍥而不捨之下，終於有一家運輸公司答應，同時又取得珍貴的「10號不凍結柴油」，才促使卡車「行得通」。而負責隨車送貨到息縣的一位李小姐，她的座車也因南京高速公路冰雪路滑，途中濃霧瀰漫而發生連環車禍，所幸只有車尾輕微受損，人竟毫髮無傷。

至於棉被，慈濟所準備的是又輕、又軟、又暖和的化纖製品，是基金會向臺商在南京投資的棉被廠訂購。該廠是大陸第一家生產化纖產品的全新廠家，9月份才安裝機器。該臺商聽說慈濟要訂棉被賑災，兩位負責人即赴花蓮拜見上人，取得訂單後立即說服大陸合夥人以成本供貨做功德。10月完成裝機，試車十多天後，在大陸合夥人的全力配合下，11月20日正式全面生產。

安徽工作人員為了及時將慈濟在南京訂製的棉被運回發放，共組織了18輛10噸級的大卡車，冒著數十年未見的大風雪前往南京運貨並分發到各地，連同棉衣、褲一起依人口、性別及年齡大小分別裝袋打包，由於天雪路滑，卡車能走的道路不多，因此除合寧公路國道附近的鄉鎮外，大部分是由農用拖拉機一車車慢慢載，相對也耗用了

無數的人力、物力。

　　當地領導表示，雖然大家都「起早摸黑帶夜幹」地忙了許多天，但大家在慈濟精神的感動下做事，忙得很高興，他說：「你們遠道而來做的事又多，不是更辛苦？而我們是為了自己的鄉里，累是該累的！」

（五）元旦發放 災民歡天喜地

　　慈濟賑災團自1992年元旦起，以4天時間完成全椒縣38鄉鎮的第二次發放，物資包括棉被1萬1,059床、棉襖褲1萬9,131套、種子7萬2,000斤，化肥900噸，及為縣內1,955位的五保老人發放百歲錢（過年紅包）。

　　當時白天氣溫低達攝氏零下7、8度，災民們穿上慈濟去年10月份所發的衣服，頂著風雪嚴寒，帶著扁擔、繩索或籮筐，天未亮就迫不急待地跋山涉水，走上老遠的路，想盡快趕往發放地點。領到物資後，即歡天喜地匆匆打包回家，有人甚至太過興奮，物資還沒綁穩就急著要跑回家。

　　由於雪深路滑，棉衣被發貨不易，元旦當天下午，工作人員即分組同步進行，加快發放速度。在太陽下山前，

災民開心地或揹或挑，長長隊伍在雪地裡匯聚成一條愛的長河，人人笑逐顏開，天氣雖冷，但溫馨歡樂的氣氛使人如沐春陽。

此次受助的災民計4,996戶，共1萬9,687人，凡3歲以上人口，每人一套棉襖褲，每2人1床棉被（每戶人口逢單數則加發一床），肥料則每畝地發50斤，種子每畝地40斤，計發2萬餘畝。

至慈濟在去年10月份發放的救助金，大多數災民都用來買化肥投入農地生產，也有人用來買糧食、爐灶、衣服家具以及小孩讀書用品，甚至水車、牛犁……，解決了生活與生產上的諸多難題。村民們頻頻道謝，「慈濟真的幫了大忙，否則真沒好日子過！」

由於一年中連遭大澇、大旱、大雪，似也應驗了「大澇後必有大旱，大旱後必有大寒」這句農諺，此時雖有大雪，但大家都很高興，因為村民們認為：「瑞雪兆豐年！下雪後，不只農作物有了水，田裡蟲子凍死，沒了蟲害，明年必是個大豐收年！」

分到房子的特重災戶更是歡天喜地，尤其是在氣溫降

到數十年來最冷的零下13、14度時，能在風雪交加中遷入慈濟村安居，老人家對於慈濟所做，更是感恩地點滴在心，直說「是臺灣人來做好事，救我們的命來了！」

當地官員、幹部，對慈濟賑災行動也深為感佩與溫慰，除了縣政府各級官員在各種慶祝場合表示感謝外，在發放點也做了一番表白，尤其是看著受盡苦難的災民挑著衣被走在雪地上，更讓他們感慨萬千。

界首鄉湯鄉長以「無比激動」來形容他的心情，廣平鄉長周順才也表示，在這樣一個大災之年，災區廣，災民多，政府有心無力，慈濟體恤災民，解決衣、食、住的困難，充分體現出同胞患難相助之情。

四、賑災圓滿 愛灑三省四縣

（一）為擋嚴冬 志工河南救急

根據前幾梯次大陸賑災評估小組認為，河南省息縣於澇災後復原能力最弱。由於位置偏遠、地瘠人貧，百姓本就窮困，加上天災地變，生活受到更大打擊，三餐無以為繼是常事，因而息縣被列為本次緊急賑災發放的重點。

慈濟基金會第三梯次賑災發放小組，一行19人於1992年1月6日中午，以急切心情抵達河南省息縣，為全縣1萬1,451受災人口，共計2,382戶進行賑災金、糧票、棉衣、棉褲及棉被的發放工作。賑災團分5組同步展開賑濟品的發放工作，在當地關店鄉鄉里工作人員協助下，秩序非常良好。由於災民渴望物資的到來，以解決民生食衣迫切所需，因此百分之百都出席。

許多災民為領物資，他們翻山越嶺、跋山涉水，在融雪後的爛泥地裡走了十幾公里，費時將近3小時，有的甚至三更半夜就啟程，為的就是「寧可早到，不要領不到！」雪地泥濘，夜行艱難，加上刺骨嚴寒，災民飽經霜雪遠道而來，只因對生活物資有迫切需求，那情境令賑災團工作人員感到十分不捨。

對當地在嚴冬總是難以禦寒的村民來說，經過潦災泡爛的被子更是殘破不堪，今日能領到慈濟發放的「真空絲棉」新款棉被，心中更是感動萬分。許多人激動地掉眼淚，老婆婆喜極而泣，緊緊摟抱著新被讚歎道：「我這輩子從沒見過這麼漂亮的被子！我從來沒蓋過新的棉被！」

而受災人數最多，範圍最廣的河南省固始縣，由於長年窮困，生活水平低落，百姓受災的情形與鄰近的息縣不相上下，經本會賑災小組評估後，亦列為重點救濟對象。

而固始縣的發放，也是慈濟第三梯次發放團的最後一站。志工一行仍分5組，同時於不同鄉鎮發放物資。在固始縣陳縣長安排下，一輛輛綠色吉普車，奔馳在鄉間土徑上，只見霜雪濃厚覆蓋大地，在白雪皚皚、天寒地凍的嚴冬裡，慈濟賑災團適時出現，更加突顯上人「雪中送炭」的悲心與柔懷，也給當地受災百姓留下永難磨滅的深刻印象。

1月7日、8日連續兩天，在志工馬不停蹄的作業下，終於完成固始縣8個鄉鎮，2萬8,988位災民，計7,393災戶的發放工作。

（二）援建工程 陸續啟用發證

1992年6月7日大陸賑災團員54人，由基金會副總執行長王端正、靜思精舍常住德慈師父、德融師父、德安師父、德昕師父率領下，前往安徽全椒及江蘇興化，逐戶發給兩地共29個慈濟社區的1,513戶災民「土地使用證」及

「房屋所有權證」，使所有住戶，都獲得安居樂業的保障。

6月8、9日兩日，再赴河南固始及息縣，為兩縣共計1,594戶災民住房，及興化8所中、小學舉行奠基開工典禮；這是繼安徽全椒及江蘇興化的災民住房社區完工啟用後，慈濟慈善事業基金會為河南災民進行的社區援建任務，有始有終地展開另一階段的賑災造鎮。

同年9月9日，慈濟分別前往官渡中學及章輝慈濟敬老院參加安徽省全椒縣3所學校及10所敬老院啟用儀式。並於會後分組參訪敬老院及慈濟社區。

11月26日，賑災訪問團一行63人經由南京、安徽，再到河南固始、息縣，為兩地頒贈34個慈濟社區，計1,594戶災民住房所有權狀並舉行交屋儀式，途中也順道關懷全椒縣城官渡中小學、慈濟村及南屏敬老院的生活狀況。

11月29日，慈濟大陸賑災的腳步，在息縣小茴店鄉人一村舉行的最後一批災民住房竣工典禮暨交屋儀式中，也正式告一段落。合計安徽省全椒、江蘇省興化、河南省固始及息縣，至此已全數完成救災造鎮工程；4地總計援

建63個社區，共3,107戶，建地面積達23萬平方米。

（三）赴陸圓緣 啟大愛引善流

　　慈濟為江蘇興化所援建的學校，施工情況因地制宜，各不相同。有搬遷重建，也有就地擴建或覓地新建者，原本於1992年6月動土，預計1993年2月落成，卻因當地復耕農忙、人工缺乏等因素而延至5月才完工。

　　慈濟工程勘驗團一行12人，遂於6月23日啟程前往大陸，展開為期7天的行程，除了到江蘇省瞭解8所中小學的興建及完工情形，並轉往安徽全椒縣慰訪慈濟村及敬老院的居民。在勘驗過程中，也針對如何提升居民生活品質及教育文化等課題，與有關人士交換意見。

　　1993年9月14日，慈濟基金會副總執行長陳紹明先生帶領團員一行61人，再度走訪大陸。在7天的行程中，參加慈濟在江蘇省興化市所援建的8所中小學啟用典禮暨揭碑儀式，也為安徽省全椒縣3所慈濟中小學學生作文比賽舉行頒獎典禮。

　　上人於行前叮嚀時表達，此趟行程的主要任務是「圓緣」，慈濟基金會自1991年夏天，發動賑濟大陸水患活動

以來，最後一批援建項目，伴隨此次學校落成啟用，將告一個圓滿的段落。期勉眾人以愛進行交流，以專心、用心、細心來行事，帶動當地人士的愛心，並藉此表達慈濟人與臺灣同胞的愛心及感恩心。

（四）就地救災 承襲慈濟大愛

全椒縣政府秘書仇培等地方人士，兩年來持續陪伴慈濟志工前往災區勘災、援建、發放的過程，深覺慈濟人的文明禮貌舉止，做事快節奏、高效率的作風，及不眠不休的敬業精神，都對當地造成了多方面影響，更是當地官民學習的對象。

1992年8月1日，全椒縣遭遇龍捲風襲擊，強風所到之處屋毀人傷，襄河鎮的慈濟村也受到波即，所幸並無大礙。然而，在全縣其他地方卻造成7死、117人受傷，其中重傷者就有63人、總計176間房屋倒塌的慘劇，農作物也受到嚴重損害，總計倒房及莊稼損失達一千多萬人民幣。

當地民眾在龍捲風過境之後，自動自發地以驢車、板車等工具，運送傷患就醫診治，充分發揮同胞手足之愛。

當地政府也效法慈濟聚沙成塔的理念立即發動地方募款，在一星期內就募得16萬多人民幣來協助賑災。

當地官員表示：「慈濟來賑災，最大的價值不在物質，而在於人心的安定及精神文化內涵的提升，最重要的是互助精神與愛心。這次的龍捲風事件，就是最佳例證！」因而也讓當地人津津樂道。

貳、四川地震 賑災三階段

一、賑災思維 變與不變

慈濟自1991年大陸賑災以來，近30年所展開的各項慈善行動經驗中，不難窺見慈濟賑災思維的演進。

第一個10年，因應不同天災類型，發展出因地制宜的援助策略，大抵皆以急難救助與物資發放為主。到了2000年起，慈濟基金會開始在窮山惡水的貴州、甘肅偏遠山區進行長期扶困計畫，透過物資發放、移民遷村及助學補助等方式，來尋求徹底改變歷史貧困的有效方案。

然無論是急難救助或是長期扶困，慈濟「實地會勘」的慈善精神永遠不變。因為唯有透過關懷去深入了解，才

能真正提供實際所需。上人從事慈善工作，一開始就是透過「實地會勘」的方式來進行，將當代反映出來的社會問題，當作人間佛法的研究室，因為任何救助都不能只做表面，而是要從根本徹底解決問題。

　　災區調查工作一定要務實，除了賑濟的錢和物資要充足外，受災戶數明確清楚，財務收支和人數能核合無誤才算圓滿；但更重要的是要以耐心、愛心，使眾人皆大歡喜，人能和合才是真正的功德圓滿。而這也是為何慈濟人在賑災過程裡，常以「感恩、尊重、愛」的思維與人交流的主要原因。

　　以2008年四川大地震為例，在5月12日午後，四川發生芮氏規模7.8，相當於251顆原子彈威力的強烈地震，震波殃及鄰近12省市。受災最嚴重的四川省，路毀橋斷、屋舍傾倒、哀鴻遍野，昔日麗景轉眼間盡成廢墟，當時傷亡近10萬人，更有數萬人生死不明，倖存的親人哀哀等待失蹤者生命的奇蹟。

　　災變發生的前一天，慈濟才剛於各地舉辦莊嚴肅穆的浴佛典禮，隔天即傳來四川地震消息。無獨有偶，緬甸因

受納吉斯強颱侵襲亦傳出災情。上人形容浴佛時的心情充滿感恩；卻在隔天聽聞兩地災情，心情悲極無言，兩極心情無可言喻。

為落實救援行動，上人於第一時間指導花蓮靜思精舍率先成立賑災指揮中心。就四川賑災的部分，14日已由大陸當地志工一行16人先行前往災區探勘。15日，臺灣慈濟志工一行11人亦前往四川與大陸當地志工會合，協助評估後續救援工作。並先在羅江縣金山鎮設立慈濟賑災定點，開始提供熱食、關懷服務災民。

二、四川強震 啟動賑災機制

15日當天，與臺灣花蓮靜思精舍指揮中心成員，透過視訊召開川緬賑災會議。上人聆聽災情報告後，針對四川勘災報告，當下指示賑災方向：

（一）預防疫病感染：賑災團於行前先行服用、施打疫苗；到災區要注意飲食衛生，尤其飲水要確實加熱沸騰後才飲用。

（二）災區熱食供應：於定點為第一線搜救者做後

援，帶動災民投入備餐工作，藉此轉移悲傷的情緒，亦讓供餐人力無缺乏之虞；現場提供環保餐具並依率素食，顧全飲食與環境衛生。

（三）設立醫療站：於香積定點附近設立醫療站，服務災民也照顧救難人員。

（四）募款募心專案：以「慈濟川緬膚苦難，大愛善行聚福緣」為口號，進行賑災募愛活動。執行細節有五個重點：

1. 統一財務窗口。

2. 不做義賣，儘量簡化、單純不複雜。

3. 重點在於募心，人人誠心祈願，提起警世覺悟。

4. 各單位、各團體建立「對口」，做同事度。

5. 天天同步祈禱，自我提醒「貪欲縮小到零點，大愛擴大到虛空」。

（五）關注災區消息：由人文志業體匯整國際間相關訊息，真實報導。

同日，慈濟基金會發起「慈濟川緬膚苦難・大愛善行聚福緣」募款運動，並向臺灣衛生福利部提出「震盪中

的人間至情」賑災計畫，期將全球愛心再次匯聚，以「直接、重點」原則，投入中國四川、緬甸的賑災工作。

在慈濟發起的「愛心動起來」系列活動中，主要精神與做法有四：

（一）募心：募得一份善念、善心，匯聚愛的力量。

（二）募款：募得一份善行，讓愛化為行動。

（三）齋戒：募得一分持齋守戒的虔誠心念與具體行動。

（四）祈禱：日日虔誠為受災者，也為人類、社會祥和平安而祈福。

對於後續前往四川賑災的團員人選，上人慈示只要肯發心、有時間、身體狀況佳者，皆可走入災區，見苦知福，發揮力量。因而呼籲慈濟人難行能行，儘速組織志工前往災區最前線，用行動膚慰災民；也請身處平安地的每一個人，提起大慈悲心，以「人傷我痛、人苦我悲」的心情戒慎虔誠，祈禱齋戒。時時心發好願、口說好話、手做好事，期以大愛善行凝聚天下福緣。

三、急難當前　慈濟首重後援

　　面對大災難，上人認為急難救助的力量先集中在提供熱食的原因，在於能及時安撫災民的心。當災區無水無電，若能在現場提供熱食，就有機會引領災民藉由工作提振精神並轉移悲傷，在助人同時也能建立自信；另一方面，慈濟提供素食，只要多一餐素就能少一分殺業，慈悲護生同時，更能減少碳足跡。

　　而在確定熱食地點後，也要就近設立義診站，守護災區民眾與救災人員的健康。特別是當時晴雨不定，病菌更活躍，許多埋在瓦礫堆下的屍體已發出屍臭，上人擔心會有瘟疫，因而強調一定要先自我保護，才能確實發揮救人的良能。

　　因此，在急難救助時期，上人指出慈濟最主要的工作是後援，在災況不穩定的情況下，不宜頻繁四處走動勘災，因為所衍生的食宿交通都會讓受傷的大地再添負擔，甚至可能干擾救援。所以初期以定點做後援，是慈濟人的最佳著力點，不論時間多長、空間多大，慈濟人以愛接力，就能不斷接續投入。待災況穩定後，再深入勘察災民

所需，評估是否要提供短期安頓、援建校舍或民房等，經過通盤了解，再評估做中長期的援助規劃。

自5月14日起，截至8月12日止，慈濟基金會於四川災區的急難援助，共設置5個熱食醫療服務站，總計動員含志工、醫護人員共8,266人次展開救助與關懷，陪伴災民走出傷痛；累計供應熱食81萬8,586份、醫療義診服務4萬8,082人次、義剪服務194人次。

四、災後重建 明定執行方針

秉持慈濟多年賑災經驗，無論是從慈善、從宗教，或是從教化的角度來看，為協助災民順利重建家園，最終無非都以「安心、安身、安生」的慈善模式為導向。

就慈濟在四川賑災的工作而言，以四年三階段的執行方案，明定完整的重建方針：

（一）緊急救助階段

主要有物資援助、熱食供應、緊急醫療援助、創傷心靈陪伴等四項。同時「勘災與賑災」並進，勘災以重災區為主，評估最需要協助的地區，做為後續第二、第三階段

的重建工作做準備。

1. 物資援助：包含環保毛毯、生活袋、醫藥用品、環保碗、環保筷、蒸飯機、大米、食用油、鍋碗盤等民生用品及慰問金等。

2. 熱食供應：目的在暫時緩解災後無法炊食的問題，藉由供餐準備的機會，邀請鄉親參與，轉移震後驚嚇、慌恐、失落的情緒。

3. 緊急醫療援助：邀請醫療志工以愛的接力投入災區義診服務，協助災民簡易處理外傷、解決過敏、睡眠障礙、焦慮不安、提供心靈慰劑、傷風受寒的醫藥以及衛生宣導。

4. 心靈陪伴：透過志工傾聽與陪伴，藉由繪畫、說故事、歌曲帶動等方式，暫時性的移轉心靈創傷，帶動積極思考，並籌組當地小志工隊參與服務，在緊急賑災階段提供心靈相互慰藉的平臺。

（二）安頓關懷階段

經過災區緊急救助階段的安撫過程，災民於臨時安置的地方暫時安住身心後，生活才有緩衝的時間、空間，來

打造永久家園。因此，賑災中期階段須開始實施「安心、安身、安生」的三安工程。

1.安心工程：

在災後2至3星期，有些災民出現「震災症後群」，疾症可能持續1至3年。因此，在緊急救助階段的心靈陪伴過後，本會以結合或籌組當地志工，持續為災民進行「心靈重建工程」，重新建立安全感、並對失去事物的負面思惟給予正向引導，使其能與正常生活再度接軌，讓受創者勇敢迎向人生的新旅程。

2.安身工程：

安全的棲身之處，是災民重新出發的後盾。本會除針對重災區永久性住房重建進行評估外，同時也對臨時住所評估協助的必要性。住房設計，以尊重當地文化特性為主，也輔以「人性化、環保化、社區化」的三化來考量。

3.安生工程：

為協助因災後家庭功能失調、生計失依者度過重建期的困難，本會提供生活、生計、生存等基本需求；透過實地訪查、多方評估，擬定短、中、長期援助或輔導方式，

依個別化原則，讓災民在有尊嚴的前提下，儘速恢復家庭功能。

（三）復建重建階段

「教育是民生之基，健康是民生之本，分配是民生之源，保障是民生之安」，慈濟以「守護生命、綻放希望」作為災區重建的終極目標。從個人、家庭、學校等方向，逐步規劃完整性的關懷與重建方針。內容包括希望工程、健康工程及災區其他重建方案。

1.希望工程：

「教育是民生之基」，是百年樹人的大業，也是社會的希望工程。學生學習不能空白，教育不能斷層。因此，希望工程以「大愛為梁，智慧為牆」，強調環境教化的重要，建築以自然、環保、堅固為指標。而希望工程的意義，在於讓學生能處於愛的環境教育中，體會大愛的力量，進而學習付出與感恩，延伸希望於未來。

2.健康工程：

「健康是民生之本」，慈濟秉持守護生命的目標，適時協助地方醫療有關健康照護的建設，藉以改善醫療環境

品質及補充儀器、物品。另外，在重建期間，視情況繼續舉辦義診服務，或評估是否需先行援建簡易醫療站。（例如與當地什邡人民醫院締結姊妹醫院，協助重建與醫療資源重整之規劃。）

3. 災區其他重建方案：

在重建區中，增設有益災民身心的必要設施。例如，當2008年四川發生大地震時，當勘災小組來到重災區，只見鄉親們坐在斷垣殘壁旁，眼神無助地望著廢墟。為能儘速啟動「安心」計畫，勘災團與羅江縣領導幾經溝通後，終於在5月16日這天，於該縣金山鎮設立第一個「慈濟抗震服務中心」。

緊接著，大陸、臺灣及海外志工開始愛心大接力，不斷透過集資、集力膚慰受災民眾。從初夏走過嚴冬、歷經緊急安心、中期安身、長期安生等階段，而服務點也從羅江縣擴展到綿竹縣及什邡市，陸續在德陽3縣市，成立5個定點關懷站。

這波愛心接力，除了一梯梯從臺灣及各省臨時組成的慈濟志工外，也加入了成都、重慶及洛水、漢旺本地民

眾，形成一股「社區志工」的在地生力軍。而這股力量，
更在日後雅安蘆山發生地震時，在第一時間及時趕往災
區，以感同身受的心情，膚慰因受災而飽受驚嚇民眾的一
股堅實力量。

參、天府之國 震動中的大愛

一、緊急救助 及時解難

在2008年5月四川災難發生時，慈濟為能及時救災，
一方面籌措物資，另一方面也緊急動員14位來自北京、
福建、昆明、上海、廣東等地區的臺商慈濟人，包括邱玉
芬師姊、曾云姬師姊、薛明仁師兄、陳振州師兄等，他們
於當天各自啟程，經重慶來到成都；隔天亦有9位來自臺
灣的志工，在羅明憲和陳金發師兄帶領下，趕抵成都會合
勘災。

由於災區廣大，部分道路管制，等候進災區的救援團
體逾千，車輛若沒取得通行證就無法加油，更別說要進入
重災區。慈濟志工在國家宗教局協助下，取得通行證後，
隨即前往德陽縣綿竹市漢旺鎮的重災區勘查。

身在臺灣的上人，明確指示赴災區的慈濟人：「要比照臺灣九二一賑災模式，提供熱食給救災、受災及所有需要的人，並邀約鄉親一起來服務，引導他們從付出中忘記傷痛、減少悲情。」

面對廣闊的災區，志工為把握時間，分成2組，一組由羅明憲、陳金發、邱玉芬等人組成勘災小組，繼續了解受災情況；另一組則由薛明仁及曾雲姬等人在災區進行定點服務。5月16日這天，第一個服務站於羅江縣金山鎮設立。

（一）志工膚慰 釋放悲傷

在四川，因當地9成房屋倒塌，政府設置7個災民收容中心，於5月19日起一連3天舉行「全國哀悼日」，住在帳棚的居民愁緒難抑；志工默默地陪伴，希望鄉親能釋放悲傷、重建信心；而孩子一張張驚恐的小臉，讓曾云姬感到心疼，有多年幼教經驗的她，開始與團隊商量著如何透過讀書、團康遊戲，來幫助孩子們釋放恐懼。

慈濟服務站，成了災民「安心」的所在。鄉親候診和排隊領取熱食時，每每憶起在地震中逝去的親友，總忍不

住淚流滿面，志工靜靜地陪伴在旁用心聆聽，也適時地給予安慰。

（二）提供熱食 暖胃暖心

考量災後缺水缺電，災民住在帳棚煮食不便，慈濟服務站設置了蒸飯機，也架起了爐灶，因而得以在災後第五天開始供應熱食。

來自各省的師兄師姊開始各展所長，於是一道道符合四川人口味的川菜熱食，白米飯配5樣炒菜，就這樣展現在受災鄉親面前，也因熱食廣獲歡迎，每天需求量直線上升。熱食不僅溫暖了居民疲憊的身心，人與人之間多了互動，也和緩了天災帶來的無情考驗。

驟然失去至親的悲痛，再多淚水也無法彌補；唯有把心打開，接受外界的愛，再把愛分享出去，才能縫補心的裂痕。當地鄉親有感於慈濟志工大老遠地前來為大家做飯，不只送來自種蔬果，也主動加入服務行列，協助清掃環境、切菜、炒菜、蒸飯、打菜，總是樣樣都做，讓熱食站日日都能凝聚人氣與溫情。

許多災民在慈濟志工邀約下參加香積或活動，不再坐

困自家帳棚，當穿上志工圍裙投入烹煮熱食時，藉由服務鄉親，也逐漸轉移了失去家園或生離死別的愁緒，也在付出中重新肯定自我的價值。也深刻感受到在關懷點上，慈濟人帶給災區的是希望、是陽光。

在洛水二小，孩子開心的時後，有歡樂的歌聲，實在看不出當地也是災區。在這裡，讓人印象更深刻的是在慈濟人離開後，小志工持續所學，把現場整理得乾乾淨淨。若在以前，可能依著習慣隨意亂丟垃圾。因此，當地災民更加肯定慈濟人的做法不僅幫助了災區鄉親，也淨化了彼此的心靈，而這也就是上人所說的：「見苦知福再造福」的意義。

（三）醫療服務 守護健康

心理輔導一直是慈濟在災區義診重要的一環，慈濟醫護團隊以駐診及往診方式進行診治，及時協助村民走出「創傷後壓力症候群」釋放傷痛。

5月22日，自慈濟義診服務開始，一批批來自臺灣慈濟醫院及國際人醫會的志願醫護人員，他們自費自假前往四川特重災區，不僅做定點服務，也踩過瓦礫、穿越田

埂、深入帳棚往診；專業與視病猶親的愛心行動，更是在短短時間內，獲得許多鄉親的信任。

在什邡市，有三萬多人在震災中受傷，第一線醫護人員負荷量大；慈濟醫療志工的到來，及時為當地醫護人員分擔了壓力，不只駐守洛水鎮義診，也流動往診，而簡易醫療站更是隨時開張。

這些自掏腰包的志工，不僅放下臺灣手邊的工作，更帶來了足夠的藥品，透過專業即時解除災民病苦的聲名很快就傳播開來，也吸引著災區鄉親們前來掛號就醫。

慈濟醫療團隊歷經九二一賑災撫平傷痛的經驗，他們用同理心針對災區民眾，甚至為住在偏遠地區或行動不便的鄉親進行往診，給予即時膚慰和適切的醫療協助。只要腳走得到，手伸得到的地方，慈濟人皆珍惜著每次的因緣，務求做到分秒必爭，為善必爭。

在慈濟醫療團駐守災區的101天中，總計動員醫護人員1,374人次，累計服務鄉親超過4萬5,000人次。

從5月16日服務站成立開始，到8月12日居民搬離帳棚遷入板房為止，總算熬過了最困難的時刻。慈濟在3縣

市5個定點總計陪伴的89天之中，志工投入近9,000人，累計熱食供應超過81萬份。

二、安頓關懷 人間有愛

（一）援建抗震學校 孩童安心就學

由於地震造成四川省內，有七千多所學校倒塌，學生被迫提早放暑假。當慈濟在災區設立臨時服務站，志工透過熱食、義診等方式服務陪伴安撫情緒之外，也邀請災民與孩子們一起投入香積、訪視與環保等工作，藉由參與活動，逐漸把心安頓下來後，緊接著開始了重建的腳步。

上人曾慈示：「孩子的教育不能等。」慈濟人經過實地評估，決定在第一時刻儘速援建六所抗震學校。經過眾人努力下，在7月下旬的開學前，六校四千多名學生陸續重返校園，大家一起搬桌椅、打掃教室，滿心期待震後第一個學期的來臨。

慈濟重視教育，對於援建的學校，一向堅持「軟硬兼施」，不只有良好的硬體設備，更重視孩子們的生活教育。因此，慈濟人邀約曾投入九二一希望工程，具有重建

經驗的慈濟教聯會老師，同時亦邀請兩岸大專青年志工，特別組織教育交流團隊，於7月15日到25日，分別前往靈傑中學、八一小學、洛水中學及洛水小學，舉辦「安心關懷」活動，結合豐富且多元的課程，引領孩子們學習如何「愛護自己」。

在8月，慈濟針對德陽什邡市與綿竹市30個村、兩個鎮與4個社區，準備搬離帳篷區，入住板房的近兩萬戶、五萬四千多人，致贈生活物資，這份「入厝禮」包括白米、食用油、鹽、糖、水桶、洗臉盆、熱水瓶、鍋碗瓢盆、茶壺、洗潔用品、毛巾、棉襪、毛毯、環保袋等31項物資，再外加一份百元紅包，祝福人人在大災後「百圓千順萬福」，期許鄉親早日恢復生活常軌。同時，慈濟於訪視中，發現不少貧困家庭子女就學困難，因此於2008年10月起，開始陸續致贈助學金。

（二）持續寒冬送暖 提供安生保障

經過酷暑中的急難關懷後，慈濟對災後第一個冬天也格外關注。經實地會勘評估，志工秉持著「感恩、尊重、愛」的心情，於12月下旬，針對德陽市中江縣、羅江縣、

旌陽區的低保戶及五保戶，恭敬地送上白米、食用油和棉衣被等物資，共嘉惠3萬2,563戶，計6萬1,676位鄉親。

然，再多的米總有吃完的一天；再好的衣，總有穿破的時候；而慈濟人給予鄉親的愛，卻是能陪伴他們度過漫漫重建之路的最大依靠。發放當天，當鄉親們把大米扛在肩上，幸福笑容就寫在臉上，肩上重量似已不再是沉重的負擔，而是一股可以好好生存下去的力量。

2008年，從4月初夏走過嚴冬，慈濟動員超過1萬人次的志工協助四川鄉親紓解災後困窘，在之後的2009年及2010年，依舊持續寒冬送暖，堅持在重建路上給予鄉親最溫暖的陪伴。

年度	發放地點	發放人數	發放戶數	發放品項
2008	中江縣、羅江縣、旌陽區	61,676	32,563	白米、食用油和棉衣被等物資
2009	什邡市、綿竹市、中江縣	34,029	47,898	棉被、棉襖以及棉衣，還包括熱水袋等冬令物資
2010	達州渠縣、什邡	5,191	18,421	大米、食用油、棉內衣褲、棉夾克、棉被等

（三）社區服務中心 打造溫馨的家

　　當急難救助告一段落，慈濟接續進行13所學校的援建工程；為方便後續長期援助工作進行，持續陪伴鄉親走出心靈陰霾，慈濟分別在重災區的什邡市洛水鎮菜蔬村及綿竹市漢旺鎮武都村，設立了社區服務中心。

　　慈濟服務中心的設立，成了在地鄉親共同的家。對於前來參訪的機關團體，志工也把握因緣，為大家分享環保理念，透過解說，鼓勵大家實作資源分類；此外也舉辦「人文講座」，透過慈濟志工現身說法，分享自己轉苦為樂，如何身體力行「愛人愛己」的人生經驗。

三、復健重建 光明無限

（一）地震帶來新生 援建光明新村

　　昔日的光明村，建屋大多就地取材，以具有黏性的泥土和水做成泥磚，再以大石塊為地基來興建房舍；靠著先民智慧所打造的百年土房，原本冬暖夏涼，可惜的是，這個原本有兩百多戶的村落，在汶川大地震中，近半數房舍因此盡毀。

為了協助德陽市中江縣富興鎮光明村的災後重建，慈濟數次前往實地會勘，根據鄉親過去的村民小組，兼之考量當地地形地貌後，於2008年11月12日為該村動工興建91戶，每戶平均面積約為100平方米的大愛村。

　　慈濟秉持一貫的援建理念，透過通盤的整體規劃，在硬體方面，除了建築採用鋼筋水泥結構，並於房頂鋪設防水層，提供穩固的住房外，也為改善生活環境，按人畜活動空間，分設衛生間，同時也在廚房裝設現代化的瓦斯爐臺。

　　在集村規劃方面，除住房外，也設置了活動廣場等公共設施。在聯合國開發計畫署（UNDP）的支援下，增設沼氣設備。另外，透過與當地政府協商，改善對外道路交通，藉以加強對外聯繫。如此，有助於未來產業輸出，並有利於提升人民生活素質。光明村所援建的社區型集體住宅，在2009年12月完工。紅瓦白牆、雙併獨棟的兩層樓建築，每戶屋前皆種下了一排整齊的白楊樹，美麗的家園在青山環抱，綠樹蔥蔥的環境中，分別展現在3個區塊的丘陵之上。

2010年11月20日，大愛屋交付儀式正式在光明村的大愛廣場舉行。慈濟基金會副總執行長王端正代表慈濟，頒發房屋所有權證給光明村大愛屋的91戶鄉親。

截至2012年底，光明大愛慈濟村經過產業結構的調整，經濟作物改以生薑與瓜類為主，據當時的村書記陳加安表示，未地震前，光明村的人均存收入僅有兩千多，至今已有七千兩百餘元；過去村民出外打工賺取收入，只為維修老房子，如今，才兩年光景，整個村已有40%的老百姓奔小康，家裡有10萬以上存款的戶數亦有6戶之多。

（二）打造希望工程 注重軟硬兼施

社會的希望在教育，而教育是民生之基，更是百年樹人的大業。因此，為了不讓災區學生中斷學習，更為了不讓教育有斷層，慈濟在緊急救援階段，除了協助搭建臨時的板房教室應急之外，也著手進行「希望工程」災後重建。

營建團隊成員，大多來自臺灣具有九二一地震重建學校經驗的專業建築人員，由他們來為四川用心規劃。

為了讓校園成為未來災難發生時的避難所，因此皆堅持學校建築必須「千年不倒」，從覓地、設計到硬體建設等過程，注重環境教化，結合地形地貌，以保留原有自然景觀為原則，打造出兼具環保、堅固又美觀的學習殿堂。

而慈濟建設也講求「軟硬兼施」，也就是在硬體建設過程，除了基本的質量管控，也鼓勵施工團隊堅守「不抽菸、不喝酒」的慈濟人文，以良好行為與習慣，來共同打造無菸無酒的美麗校園；當學校啟用後，則鼓勵全校師生知福、惜福，更要把握機會投身志工行列再造福，共同為社區付出。

慈濟自2008年馳援四川大地震起，至2009年4月止，共投入援建13所希望工程。在歷經一年多的援建過程後，已然陸續完工並因應學童開學而提前啟用校舍；2010年11月19日，慈濟基金會於洛水鎮的洛水中學校區舉辦「512災後援建項目聯合交付啟用儀式」，宣告13所學校援建工程正式結束。在當天的啟用儀式上，王端正副總執行長表示：「這不只是一場儀式，更是見證一段歷史，感受

到生命的意義、平安的可貴。」

（三）順應自然環境 拓展宏觀視野

慈濟在什邡洛水援建的學校，不論是小學、中學或幼兒園，在當地都引起很大迴響。在地人以四川話「巴適」來形容慈濟援建的希望工程校園「很豪華、很大器！」

主要是慈濟在學校設計的過程，皆著重順應自然地形。以擁有18個班級的什邡洛水鎮洛水中心小學為例，就是利用當地的柳河與遠山為伴來進行設計；而綠化、通風、端莊、典雅、無色無華、無聲說法，是什邡市洛水中學給人的第一個印象，設計師在臺灣先做初步規劃，將自然水源融入莊嚴建築裡，把古典歐式園林的意象轉化為學校的精神中心「靜思禮堂」，同時也融合中西文化與當地傳統建築的元素，期能開拓學子「世界一家」的視野。

肆、希望工程 教育亮點

慈濟依臺灣辦學經驗，特別重視學風、教風與校風的建立，因此，慈濟人也不吝將成果帶到受災嚴重的四川。

（一）洛水小學 成就無菸校園

　　洛水小學的校舍，在五一二特大地震中全部倒塌，師生傷亡慘重。慈濟從協助援建「抗震學校」開始，為讓學生有好的學習環境，校園綠地率高達50％。除了教學樓，也規劃圖書室、音樂室、美術室、實驗室、電腦教室等使用空間。

　　在歷經風雨滄桑後，洛小於嶄新的校園環境中，提出「以人為本，關注心靈，發展個性」的辦學理念，並在慈濟志工與教聯會老師長期陪伴下，為學生進行說好話、做好事、存好心的「三好」教育。

　　洛水幼稚園與小學師生於2010年3月間搬進新校舍後，洛小權校長珍惜這嶄新的好環境，為了做好師生的榜樣，自己以身作則率先戒了菸，也為新校園發佈了新規定，期待洛水慈濟小學能成為真正的「無菸校園」。

（二）洛水中學 書法特色學校

　　洛水中學在五一二地震中，因教學樓倒塌，造成師生死亡八十餘人，受傷兩百多人。慈濟於災後立即前往協助緊急救災工作，並於8月份第一時間援建活動板房，及時

讓學校近千名學生與78名教師在災後復課提供了基本保障。慈濟基金會的希望工程自2009年4月開工，於隔年9月讓洛水中學師生全面啟用新校舍。

因應慈濟提倡的校風與學風，洛水中學亦走個性化、特色化的內涵式發展之路，形成特色立校、特色興校、特色強校的學校發展理念，結合學校實際運作，確立了以環保、傳統禮儀、書法、茶道文化等項目，作為學校創建辦學的主要目標。於2012年，先後取得德陽市書法教育優秀學校和德陽市書法特色學校的榮耀。

（三）邗亭中學 力行生活環保

對於邗亭慈濟中學的建設，因學校位於交通繁忙的城區裡，在設計上更是考驗著設計師的智慧。為了學生進出的安全起見，在上人的慈示下，將校門做了大轉向，改為面對靜謐的古運河，並承竹溪公園廣場開放空間，創沿街完整新校貌。

校方為感念慈濟援建之用心，大力引入慈濟人文教育理念，著力培養學生環保意識。各科教師利用教材中的固有因素，進行或深或淺的環保教育，『人與自然』已然被

校方確立為研究性學習的主題之一。邡亭慈中在各班不僅成立環保小組，也在學生會設立環保宣傳崗，藉以落實環保於日常生活中。

經過多年的努力，環保觀念不僅教育了學生，也帶動家庭，深入人心的環保意識大為提高。如今，環保教育已成為邡亭慈中德育工作一道亮麗的風景線。也正是憑藉著如此細緻、周密的工作，學校因此榮獲德陽市「生態環境保護先進單位」的稱號。這也是在十年過後，當中國大力推廣環保政策時，成了學校超前部屬的成果之一。

（四）孝泉中學 以孝德立校風

德陽市旌陽區孝泉鎮是個富有兩千年歷史的古鎮，也是回漢文化交融的城鎮。中國著名的24孝故事中，「安安送米」的典故即發源於此；孝泉鎮裡的中國德孝城、三孝園等，即是紀念著當時的姜詩及妻子龐氏、兒子安安這一門三孝的歷史遺跡。

慈濟以尊重大自然的援建理念，在德陽市旌陽區孝泉中學有了更明確的做法。校舍的設計不僅契合德陽傳統的孝文化，也與現代建築概念相結合。而為了校園內

原有的兩棵百年銀杏樹，慈濟營建處林主任與施工團隊透過不斷溝通與變更設計，終於成功地保留校園內的這兩棵老樹。

回漢風俗習慣或有不同，但對於孝道卻有著共同體認。孝泉中學因座落於聞名遐邇的三孝之鄉，那感天動地的孝行，著實為該校營造了濃厚的教學氛圍。為了形塑「以孝立德，以德興孝」的辦學特色，來自臺灣的黃建興建築師設計團隊，特別以孝文化為中心思想，設計了孝文化廣場，希望校風、學風與教風都能與行善行孝的思想相融合。

走進孝泉中學，在偌大的入口廣場兩側，有著新闢的幾座圓形花臺，裡面種下24棵松、竹、梅，藉由意象將24孝的典故，巧妙地融入在校園境教中。

新校舍於2010年5月7日正式啟用，魏校長肯定新建築的品質高、設備好，也很人性化，因此他相信有了漂亮的教室和辦公室後，一定能帶領師生實現願景，回復昔日的榮光。

（五）名山中學 留古蹟展六藝

　　雅安市名山縣內，有唐朝的學宮、清代的文廟，因此，名山中學文化底蘊相當豐厚。在慈濟所有援建學校項目中耗資最大的，要算是這位於蒙頂山下的名山中學了。

　　名山中學校園內，擁有省級重點文物保護單位的文廟（後來成為國家重點文物保護單位），讓這所學校成為全中國唯一的一所文廟學府。為了維護文廟的古建築群，慈濟所有建設均以此作為中心考量，除延續孔孟精神，也融合古今建築風格，旨在發揚中華文化。

　　慈濟為援建進行設計時，也考量了名山文化特點，同時將茶道、花道、禮樂射御書數等古六藝結合在校風中。透過專設的茶道、花道等藝能教室，更能突顯傳揚當地文化的用心；而重建的校舍，則以慈濟人文精神的無華素雅，來作為重塑名山學府的新特色。

　　占地三百多坪的圖書館，3層樓的建築採三合院風格，赭紅色門窗與文廟的古意做搭配，雙層玻璃具隔音效果，牆體材料還有維持溫度的功能，木質地板美觀硬實；更特別的是，館內設有茶道和花道教室，對名山縣甚至全

雅安市而言，都是新鮮又稀奇的設計。

（六）前進小學 塑造辦學典範

在名山的雅安市前進鄉中心小學，於落成啟用後，曾獲得四川省建築行業建設質量最高榮譽「天府杯金獎」。當時的設計思維，就是希望打造山城中求知的精神堡壘，通過開闊康莊的校園前景，塑造出當地知識的殿堂。

對於座落在前進鄉六坪村街上的前進中心小學，最早創立於1952年，前身是「回龍鄉小學」。教室是土磚砌成，有窗條卻沒玻璃，地面則是凹凸不平；冬天北風一颳，師生們就冷得直打哆嗦；且學校缺乏運動場，每回縣上運動會，總是敬陪末座。1980年，校舍雖曾修建，但仍不敵2008年地汶川強震撼動，牆體斷裂、屋頂塌陷、圍牆倒下，幸好無人傷亡。

災後三個月，經慈濟重建後，不僅校園整體環境變大了，連操場也使用滲透性佳的環保合成跑道。因此，這所山城裡的小學，在師生共同努力下，學校運動成績始終突飛猛進。如今學校的校史館裡，放置了滿滿的獎盃、獎座，不論是辦學或運動，都成了全縣最好的學校。

（七）韓灘慈小 學典範互成長

　　韓灘慈濟小學是因應城區發展所需而新設的學校，主
要由3個村小合併而成。由於校地呈不規則狀，還有好幾
個路口匯集在此。慈濟營建團隊共畫了17個設計案，最
後決定運用半圓弧造型，將紊亂的空間創造出有規矩的校
園環境。

　　兩排校舍間的夾角，利用傳統圓壇式建築，轉衝突為
圓融，並考量陽光照射角度，提高了教室採光，美化校園
中庭，讓師生能輕易感受空間之美。除了行政及教學空間
外，在教室群兩側也規劃休憩遊戲的場所。

　　韓灘慈濟學校建校以來，於2011年8月至2012年5月
間，陸續被中國基礎教育教學研究會、中國書畫學會、中
華少年作家協會、教育部主管《中國教育》編輯部、中央
教科所《教育文摘週報》、新教育學院級金堂縣政府、教
育部等單位，評為「全國素質教育榜樣學校」、「全國新
教育實驗學校」、「綠色學校」、「全國優秀家長學校實驗
基地」。2013年5月21日與花蓮慈小締結姊妹校，增進雙
方更多的交流機會。

（八）遊仙中小學 慈濟人文深耕

　　2010年9月1日新學校啟用，更名為「綿陽市遊仙區慈濟實驗中小學」。校舍以沈靜的灰色基調，透過傳統合院造型營造整體校園的向心力；校門也規劃出「入口廣場」，寬闊而通透的空間設計，更顯大器。

　　校長張鯤讚歎新校舍外觀與眾不同，一磚一瓦都散發著特有的氣質與人文。為感恩慈濟給學校校園帶來反璞歸真的風格，他打算編寫一本入住指南，讓學生在遷入前熟讀，同時也讓學生知道善款來之不易，這是因為有很多人的愛心匯聚，才有這間學校的成立，所以要好好珍惜。

　　張鯤更計畫將慈濟人文編寫成教材，變成一門基礎課程，讓師生傳播好的思想，進而影響家庭，「希望把大愛精神留住，傳承下去。體現慈濟的辦學思想，讓我們和其他學校不一樣。」

　　在師生的共同努力下，該校於2012年3月榮獲「四川省依法治校示範學校」榮譽；2012年6月，學校中考再創佳績，四百餘名畢業生參加中考。綿陽中學、南山中學指

令性上線人數達 105 人，首次突破百人大關，升國家級示範高中人數達 242 人，再次刷新中考升學記錄。

如今，學生人數從一千多人增加到了三千多人，而且更領辦了兩所學校。對孩子而言，雖然中小學基礎教育不過是短短數年，但「慈濟人文」這一門課，卻是學校送給孩子們一生受用不盡的豐厚禮物。

2013 年菲律賓海燕風災，人醫會前往獨魯萬市進行義診。（攝影／詹進德）

海燕風災後數年，2019 年奧莫克慈濟中小學校動土典禮。（攝影／陳玉萍）

2011 年泰國曼谷市水災，慈濟啟動「以工代賑」清掃家園。（攝影／桑瑞蓮）

2017 年泰國大城府水災救援發放。（攝影／蘇品緹）

2017 年越南遭受丹瑞颱風侵襲，志工前往勘災。（攝影 / 文天亮）

2010 年越南河靜省水災，志工前往香溪縣災區發放和關懷。（攝影 / 佘佩玲）

2008 年納吉斯颱風重創緬甸，進行肥料發放。（攝影／王成耀）

2019 年緬甸水患關懷，農民帶著米撲滿回娘家。（攝影／鄭啟聰）

2015 年馬來西亞東海岸水患，志工帶動受災民眾打掃環境。（攝影 / 朱偉倫）

2015 年馬來西亞東海岸水患，慈青協助清理校園。（攝影 / 覃平福）

南亞地震海嘯，2005 年慈濟賑災醫療團前往斯里蘭卡展開救援。
（攝影 / 李文傑）

南亞地震海嘯，2005 年斯里蘭卡漢班托塔設立臨時義診站。（花蓮本會提供）

2013 年印尼雅加達水災，志工在軍方協助下進入災區勘災及發放。
（攝影 / SiladhamoMulyono）

2005 年印尼亞齊省慈濟大愛村動土典禮，讓海嘯災民安身。（攝影 / 林炎煌）

2011 年日本 311 地震，慈濟志工前往避難所發放物資與關懷。（攝影 / 黃世澤）

2011 年日本 311 地震，賑災團於宮城縣南三陸町發放慰問金（見舞金）。
（攝影 / 陳國麟）

2016年在土耳其成立慈濟義診中心，為敘利亞等地中東難民提供醫療服務。
（攝影／余自成）

2020年約旦伊爾比德省南薩市敘利亞難民關懷。（約旦分會提供）

2010 年海地強震，志工於太子港發放物資。（攝影／林炎煌）

2017 年墨西哥地震，志工展開大型發放與義診。（慈濟基金會提供）

2020 年莫三比克索法拉省水災救援，志工帶著上人法照渡河。（攝影／蘇柏嘉）

1994 年盧安達內戰，慈濟與法國世界醫師聯盟合作，進行緊急醫療援助。
（慈濟基金會提供）

第三章

海外急難賑災

<hr>

第一節　菲律賓

菲律賓海岸線長達一萬八千多公里，素有「七千島國」之稱，每年5到11月，西太平洋上熱帶氣旋形成期間，總難逃颱風侵襲。

壹、風災後　最美的抗淤城市

2009年9月26日，熱帶風暴凱莎娜（Ketsana）侵襲過後，菲律賓有了不一樣的面貌，短短幾小時降下相當於一整個月的雨量，一天之內菲律賓首都大岷區80％積水成災，超過3萬9,000間房屋毀損、400萬人受災，造成首都馬尼拉42年來最嚴重的洪災，政府宣布首都馬尼拉及周邊二十多個省進入「災難狀態」。其中最嚴重的是讓數度

被選為「全菲最美的城市」及擁有「菲律賓鞋都」之稱的馬利僅那市（Marikina），瞬間變成最狼狽的城市，菲國政府呼籲國際社會伸出援手……。

災後數天，大水漸漸退去，馬利僅那市區放眼望去一片泥濘，隨處可見被淤泥吞噬的矮房，還有隨著大水飄流的家具、殘破的瓦礫與扭曲變形的車輛。菲律賓慈濟志工經過勘災後，大家初步決定將災情較嚴重的馬利僅那市列為重點援助地區。

大水退過後，災民紛紛將泡水家具清出戶外，街道兩旁很快地就堆疊出一座座如小丘般的垃圾堆。居民沒水、沒電、沒有食物，也沒有乾淨衣物，面對厚厚的淤泥，茫然無助。由於災情慘重，若用過去賑災的經驗來發放慰問金和物資，並未能解決災民之困境。

透過視訊，菲律賓志工即時向臺灣本會報告災區情況，上人慈示救災的各項方案，包括幫助災民清掃家園，但菲律賓志工普遍年齡層偏高，很難像臺灣於莫拉克風災時帶動志工協助災民清掃，於是上人又慈示，菲律賓慈濟人採「以工代賑」讓災民自己清掃，由慈濟提供代賑金。

然而，菲律賓慈濟人過去並沒有以工代賑的經驗，一開始顧慮甚多，從代賑金金額、參與人數，及如何管理災民等等，都心存疑慮。

在擬定代賑金時詢問當地政府官員，原本里長表示不用給災民代賑金，到建議1天150元，後來了解當地基本工資金額為380元披索，最後上人決定給予每人每天400元披索代賑金。上人強調代賑金並非工資，災民受災本就應給予慰問金援助，「以工代賑」是帶動災民投入清掃家園的工作，以解決滿地泥濘，垃圾如山的困境，同時也能獲得經濟援助，生活不致陷入困頓，可謂一舉兩得。

以工代賑清掃以馬利僅那市鄰近河邊，且受災最嚴重的囊卡里（Barangay Nangka）、馬蘭代里（Barangay Malanday）和杜馬那里（Barangay Tumana）等3個里為主，待積水消退後，滿地是泥巴和垃圾，衛生條件甚差，恐會引發瘟疫，因此清掃工作刻不容緩。如此大面積的清掃，上人慈示招集萬人以工代賑，再配合重機械清除，方能快速獲得成效。

一、真心相伴 卸下災民心防

　　但在招募災民參與以工代賑並沒有想像中容易，當慈濟人以囊卡里為起點，災民對穿著白褲來到災區的慈濟志工並不認識，也不相信一個佛教又是以華人為主的團體，因此啟動以工代賑第一天只有3、40人參加，直到慈濟志工真的「兌現支票」，給予每人代賑金後，方才相信真有此事，人數才逐漸增加，但距離萬人以工代賑的目標尚遠。

　　探究其原因，一方面是志工還在摸索，另一方面也是信心不足，再加上萬人以工代賑每天每人400元，所需資金龐大。若招募人數真的達到萬人，有限的志工該如何監督與管理，確保鄉親能用心清掃，不會偷懶？

　　上人慈示本會做為菲律賓的後盾，不論是資金、救災物資如香積飯、泡麵、毛毯、醫藥包等，都有臺灣支援。對於鄉親們的管理，上人慈示：「不需要監督，我們要相信他們，因為這裡是他們的家。」

　　上人一句「相信他們」讓志工豁然開朗，原來自己是以生意人的角度在盤算著得失，無法打開心胸放手去做；

而上人是以寬闊的慈悲與大愛，只想讓受災民眾早日脫困。

　　心打開了，菲律賓慈濟人在上人的鼓勵下，從囊卡里將範圍擴大到馬蘭代里、杜馬那里，參與以工代賑的人數逐漸增加，清掃範圍擴大。慈濟的「信任」，讓以工代賑的鄉親感動不已，因為大多數菲律賓災民皆從事較基層的工作，當感受到被尊重與信任，讓單純、樂觀的菲律賓人感到無比的光榮，也激發他們潛藏的良善本質。

　　慈濟志工在每天清掃前，將鄉親們集合在室內籃球場，進行「愛灑」分享，跟他們分享上人開示，帶動祈禱及竹筒募款。災民自創的「我的家我清理，慈濟幫助我」口號，每天都在各災區街道響起，除了住家和巷弄，也為學校和清真寺進行清掃。

　　「以工代賑」不只是解決了災區的汙泥垃圾，也因為代賑金資金的流入，讓社區的商業活動逐漸恢復，攤販出現了，商店也開門了，社區恢復了商機，而災民也從最初的茫然無措，有了清除堆積如山的垃圾的勇氣，受災的心情逐漸平撫，臉上也恢復了笑容和生機。

10月18日，短短3個禮拜，終於還給馬利僅那市原本的美麗市容。五萬多份的熱食提供、八萬四千多人次的以工代賑、八萬六千多人次的志工動員、近5,000的受診人次、一千九百多戶的應急金發放，眾人齊心合力完成了不可能的任務，也創下了菲律賓有史以來救災歷史的紀錄。

二、災難歷練 重建人生觀念

　　這個以華人為多數的志工組織，站在泥濘裡和華人並肩清掃，對他們而言，是不同於過去10年來濟貧的嶄新經驗，不只加速災區生活復甦，也感受到內心點點滴滴的變化。

　　以工代賑期間，每天早上清掃前、下午清掃後領取代賑金，各辦理一場「愛灑」，就如同無量義經德行品「微渧先墮，以淹欲塵」，將法水一點一滴地注入鄉親的心田。在慈濟志工持續關懷下，感受到慈濟人的付出確實無所求，有一千四百多人主動表示，希望未來能加入慈濟志工的行列。

　　而以工代賑的模式，也在後來幾次馬利僅那市和黎剎

省聖馬刁鎮（San Mateo, Rizal）的水災中，逐漸成為一套救災的妙法，包括志工招募、簽到、分發代賑金、愛灑、帶動等等，這些工作都由本土志工承擔重任，到最後啟發災民的愛心，讓受助者轉變成助人者。看到災民們的善心被啟發，志工們也紛紛把握因緣投入救災，讓菲律賓政府看見慈濟救災的動員力量強大，讓嚴重災區在短時間內恢復原貌。

凱莎娜風災的急難救助告一段落之後，2009年11月21日開始，495位馬利僅那鄉親參加了第一梯次的本土志工培訓營，天主教徒、基督徒、佛教徒共同在課堂上繞佛繞法，專注聆聽《慈濟十戒》、佛教儀軌，也學習慈濟的用餐禮儀。居民及災民們感恩慈濟人患難見真情的陪伴，協助度過難關，對於透過培訓研習擴展新視野，培養正確人生觀，都抱持正向的態度。

慈濟志工接著以愛心撲滿，鼓勵鄉親每天投一塊錢，存滿一個月，捐出30元菲幣的善款，成為慈濟捐款會員，每筆月捐的善款，分會開立收據。本土志工於是開始邀約親友鄰居一起響應，小錢也能行大善，回歸竹筒歲月

的精神。菲律賓慈濟人在一年內舉辦10梯次的本土志工培訓，參與培訓的人逾5,300人次，創下慈濟在菲國志業推動的新紀錄。

有募心募款的本土志工，再根據捐款紀錄、參與共修及研習會次數、社區活動參與及守戒情況等，推薦為見習、培訓、直至授證為慈濟委員或慈誠隊隊員。這群人曾經是受助者，如今彼此以「師兄」、「師姊」互稱，人人內心滿載著清淨大愛，從付出的行動大願中，重燃生命的光芒。

在2009年歲末，慈濟菲律賓分會在馬利僅那市體育場舉辦慈濟歲末祝福，2萬5,000人聚集前來向慈濟表達感恩，馬利僅那市市長瑪麗亞弗南多（Maria Lourdes Fernando）說：「走過災難，體悟到自己是如此幸福，我們應該更加珍惜此時此刻的平安。」

三、救助過後 啟動環保復甦生計

急難救助階段結束後，慈濟沒有就此離開，眼看產業受災、災民丟失了工作，或是生計依然無著，慈濟為災

民們進行中長期援助，於2010年4月啟動「以工代賑做環保」方案，開辦「職訓班」，讓鄉親安心安身之餘，也能將環保觀念及資源回收的做法普遍推廣到社區及自己的生活中。幾個月後，本土志工開始走入社區推動環保，從兩個點拓展到四十多個點，並在囊卡里發起掃街活動，帶領更多人投入。這是慈濟人首次在救災過後於災區推動環保工作，也堪稱是志業推動新的里程碑。

以工代賑做環保安頓了馬利僅那鄉親的生活，他們對於慈濟和上人充滿了感激之情，接引近3,000名菲律賓本土志工投入社區活動。2011年，第一批本土志工授證成為委員、慈誠，漸漸地在馬利僅那也組織起了四合一組隊。雖然本土志工經濟上較為困難，但他們願意付出時間、體力，舉凡濟貧大米發放、醫療義診、環保等都有他們付出的身影。

貳、海燕颱風 以工代賑

2013年11月8日，該年度全球最強的熱帶氣旋、強烈颱風海燕（Haiyan）重創菲律賓中部，萊特省（Leyte）受

災最為嚴重，省會獨魯萬市（Tacloban）更是整座城市猶如廢墟，死傷慘重。

災後，獨魯萬全市學校停課，市政府更是完全癱瘓，原有員工2,250人，災後第八天僅報到約60人；各方捐贈而來的物資堆積在倉庫，沒有人有額外的心力整理。更慌亂與無措的是受災後的無辜民眾。在災區建築物全毀、缺水缺電、通訊中斷下，經濟條件許可的人擠爆機場與港口，搶購船票、機票前往宿霧、馬尼拉等地避難；條件不足、需要食物或藥品的人，則不顧道德與犯罪的界線，帶著憂惶的心在街道上的商店搬、搶生活用品；不少超級市場、商店、藥房都被洗劫一空，連街道旁的提款機，都無能倖免。

失序的情況，讓民眾開始擔心自身安全。菲律賓總統艾奎諾三世（Benigno Aquino III）11月10日到獨魯萬市勘災，宣布自11日起，菲律賓全國進入緊急狀態，受災區域全面戒嚴，入夜後的8點至翌日清晨5點實施宵禁。獨魯萬市原有二千多名警力，災後第八天僅有約30人報到，須從馬尼拉調來一千五百多名警力，在59個崗哨

上，荷槍實彈地維持治安。

一、以工代賑 再現生機

　　慈濟志工於11月13日排除萬難踏入災區，看到整個城市滿目瘡痍，災民無語問蒼天的模樣，彷彿又看到2009年凱莎娜風災時的情況，志工體悟到2009年的凱莎娜不過是「暖身」而已，當年要清掃的只是一個城市（馬利僅那市）的3個里而已，但海燕風災卻是整個城市，參與以工代賑的人數更是凱莎娜的數倍。於是，慈濟以重災區萊特省奧莫克市（Ormoc）、獨魯萬市為救災重點，計畫以「物資及救助金發放」、「以工代賑清掃家園」、「義診關懷」等三大要項，積極協助災民重建家園。

　　2009年慈濟曾經成功地運用「以工代賑」，在受到凱莎娜颱風重創的馬利僅那市執行，以18天的時間，就恢復市容和住家環境的清潔。於是，慈濟在獨魯萬再度啟動「以工代賑清掃家園」。11月20日首日參加人數為620人，而後口耳相傳，災民訝異於慈濟的誠意與用心，沒想到收拾自己的家園還有工資可領，因此人數逐日增加，隔日

2,770人、再隔日6,680人，第四天已近萬人。

而第一梯次準備前往協助賑災的志工也有所準備，從馬尼拉帶去以工代賑的簽到單、組別牌，整合民眾用的移動式音響喇叭等器具，同時招集有2009年凱莎娜風災賑災經驗的本土志工前往災區支援，在此次海燕風災的救災工作中發揮了很大的力量，協助以工代賑鄉親的集結、簽到、帶動清掃、代賑金的分發，還有香積、總務、機動等工作。

每天早上廣場聚集成千上萬人，慈濟志工帶動他們祈禱，介紹慈濟精神與上人理念，鼓勵他們用雙手重建獨魯萬。慈濟志工每天將居民分為成百上千個小隊，一隊10個人，選一個小隊長，祈禱、分享結束後，他們就依照志工分配的區域開始清掃，而志工也開始整理簽到單，計算參與人數，以預備下午要發送的代賑金。

下午4點，各小隊回到集合點，志工再度帶動他們分享、祈禱及募心募款，接著由志工帶著準備好的代賑金，走向每一小隊，由小隊長代收，隊員們則在一旁見證，志工將一張張每人500元的代賑金在小隊員面前清點，交給

隊長轉發給隊員，上萬人的代賑金得以有次序且迅速地分發下去。

　　由於災區遼闊且災情慘重，以工代賑的人力動員破菲國慈濟救災的紀錄，一個月的以工代賑招募了近40萬人次的災民投入。原本猶如廢墟般的獨魯萬城市在一個月內全市煥然一新，原本缺水電且經濟生活陷入停擺的死城也恢復生機，讓各國救災團體及聯合國人員刮目相看。以工代賑清掃獲得了如凱莎娜風災後的成效，結合重機械清掃、慰問金發放等短期急難救助方案，原本即將被棄城的獨魯萬，在眾人的愛心和努力下，重現生機，堪稱是救災的奇蹟。

二、群策群力 眾志成城

　　慈濟在2014年1月完成第一階段救災任務後，隨即展開中長期援助計畫，包括：（1）持續推動以工代賑，提供鄉親就業機會；（2）為受創學校興建簡易教室，讓孩童可以繼續求學；（3）為無家可歸只能暫時住在帳篷裡的鄉親，找尋可以安身的土地興建大愛村。

經菲律賓慈濟人四處奔走與當地政府的大力支持，奧莫克簡易屋基地，由當時的奧莫克市長愛德華・寇迪拉（Edward Codilla）偕同夫人優歐蕾塔（Violeta Codilla）提供私有土地50甲土地，自2014年9月開始整地，災民隨著一批批簡易屋搭建完成，分批遷入，入住災民分別來自康瑟森、坎恩杜、納烏灣等13個里。總計1,585間簡易屋於2016年年底全數搭建完成。

帕洛鎮（Palo）與獨魯萬市相比鄰，原先兩地政府曾提供5塊土地，希望慈濟協助援建簡易屋，經志工評估位置條件與現況後，最後選擇帕洛鎮長瑞瑪蒂斯（Remedios Petilla）提供的帕洛鎮聖荷西里（San Jose）3.3甲土地，作為援建基地，自2014年8月起展開整地，搭建簡易屋，安置坎達胡里、塔古朗嘎及阿拉多等地災民，總計255間簡易屋於2015年2月14日全數完工。

在援建大愛村過程中，慈濟分別就建材物料的蒐集、組裝、運輸，在美國、臺灣、菲律賓之間跨國動員，分頭進行，緊密聯繫。援建期間，上人親自參與每一次視訊會議，與志工團隊不斷地討論研發與改良簡易屋形式，希望

達到易組裝、重量輕、結構強、不漏水等要求。

三、愛灑萌芽 大愛生根永續

從救災期間開始，慈濟志工也為獨魯萬當地實業家舉辦愛灑活動，帶動華商一起幫助受災民眾，包括後續推動的中長期計畫，搭建簡易教室及組合屋，也都邀請當地華商一起投入。此外，馬尼拉的志工每個月也為他們上課，從志工研習到見習、培訓課程，並於2年後，有了第一批獨魯萬志工授證。透過救災啟發當地的志工種子，讓濟貧教富的志業在當地落地生根。

除此之外，在興建大愛村的同時，慈濟也展開中長期援助計畫——「技職訓練」，讓入住的村民習得一技之長，靠自己的能力重新站起來。除了為婦女開設縫紉刺繡班，並將當初援建期間使用的簡易教室作為大愛托兒所，讓媽媽們育兒、工作都能兼顧，貼補家用；還有餐飲烘焙、園藝農業、汽機車機械維修，另與政府合作徵選村民到馬尼拉參加焊接工程集訓，協助他們取得專業證照，透過技職訓練，希望他們能在安頓身心後，都可以順利就

業，靠專業技能翻轉自己的人生，改善家庭生活。慈濟協助鄉親身心安適，讓社群得以永續發展。

　　獨魯萬志工在後來幾次的風災中，不需要等待馬尼拉志工前往支援，自己就承擔起救災的責任。自海燕風災過後，花蓮本會也動員來自臺灣、馬來西亞、新加坡、印尼、泰國、美國、辛巴威等13個國家或地區志工，超過6,000人次前往災區進行醫療援助；新加坡人醫會也年年在當地舉辦大型義診，以及來自菲律賓當地醫護人員、臺灣各慈濟醫院，超過50位的醫護人員，共同為災民提供完整的醫療服務。獨魯萬志工從中學習承擔，並在大愛村中帶動居民美化環境、關懷社區、落實社區做環保，進而提升居民的生活，引導他們開始不喝酒、不抽菸、不賭博；透過每個星期天的市集，讓居民們自力更生。

　　這兩地的大愛村居民，曾經都是一無所有的災民，因為來自全球的愛，以及菲律賓慈濟人長期陪伴，如今得以安居樂業。現在大愛村的居民們，也紛紛投入慈濟的志工活動，用善行來表達他們心中的感恩。大愛種子從臺灣帶動至菲律賓，再從馬尼拉傳播到馬利僅那市，

又從馬利僅那市傳承到獨魯萬市，大愛精神發揮穩定社會的力量，這就是當年上人給予菲國慈濟志工的期許：「安邦定國、大愛永續。」

第二節　泰國

壹、深耕泰國 一生無量

　　1995年，臺灣慈濟基金會展開「泰北3年扶困計畫」，接引泰國當地臺商，秉持上人教誨「頭頂別人的天，腳踏別人的地，要取之當地，用之當地。」終於在1995年6月成立了慈濟泰國聯絡處。

　　「泰北3年扶困計畫」包括：興建大愛村、改良農業技術、認養安養院、關懷貧戶、提供助學金等，告一段落之後，泰國慈濟志工也在曼谷地區和附近城市推動慈濟志業。早期的志工，大部分都是臺商，大家盡自己的一份心力為社會付出，哪裡有災難，都想伸出援手，但因志工人數不是很多，因此認為應該要不斷培養人才、增加人力，終於在一場水災賑災之後，決定要定期舉辦茶會介紹慈濟，招募泰國本土志工。

一、志工勤愛灑 廣結慈濟因緣

　　「當時若要向不懂華語的泰國人提到『慈濟』，因他

們不了解慈濟是什麼團體。於是，我們只能用誠心邀請你來會所吃一餐素食、看一場手語表演，最後才能善巧述說慈濟。」慈濟志工邱淑芬回想當年，向泰國本土志工介紹慈濟的妙法。這樣的愛灑活動舉辦了一段時間，因緣不可思議，某天就來了一位女士，志工與她溫馨互動。過了大概兩年後，想不到她再跟慈濟志工聯絡，經由她的介紹，「道德中心」（Moral Center Thailand）主任娜拉娣（Naratip Pumsup）認為如果要在泰國推動道德精神，應該要向慈濟學習。

在道德中心的推動下，包括宗教、醫療、教育、媒體等各界人員陸續到臺灣參訪慈濟。「一個月曾經帶最多是4至5團，非常密集，而有他們協助推廣，讓泰國各界的高官都認識到慈濟。」志工邱淑芬分享這段心路歷程。於是，志工也經常受邀到全國舉辦愛灑，現身說法，分享做志工的歡喜，慢慢讓泰國人認識慈濟，並化解對華人佛教團體的偏見。

二、化「感動」為「行動」

2008年，志工舉辦了超過50場的慈濟愛灑活動，泰人也到臺灣參訪，回到泰國後，決定化感動為行動，主動問志工說：「如果想要在當地有慈濟要怎麼辦？」當時擔任叻丕府（Ratchaburi）挽才攬醫院（Photharam Hospital）副院長林佳文醫師（Dr. Somboon Nunthanid），好奇地詢問陪伴的志工。

自此，志工就陸續在當地舉辦了多場的慈濟愛灑活動，甚至到泰北清萊府（Chiang Rai）舉辦「新進志工人文營」，把握機會帶他們到清邁慈濟學校參觀，見證慈濟在泰北愛的足跡。

林副院長也帶領醫護人員一起走出醫院，落實社區，關懷因病而貧，因貧而病的鄉親，慈濟藍天白雲付出無所求的身影，映入當地村民的眼中，同時也透過愛心竹筒撲滿募心募愛，向親朋好友說慈濟，邀約更多人一起去關懷苦難人，響應慈濟「竹筒歲月」善行。

當時經常與參訪人員互動的志工分工合作，身為泰國華人的王忠炎講慈濟的精神理念，身為臺商的邱淑芬帶領

實作，每星期都從曼谷經過約兩個小時的車程，到挽才攬關懷陪伴他們。而目前當地志工，無論職業、身分，雖然大家年齡與學歷不同，但愛心一致，為社會人群無所求的付出，不論任何國家，發生了重大災難，挽才攬泰籍志工也一樣立即動員街頭募心募款，因而受到當地人的肯定。

三、把握當下 恆持剎那

　　早期因為科技不發達，當時的泰國培訓幹事只能參考臺灣的精進資料，課程完全用中文，泰籍學員需要靠著懂中泰文的志工在旁，一邊聽課，一邊協助口譯。

　　2008年，邱淑芬開始承擔培訓組幹事，只能以「說我所做、做我所說」的方式為學員上課，也為了選擇適合泰國人的教學方式，於是挑選《人間菩提》和《菩提心要》的上人開示影片，上課時由王忠炎在旁用泰文口譯與學員分享。

　　接任幹部後，邱淑芬更克服種種困難，完成泰文版培訓手冊，並盡量播放有泰文字幕的影片，讓泰國人都能同時了解上人的法。透過靜態與動態的培訓課程，讓學員認

識慈濟的大愛精神，和佛陀的慈悲，也陪伴他們親身去體驗慈濟的志工活動。「看到大家付出的身影，我就會幫他們拍照，每個月帶去挽才攬跟他們結緣，希望他們看到這些感人的畫面，也能回想起當時的景象。」邱淑芬訴說當時的心情。

四、災民手心向下 加入志工行列

「慈濟志工進來，幫忙清掃我們的社區後，為我們鄉親舉辦感恩茶會，還感恩身為災民的我們。為什麼會有這樣的團體呢？」當初身為受災者的慈濟志工柯沛發，訴說自己對慈濟的感動。2011年泰國大水患的因緣，慈濟動員救災，尤其是慈濟首次推動以工代賑，感動了很多當地人，翻轉手心，一起成為助人的人。

「泰國人帶泰國人真的非常好，又有效率！」一樣住在涵灑村（Hansa）的資深慈濟志工溫英表示。透過挽才攬慈濟志工的努力，在當地推動訪貧、到醫院做志工、參與新芽道德親子營、資源回收等慈濟志業，讓泰國當地政府與民間的很多單位有機會親身體驗，慈濟也因此傳到泰

南宋卡府合艾縣、泰北那空沙旺，和彭世洛府等泰國各地。因一份感動化為行動，在當地用心散播慈濟善的種子。

貳、以工代賑：2011年大水災

每年的7月到10月是泰國雨季，低窪的地勢導致泰國某些地區長年淹水。2011這一年，雨勢不同以往，來得又急又大，再加上幾個颱風所帶來的雨量，開始由北往南漫延，全泰國總共有77府，就有63府受災，直至11月中旬仍有17府泡在水中。整個泰國有三分之一國土沒入水中，受災人數超過1,300萬人。

許多災民的家園都泡在水裡，家園被毀而有家歸不得。從當年9月份開始，慈濟展開一連串的勘災、發放生活包、義診、煮熱食、關懷收容所的災民，用真誠及同理心，持續地關懷照顧，陪伴災民們度過難關。

泰國慈濟志工首次遇到這麼大的水潦災難，在救援的應變能力與經驗仍不足，上人對泰國的水患災情非常關心，邀請印尼、菲律賓擁有豐富救災經驗的志工及本會關

懷團隊，前來泰國援助及傳授經驗。於是，泰國慈濟人啟動緊急救助，但因災區面積太大，需要動員投入的人很多，無法做普遍及全面的發放，便集中力量，選定重災區，做重點直接的發放。

一、馳援災民 回饋當地

水災期間，有些村民還來不及收拾家當就逃離家園，政府開放了好幾處收容所，派軍人開車運載災民暫時安置在各收容所。

慈濟泰國分會為了方便後續的勘災、救災及發放作業，採購了數艘小船，志工乘船進入災區評估災情，有些區域在住宅大樓，或巷弄裡，慈濟人於固定時間定點提供熱食便當，解決災民食的問題。水退之後，慈濟人開始發放生活包，以解燃眉之急，這段期間，慈濟人不離不棄的關懷、照顧、援助，與災民們建立起良好的情感。

上人叮嚀泰國的慈濟人，要呼籲工商業界的人士，人人有責任，大家一起來清掃，創造泰國的奇蹟，若工商市容能整理好，趕快恢復，對泰國的經濟一定有良好影響，

以工代賑動員災民投入清掃，可說是慈濟救災的妙法。

二、愛的接力 重現生機

當時考慮到泰國志工人力都集中在曼谷，上人叮嚀安全為首，集中力量就近援助最嚴重的災區，經志工們勘災後，選定在曼谷農鑒區（Nong Khaem）碧甲盛路涵灑村，水退後共有6個社區急需打掃。放眼望去，災區處處一片狼藉。

慈濟志工帶動災民，親力親為，進入社區協助清掃家園，將災民家中泡在水裡損壞的家當，一件一件地清理出來，原本雜亂無章的空間，清掃後，災民們憂愁的面容漸漸地露出笑容。市容改善了，市場的攤販也慢慢能夠出來做生意。慈濟用以工代賑的方式，讓災民們清理左鄰右舍的家園，慈濟人的心與災民更凝聚，讓災民之間的感情也因此更加融洽。

自從2011年泰國大水患，慈濟志工陪伴涵灑村鄉親度過災難，帶動村民重整家園，並持續關懷災民後續的生活狀況，此外也援助、照顧災後的貧窮個案。趁此因緣，

慈濟志工開始帶動災民在社區推動環保工作，並將變賣資源回收的收入當作善款，幫助其他更辛苦的人，有些當時的受災村民如今都已成為環保志工，並投入培訓，受證成為委員，從手心向上，變成手心向下的人。

參、難民義診 從無到有

「觀光業」一直都是泰國的經濟支柱，國外旅客要申請泰國的入境簽證，比較方便又很迅速，因此在泰國的大部分難民，雖當初都合法入境，皆因簽證過期而造成非法逾期居留，難民並無權利合法工作，也無法得到泰國政府所有的社會福利，如果生病或遭遇意外，處境更是萬分艱辛。

然而，由於泰國沒有簽署1951年《聯合國難民地位公約》及1967年《難民地位議定書》，在沒有制定法律監管庇護權的授予之下，難民只能等候，接受聯合國難民署協助至第三國安置。

一、志工勇於承擔 守護難民健康

　　馬來西亞慈濟雪隆分會的義診活動，受到美國大使館難民組的認同。2014年3月31日，美國駐泰國大使館外交官首次蒞臨慈濟泰國分會表示，2013年開始，大批難民湧進曼谷，根據聯合國難民署（The United Nations High Commissioner for Refugees，簡稱UNHCR）的統計，人數從2,000多躍升至8,560人，讓原本聯合國難民署協助難民生活及醫療補助的曼谷難民中心（Bangkok Refugee Center，簡稱BRC）無法負荷。在美國駐泰大使館的推薦下，慈濟泰國分會被遴選為在曼谷境內對難民提供醫療服務的團體。

　　慈濟泰國分會於2014年8月初透過慈濟美國總會協助，取得美國國務院難民專案基金，之後美國慈濟總會再跟泰國慈濟分會簽備忘錄（MOU），一起協助泰國曼谷難民義診合作專案。泰國分會於2015年1月25日開始，於慈濟靜思堂開始舉辦每月一次「社區醫療服務」的義診活動。

二、將心比心 用愛陪伴

首次義診之前，為了讓難民能安心地參與活動，志工主動拜訪了曼谷靜思堂和接送地點附近的3所警察局。慈濟泰國分會執行長林純鈴回顧當年任務說：「我們從捷運站接難民們到靜思堂，需要經過3個管區，所以志工都需要固定地去拜訪警察，請求義診當天不要來抓難民。」

來自巴基斯坦的難民尼馬（Niamat）透過傳單得知慈濟義診活動的訊息，特別高興地說：「今天我們一家16個人，都一起來看診。」他的父母年紀已大，又患有慢性病，需要長期治療，他曾四處奔波詢問，到當地好幾家醫院請求支援，但總是失望而歸，因為沒有任何補助，而不懂泰語的他們，找工作賺錢養家也算是不容易了，如何扛起醫療費用呢？慈濟的義診服務，對他來說，是上帝給全家人很寶貴的「禮物」。

聯合國難民署官員小池克憲（Katsunori Koike）也一同見證難民們的歡喜，表示：「我替難民們高興，因為他們真的需要醫療服務，更希望這麼好的活動能夠繼續舉辦。」因為此次社區義診，對難民來說是劃時代的一頁，

以往和聯合國難民署合作提供的醫療服務並沒有醫師，只有簡單的成藥。

三、義診多用心 拓展多項服務

慈濟義診活動中，除了一般內科、兒科、中醫科的門診服務，志工還貼心為候診的難民，提供愛心三明治、義剪、泰式按摩等服務，更專門安排幼教區，讓帶小孩來看診的家長們都能安心地就醫。

除了固定每個月義診，並逐年增加白內障篩選服務，再安排到曼飄醫院接受手術治療，讓許多難民雖在異鄉還是能重見光明。接著又為難民提供二胎孕婦補助金，還協助難民轉診，進行腫瘤、化療、腦部等重大手術，這樣一路走來，讓難民不只是小病得以診療，還有施以重大手術的轉診服務。自2016年起，也針對亟需濟助的難民家庭，列為長期照顧戶。

另外還提供場地給難民舉辦「電腦繪圖」職訓班，也邀請泰國傳統醫療協會的成員，為難民開辦泰式按摩課程。泰國傳統醫療協會成員詹彭（Janpen）表示：「義診

一個月一次，你這次幫他按一按好一點了，可是他要等到下個月，才能再過來，這樣效果不大，所以我很願意來開班，教這些難民替自己的人服務。」除了增加服務團隊之外，還能協助難民得到一技之長。

四、醫療服務 醫病又醫心

關懷難民，多管齊下，其中還有藉助難民有多種語言的專長，透過以工代賑，讓他們協助「翻譯」。在義診活動候診區，無論是衛教、慈濟人文和環保愛地球等影片，由不同國家的翻譯人員，將內容翻譯成7種語言，在不同時段輪流上臺分享，期望能達到醫病又醫心。

志工透過難民義診活動中，志工找來巴基斯坦語、索馬利亞語、斯里蘭卡語、阿富汗語、伊朗語、柬埔寨語、越南語和阿拉伯語等，共8種語言能力的人才，請他們協助翻譯《大愛劇場》，不僅讓他們有工作，賺錢維持生活，同時透過大愛劇場的劇情，打破語言障礙，推廣善念及播散大愛。

五、善的傳承 愛的接力

來自伊朗的難民阿卜杜拉（Abdollah）將英文大愛劇場翻譯成波斯語，他說：「我想要學習付出，想要跟慈濟志工幫助更多人，所以將來如果有更多能力，我會給予更多幫忙。」阿卜杜拉積極把握付出的機會，也曾經以志工的身份，協助慈濟義診，一起歡喜服務難民鄉親。

目前慈濟泰國分會是被聯合國認證的難民醫療服務團體，為了確立進一步的夥伴關係，2019年10月1日，慈濟慈善基金會副執行長張濟舵、美國總會副執行長曾慈慧以及泰國慈濟志工一行人，在曼谷與聯合國難民署泰國代表會晤，希望能加強與聯合國的合作。在訪談後，慈濟與天主教緊急救難中心（Catholic Office for Emergency Relief and Refugees，簡稱COERR）及耶穌會難民服務組織（Jesuit Refugee Service，簡稱JRS），協議三方合作協助難民。

2020年在上人祝福下，泰國分會成立了聯合國辦公室，希望更積極參與聯合國，以及其他協助難民非政府組織在當地舉辦的各種活動，例如：核心城市難民網絡（Core Urban Refugee Network，簡稱CURN），以及曼谷

尋求庇護者和難民援助網絡（Bangkok Asylum Seeker and Refugee Assistance Network，簡稱BASRAN）等會議。

泰國慈濟人幫助苦難眾生，不分宗教與國家，透過國際難民義診活動，從本土慈善走入國際殿堂。截至2019年，泰國慈濟志工已經為來自40個國家，超過8萬人次的難民提供醫療服務，守護他們的身心健康，並灑下慈濟愛的種子，希望他們到第三國後，由當地慈濟人的接手關懷，除了開創天地，適應新生活，也能夠將這一份愛循環下去。

肆、觀光大國的防疫難題

泰國於2020年1月13日確診境內第一例新型冠狀病毒肺炎（COVID-19）個案，是中國大陸以外，亞洲首件確診病例的國家。這個發現並不讓人意外，因為泰國每年有千千萬萬的中國大陸遊客，也有無數來自世界各地度假的旅人。

早在1月3日，也就是中國大陸向世界衛生組織通報武漢發現不明原因肺炎病例的4天後，泰國政府很快地採

取措施，例如在境內4個國際機場對中國大陸旅客進行篩查，所以泰國與同為旅遊熱門區域的韓國、日本不同，疫情並未爆發。

但泰國不像臺灣有經歷過SARS的切膚之痛，所以政府與民間一開始都輕忽了，在經濟與健康的天秤上，向經濟傾斜。與臺灣相反，泰國政府不僅不關邊境，還數度提出對中國大陸免簽證政策，欲藉此吸引遊客回流。爾後，由於誤判形勢，終於導致曼谷酒吧、拳擊場等群聚感染事件，從原本單日確診只有個位數不斷激增至每日上百人。

3月中旬，泰國政府首次取消新年宋干節（Songkran Festival，又名潑水節）假期及慶祝活動，關閉曼谷周邊商場與教育機構；總理巴育於3月26日頒布緊急命令，宣布國家進入緊急狀態，關閉全國購物商場、禁止客機入境，於全境設置檢查站，攔車量體溫，接著宵禁、封府、禁酒等大動作抗疫，直至4月下旬，確診人數終於逐漸減少。

宋干節取消是歷史上前所未有的，泰國人民心中自有說不出的酸澀滋味；但衝擊更大的是，政府大動作防疫猶如雙面刃，疫情確實趨緩，各行各業因國家緊急命令施行

而歇業或停業，許多人生活因此陷入困境，受苦聲四起。享有「微笑國度」美譽的泰國，這幾年經濟連續下滑，此次面對疫情的關鍵時刻未果斷取捨，造成抗疫坐失良機，而微笑國度失去笑容了。

一、有願有力 有求必應

泰國首都曼谷是東南亞經濟重鎮，市區周圍有許多遷來都市謀生的勞苦大眾，這些人大多是領日薪的散工，因為疫情影響，頓時失去收入，目前也回不了家鄉。慈濟志工除了持續關懷原本的長期照顧戶，並且發放物資給這些未受政府補助，生活因疫情陷入困境的民眾；此扶困計畫持續3個月，送出3萬份「慈濟生活包」，內含白米、麵餅、油、糖、鹽、餅乾、蔬果汁等生活必需品。

駐泰臺灣辦事處童振源大使知悉慈濟泰國分會因應疫情的慈善計畫，且了解物資來源不易，立即允諾支持。接著慈濟募心募款的訊息傳遍各界，必要物資也迅速採購齊全。

這段期間，泰國政府「社會發展與人民安全部」多位

志工得知發放計畫，便協助提供各區受困民眾名單，慈濟志工再針對名單查核，同時招募兩百多位志工前來靜思堂打包物資，所有物資必須趕在晚間10時宵禁前送抵發放地點，分區、分時段致贈給民眾。

二、關懷安心 發放安身

2020年5月，慈濟為國際難民分批展開查訪及發放生活包，他們原本就過得辛苦，又遇到這一波疫情，因為身分問題得不到當地政府補助，其他慈善團體也看不見他們，種種困境對他們來說猶如雪上加霜。

慈濟泰國分會因此展開生活包物資發放計畫，給予難民工作機會，用以工代賑的方式，讓他們協助搬運、打包、整理、核查實際物資庫存數量。

泰國最炎熱是4月天，滿滿愛心的慈濟生活包又重又沉，現場志工人人衣服都被汗水溼透，然而，許多參與的難民對慈濟志工說，很開心能盡一己之力。疫情之下，不分國界，人人善念啟發，期許疫情早日消弭。

第三節　越南

壹、2016年越南嚴重乾旱

越南地形狹長，中部以南屬熱帶性氣候，全年分為旱季及雨季，10月下旬後漸入旱季，直至隔年5月下旬，時間長達6個多月。西南部包括檳椥省在內的10個省份，位於湄公河三角洲，1年3期稻作是越南的兩大稻米產地之一，生產的稻米40%以上出口。

2015年雨季後期雨量銳減，中部、中西部高原及西南部從10月份開始呈現旱象，大地一片乾涸17省受災。湄公河三角洲面臨90年來大乾旱，因為旱災，湄公河及大、小支流水位下降，海水倒灌造成土壤、河水鹽化，導致無法耕種，沒有收入且無民生用水，引發生活困境，2016年初越南政府發動救災。

越南人民援助統籌委員會（People's Aid Coordinating Committee，簡稱PACCOM），為中央政府主管非政府組織（NGO）部門，於4月1日來函慈濟求助，希望能協助短期生活物資、飲用水、衛生及改善生計等項目。

一、勘災及救援行動

慈濟越南聯絡處收到求助信函後，立即成立勘災、賑災籌備小組，同時將災難訊息傳回花蓮本會，連線會議，商議後續進行方向。2016年4月15至17日，慈濟志工陳大瑜（濟宣）、馮雪芬（慈揚）等6位，至河內拜會PACCOM，了解越南各省旱災情況。

PACCOM副主席阮玉雄表示，將全力支持及配合慈濟實地勘災，以便掌握災情實況。建議慈濟先勘災救助中部、中西部高原的寧順省、達農省，西南部的檳椥省、堅江省，共4省。物資部份，中央政府可因應災難緊急調撥大米糧食進行賑災，但受到海水倒灌，河川鹽分過高的省分，需要淡水淨化設備及淨化劑，以解民生用水匱乏之需。慈濟志工陳大瑜表示慈濟可評估提供淨水設備。

慈濟志工於是在4月23日抵達南部，位於湄公河下游出海口的檳椥省進行勘災，由省抗旱防澇主任阮文草及省友誼協會專員文金玉全程陪伴。阮文草主任表示，該省以農業種植為主，如今土地乾枯，表面還覆蓋著一層白白的鹽，而河水鹽化，民生用水也發生困難。受損面積達1萬

9,800公頃，果樹5,756公頃，8萬2,000戶缺乏民生用水。

勘災後，2016年5月2日越南慈濟志工一行人回到臺灣花蓮本會面見上人彙報災況，提到未來到6月中旬雨季到來前，貧農將有2至3個月無收入，需要協助度過生活困境，而且，也需要儲水設備在雨季來時積存雨水。「我們慈濟人想辦法救濟，應急需要有方法，慈悲要有智慧，分不同時期、階段規劃。」上人慈示救災方向，也請志工劉濟雨（銘達）及宗教處同仁，前往越南協助，傳承經驗。

慈濟志工決定，初期救災發放2個月大米等民生物資及飲用水，協助災民度過在無法耕種期間生活的困境。物資依每戶人口數分為3種：3口以下、4至6口及7口以上，內容包括飲用水（領用券）、大米、儲水桶、食用油、麥片及白糖等，其中飲用水每桶20公升，每人4桶計算，持水領用券、空桶到供應商處領取。

「一方有難，十方馳援」，綜合評估災區狀況，選擇檳椥省巴知縣最嚴重的2個地區安協社、安德社，於2016年6月5日，與來自臺灣、新加坡、馬來西亞及柬埔寨等國志工，先行發放生活物資，共嘉惠1,637戶5,590人，發

給飲用水2萬2,360桶。

　　第一波民生物資發放後，後續再規劃長期協助方案，持續關懷協助當地改善儲水及用水的品質。

二、發放二部曲：儲水、濾水設備

　　檳椥省鄉民在雨季來時，皆使用家中儲水設備儲集雨水，以備旱季來臨時使用。得知鄉民的儲水設備使用情況後，後續中長期關懷，朝向儲水設備及水質改善方案進行規劃。

　　2017年4月10日，越南慈濟志工到檳椥省了解山東、新美、安富中及盛富4座淨水廠淨水量與供水情況。4月25日慈濟志工11人，再次來到巴知縣關懷安協、安德二社鄉親生活情況。安協社人委會主席阮文戰說明，旱象減緩，但安協社靠海邊土壤鹽化仍很嚴重，稻作減少，雖有鑿井200公尺深，水質亦不能飲用；隔鄰的安德社情況也相同。

　　越南聯絡處負責人志工陳大瑜，回臺向上人彙報越南檳椥省救災情況，及當地鄉民用水、儲水方式。越南志工

建議協助搭建500組2,000公升不鏽鋼臥式水塔，改善貧困鄉親的儲水設備。同時，上人擔心儲水時間過長易孳生細菌，影響健康，指示請大愛感恩科技研發濾心，進一步淨化飲水品質。

（一）首部曲：改善儲水、用水方案

　　援助檳椥省巴知縣鄉民改善儲水、用水方案啟動，志工回到災區與當地政府討論，提列500名貧戶為發放對象。為了趕在雨季時節即時發放，6月時立即向在地臺資工廠，訂製500座兩千公升不鏽鋼臥式水塔。

　　從2017年7月14日開始，在安協社、安德社排定3次發放，集結了越南胡志明市、平陽、茶榮等地志工，以發放點為中心，動用小貨車及農用拖拉車，由志工陪伴運載到鄉親家中，卸下水塔並協助安裝。其中一次還動用船隻運駁，協助安協社離島27戶運載安裝。

　　這是一場愛心、耐心與毅力發放，志工讓住在湄公河畔、出海口處的鄉親，不再用為求水不得而苦，讓鄉親生活更「安身」與「安心」。

（二）第二部曲：研發淨水設備

「一方水土養一方人」，由於檳椥省鄉親習慣飲用雨水，大愛感恩科技配合當地水質狀況，研發適用的濾心，志工也考量家庭式的濾水設備較為理想，濾水器耗材提供則可以採用定期發放方式補充。從2018年6月雨季來時開始，越南慈濟志工到檳椥省巴知縣當地取雨水樣品，帶回臺灣檢測，同時大愛感恩科技也完成濾水器研發。

自2018年7月至2019年8月一年的時間，經過4次的實地關懷鄉親使用情況，期間也幫忙更換濾芯及耗材，鄉親喜歡濾水器過濾後的水質且很有信心。最後送胡志明水質檢驗所測驗，通過糞便性鏈球菌檢測。淨化濾水設備於2020年7月分二梯次，每梯次兩天進行發放，合計發給貧戶3,000戶。

越南慈濟自2016年旱災發放飲用水開始至今，在檳椥省沿海縣鄉幫助鄉親改善用水品質，守護一方居民生活及健康，這是一個起點，未來其他縣或外省有需要，就有慈濟「濾化淨水」的足跡。

（三）本土志工走入社區 深耕在地

　　因這次疫情關係，劉濟雨從2015年3月來到越南關懷，開始與越南慈濟志工互動，隨著中長期儲水、飲水改善計畫的進行，帶動茶榮省年輕志工們協助發放不鏽鋼水塔、淨化濾水設備。劉濟雨看到他們的身影，感覺到愛與善在循環，勉勵他們持續發光發熱，將慈濟的理念落實在社區。

　　茶榮省志業會務的推動，從2015年到此關懷開始，當時除了有陳大瑜等志工之外，另有二位慈濟志工林賢鈞及陳德龍協助帶領新發意志工，並將濟貧訪視列為首要工作目標。陳德龍談到，茶榮省志工以慈善為起點，初期帶領志工訪貧時，最難的是如何做有效的評估，才能真的幫助案家紓解困難。不過，他又進一步分享：「不論是生活補助、醫療補助或是修繕等評估，不斷地向資深志工請益、討論，6年來也累積不少經驗，雖然是帶領志工，反而是我自己成長，受益最多。」

　　5位參加見習培訓的志工參加2016年6月檳椥省旱災發放之後，看到許多慈濟志工遠從臺灣、馬來西亞、柬埔

寨，及越南胡志明市、平陽省等地，為救一方苦難而來，更堅定他們走入慈濟的信念。隨著見習志工人數成長，到了2019年，有20位當地見習志工。

胡志明市志工團隊關懷茶榮會務，至今6年持續不斷，培訓的種子成長茁壯，加上當地志工林賢鈞及陳德龍多年的經驗，2020年初規劃成立聯絡點，期待未來的會務更見成長。

貳、因應COVID-19的援助

越南新冠病毒疫情在2020農曆年後，陸續傳出境外移入確診案例，眼看新冠病毒帶來的社會不安，越南慈濟志工以聯絡處為中心，蒐集疫情訊息，與官方合作，聯絡點更承擔起物資籌辦、調節控管的中心點。慈濟志工也結合社區志工，投入疫情防護，照顧社會上弱勢，從社區內照顧戶開始。

一、因應疫情紓困

2020年3月，在越南疫情陸續傳出，政府開始採取防

疫措施同時，越南慈濟也提出疫情紓困援助四大方案：

（一）社區照顧戶

越南慈濟志工藉由每月照顧戶發放，關懷他們的經濟狀況。照顧戶的紓困方案，從4月開始連續3個月，評估增加生活補助金及發放醫療用口罩。期間隨著疫情變化，在紓困方案發放2個月後，將方案再延長至9月。之後，每月生活發放金全面評估調整，讓每一位照顧戶都能安心生活。

（二）協助社會弱勢族群

慈濟越南聯絡處與各外省共修點，主動聯繫當地紅十字會、或管理NGO官方單位友誼協會後，陸續收到請求協助信函，開始籌劃紓困物資發放，協助社會弱勢、貧困者。

自2020年4月至7月發放，嘉惠總戶數達到4,878戶，除了發放日常生活物資，還有口罩總計8萬個，另也協助胡志明市盲人會及殘障協會、海陽友誼協會及胡志明市玉光寺老人院等機關進行紓困發放。

（三）援助醫院、機關醫療與防疫物資

　　疫情剛起，越南「一罩難求」，越南平陽及胡志明市的紅十字會、胡志明市疾病防疫中心等防疫第一線單位，陸續向越南慈濟聯絡處提出請求，希望能在最短時間內提供口罩等防護醫療用品，協助防疫第一線人員。

　　於是，當地臺商捐助口罩，慈濟志工也從各方探詢採購的管道。從4月起，至少送出醫療用口罩25萬片、防護衣2,000件、護目鏡500個及額溫槍等，同時也送上1,500份祝福包（電解粉、維他命C、毛巾、環保杯、乾洗手液等）。

（四）紓困助學金

　　5月份，全國學校開始恢復上課，但受疫情影響，學生的學費造成家庭的負擔，慈濟志工從關懷社區照顧戶著手，並將此訊息公告在各社區。6月份陸續接到各社區提出申請，照顧戶家裡的孩子需協助的情況也比往年增加許多。

　　此外，慈濟志工也接到西寧省楊明珠縣勵學會來函，請求協助556位學生的學費，於是決定以紓困方式協助這

些家庭度過難關。同時在7月18日發放現金、大米10公斤、白糖、素調味料、2公升食油、乾麵條、環保背包及口罩等物資。

二、布口罩製作

疫情初期,眼看醫療用口罩短缺,南部胡志明市幾位志工,開始在家利用碎布製作布口罩。也有北部河內的志工王寬鴻及其兄長,挪出自營成衣廠的10部縫紉機,在河內聯絡點供志工使用。總計在2個月時間縫製1萬3,210個布口罩,贈送海陽省盲人協會200個,讓盲友在疫情期間能安心,另也遠送支援柬埔寨慈濟500個,及美國慈濟1萬1,400個布口罩。

第四節　緬甸

壹、世界穀倉受重創

　　緬甸素有「世界穀倉」美名，曾是全球最大稻米輸出國，主要產區在伊洛瓦底江三角洲（Irrawaddy Delta），豐饒之地。2008年5月2日遭強烈熱帶氣旋「納吉斯」重創，橫掃緬甸南方5個地區，包括仰光省（Yangon）、伊洛瓦底省（Ayeyarwady）、勃固省（Bago）、克倫邦（Kayin）及孟邦（Mon），受災地區的稻米產量占全國三分之二，也造成全球缺糧情勢雪上加霜。

　　風災當時，納吉斯掀起3公尺巨浪，以時速190公里風速直衝內陸40公里，從衛星雲圖看出，災區一半以上房舍淹沒，影響範圍雖僅占緬甸國土5%，卻因為有將近四分之一人口集中在此，人口密集、經濟基礎貧弱，使得災情一發不可收拾。官方估計造成死亡人數將近14萬，上百萬人流離失所，2,400萬人受影響，占緬甸人口數之半。災情之重，可以「被死亡籠罩」形容。

一、慈悲的力量 守護倖存災民

「穀倉」蒙受風災，然而緬甸軍政府嚴格管制外國組織進入，斷絕與外界往來，救災物資及賑災工作必須由政府直接指揮，有限的外援，多被分配在第一大城仰光，南部災區封鎖如與世隔離。等不到軍政府的救援下，緬甸人民只好自己來，「略盡綿薄，能救一個，是一個。」

5月4日，風雨稍歇，緬甸第一位慈濟志工林淑華師姊，立即動員旗下員工前往當地寺廟發放米、食用油等物資。5月10日，臺灣、泰國及馬來西亞等9位志工組成的第一梯次勘災團抵達仰光。勘災團目標著重在收集正確訊息、建立當地救災管道，分成3組進行：與政府協調、勘災、搜尋發放物資來源，以利後續的賑災工作。風災發生半年內，慈濟共計派出8梯次勘災團。

5月15日，慈濟展開首次大型發放，在蓄寶甘鎮的南摩耶（Nganeoyeik）收容中心發放，共有250戶、967人受惠，印度黃豆、食用油、防水夾克、手電筒、電池、蚊蟲藥膏、香皂等物資裝在水桶，志工們用最謙卑的態度雙手奉上。儘管當天大雨，讓雙方都濕透，但卻用最真誠的笑

容彼此交流。

接著，志工們陸續在鳥東賓（Nyaung Thong Pin）、南德公（South Dagon）等地勘察發放，截至5月底為止，領到慈濟援助物資的緬甸災民已超過萬人；每戶領取的大米雖然有限，卻是許多人自風災後領到最豐富的一筆物資。

在緬甸賑災團隊努力奔走的同時，全球慈濟人也於5月18日，展開「慈濟川緬膚苦難，大愛善行聚福緣」募心募款活動，計有31個國家，超過10萬名慈濟志工走上街頭，向民眾募心募款。

面對態度強硬的緬甸軍政府，慈濟步伐沉穩而堅定，透過鍥而不捨的溝通，或許是善念共聚的效應，6月12日，慈濟志工獲得第一張由緬甸社會福利部發出，效力只有「24小時」的發放准證。次日，賑災團員立即前往距離仰光市兩小時車程的重災區坤仰公進行發放。在6月14日，緬甸政府終於正式發函，邀請慈濟人參與災區援助及重建工程，成為第一個緬甸政府核可的外國民間救援組織。6月下旬，第三梯次出發的賑災團，除了慈善發放，也為緬甸鄉親解病苦，五天的義診一共服務2,818人次。

二、稻米重建計畫 窮人也能助人

從風災發生到6月份，慈濟人先發放大米、生活用品物資，解決災民最迫切的生存問題，待緊急時期告一段落之後，本會便著手中長期援助的農業復耕「稻米重建計畫」，期能「搶救世界糧倉」。

7月上旬，賑災團先在坤仰公與仰光東南方的礁旦（Kyauktan）地區，致贈一萬六千多包稻種，讓一萬一千多英畝土地恢復耕作。隨後，在災區31個村，展開為期8天的肥料發放。隔年接續關懷，在仰光省丹茵鎮稻米產量偏低的13個村莊，進行為期4天稻種發放，嘉惠2,277位農民。

在這片受創的土地上，慈濟投入了可供應4,528公頃土地使用的稻種，相當於六分之一個臺北市的面積，雖然和整個伊洛瓦底江三角洲災區相比，這只能算是一個小點，但對因此展開新生活的農民及村莊來說，每一袋種子都是新希望的開始。

「對受災民眾來說，儘速復耕不僅關乎家庭生計，也是他們重拾信心、走出傷痛的重要憑藉。」承擔發放工作

的謝景貴，說出了稻種發放的深刻意涵，在緬甸這樣一個以農業為主的國家，耕作不只是生產，更是生活和信仰。因此對農民來說，有慈濟人幫助，如同解除一大重擔。

烏櫻村（U Yin）的烏閔壽（U Myint Soe）聽志工講解慈濟「竹筒歲月」精神後，深受感動，他也分享「日存一把米」的構思：「以我的能力，沒有辦法一次捐出很多錢；但我在每次煮飯前，從要吃的米中拿出一把存起來。等慈濟人下次再來時，我會將存下來的米變賣，把錢投進竹筒裡……」烏閔壽一家人過去就有存米變賣以供佛的習慣；認識慈濟後，他決定把賣得的錢分成兩份，一份供佛，另一份捐慈濟救人。「我也要學慈濟人，幫助比我更苦難的人！」烏閔壽肯定地說。

沒想到，這只是開始。一天午後，一群志工來到烏丁屯（U Thein Tun）的家，這是稻種發放之後，烏丁屯再次見到慈濟志工。他說在發放儀式上聽到慈濟「竹筒歲月」的故事，積少成多可以幫助人，又聽到另一位農民烏閔壽「日存一把米」，於是自己也開始「日存一把米」行動。

從此以後，烏丁屯從一個村莊到另一個村莊宣導「日

存一把米」。有一次，在仰光岱枝鎮瑞那滾村推廣「米
撲滿」時，農民烏善丁（U San Thein）聽了分享，當天
回村莊就帶動三十多位農民響應。截至2019年，烏丁屯
等人共帶動了36個村莊，每個月捐出3,000公斤的「米撲
滿」。除了幫助需要借貸穀種的農民，也將這些愛心米送
給70戶貧困人家，剩餘的則作為醫院每週發放的營養粥。

「福種（慈濟發放的優良穀種，被當地農民稱為「福
種」）是要把這分福傳下去，讓農民彼此鼓勵就會更有力
量。」如今，烏丁屯的生活逐漸改善，亟思回報的他，不
僅從每日一把米增加到捐出一畝田的稻作，更身體力行，
投入慈濟志工服務人群的行列。

貳、希望工程 關愛持續

納吉斯除了重創農地與房屋，位在災區的校園也無一
倖免，風災後全緬有一千八百多所學校受損，逾400所全
毀、兩百所半毀，政府無法全數重建。於是，當「短、中
期急難援助」的賑災工作告一段落，志工把心力移轉到援
建學校。

學校部份，慈濟與緬甸政府簽約，援建3所中小學，分別為頂甘鐘第四小學（No. 4 Thingankyun Primary School）、馬揚貢第一中學（No. 1 Mayangone High School）以及雅倫第四中學（No. 4 Ahlone High School），盼望學童的教育能早日回復正軌。

頂甘鐘第四小學位在仰光市區，原本學區內多數家庭的經濟並不寬裕，風災之後，各項物資更加缺乏。志工得知窘境，於是準備了文具致贈；孩子們彼此分享的歡喜神情，教人難忘。新校舍於2008年11月2日動土，隔年6月完工，成為緬甸「希望工程」中最先完成的新學校。該校因為基本設計良好，符合中學標準，政府宣布將它升格為第四中學，成為兼具小學部、初中部的新學校。

2013年6月16日，慈濟援建雅倫第四高中和馬揚貢第一高中陸續完工，當日移交緬甸教育部，納吉斯風災緬甸援建3所學校工程至此全數完成。3所希望工程學校猶如暖陽，給緬甸的孩子、給社會無限希望。

第五節　馬來西亞

　　馬來西亞的東半部，由沙巴、砂勞越兩州及直轄區納閩所組成，地景是沿海沼澤、河流平原、廣闊的山脈及茂密雨林。然而，兩州面積雖是全國的65％，但人口數卻不到全國（3,628萬）的20％。這些地理特徵，成為東馬居民交通上的最大阻礙。

壹、醫療暗角　點亮希望

　　馬來西亞一共有145家政府醫院，其中沙巴和砂勞越只佔了27家。而在沙巴亞庇深山裡的原住民部落，村民小病靠草藥，遇大病，才搭小卡車到小鎮醫院就診。如果病重，則須以擔架將患者抬到可容救護車通行的山路送醫。現實中，因為時間延誤導致病患往生的例子並不少見。

　　1996年，慈濟亞庇志工因為一場風災物資發放，與沙巴州政府結下好緣。隨後，州政府主動商請志工到內陸原住民赤貧部落從事慈善醫療工作。志工前往部落勘察、並

向上人報告後，上人慈示馬來西亞慈濟人應盡量配合政府，展開義診活動。

1998年7月26日，馬來西亞各地百多位慈濟志工，首度在沙巴州北部蘭巴達村落（Kampung Lampada）的蘭巴達國小（Sekolah Kebangsaan Lampada）舉行大規模義診、義剪及物資發放等活動。這場義診，嘉惠了附近17村、共2,020位杜順族原住民。截至2019年，沙巴慈濟在亞庇、山打根和斗湖共舉辦了68場義診。

一、比打士慈濟生命關懷之家

沙巴州最北端的比打士（Pitas）是該州第二赤貧的村落，亦是蚊蟲病最嚴重、全國流產率最高的地區之一。2002年，亞庇慈濟志工透過駐診偏鄉的醫師鄭榮輝、護士法麗達（Faridah Bt Mohd Yakub）與地方官員協助，在賓拿巴小學舉辦大型義診活動、並發放民生物資予鄰近17個原住民村。

鄭榮輝醫師不捨村落孕婦常因為無法及時就醫而難產死亡，遂向慈濟提出資助「待產之家」的想法。經過鄭醫

師及志工多方奔走，2003年7月29日「慈濟生命關懷之家」（Rumah Penyayang Tzu Chi）正式掛牌啟用，可容納16名產婦孕婦可以在臨產期前一個星期左右，透過醫師簽核免費入住安心養胎，直到順利生產，這也迅速降低了村落的難產死亡率。

2009年3月，由於「慈濟生命關懷之家」已經不敷使用，亞庇慈濟志工覓地新建可容納20位孕婦的房子。於是，新的「慈濟生命關懷之家」於2014年9月27日正式啟用，建物面積由原本的400平方米擴充至1,900平方米，待產環境也獲得提升。當地醫護人員及曾在生命關懷之家待產的逾百位媽媽，攜同孩子、家人一同出席。2015年7月31日，生命關懷之家喜迎第一千位寶寶。初為人母的米爾維也納（Mirviana Majikin）請志工替女兒取名為慈喜（Chelsea），象徵1,000個生命順利誕生的喜悅。

比打士慈濟生命關懷之家的成功模式，也促成慈濟與馬來西亞醫藥福利基金會（Malaysian Medical Welfare Fund）及里卡士母子醫院（Sabah Women and Children Hospital）的合作。2015年10月，里卡士慈濟生命關懷之

家（Rumah Penyayang Tzu Chi Likas）成立，為病患或家屬提供免費的短期住宿服務。從早期只收容地中海貧血症兒童入住，後期開放予癌症病患；截至2019年，已為1,894人次的病患與家屬提供暫時的安身之所。里卡士慈濟生命關懷之家除了照顧沙巴州子民，也造福來自納閩（Labuan）的病患。

二、斗湖「黑區」義診

位於沙巴州東南部的斗湖省，約有50萬人口，甘榜狄丁岸（Kampung Titingan）是該省最大的貧民窟，人口1萬2,000，多數為菲律賓與印尼裔的非法移民，住民複雜、教育水準低，加上犯罪率高，讓狄丁岸被稱為「黑區」，連警察也必須結伴才敢踏入。不過，非法移民也是被社會邊緣化的弱勢群體，沒有政府福利、醫療保健，小孩也不能就學。

由於經濟條件不佳，無力使用政府醫院提供的醫療服務，狄丁岸居民更缺乏醫療保健意識，一旦生病，多半服用偏方，容易拖成大病。於是，慈濟斗湖聯絡處負責人羅

珍愛（慈愛）接洽了任職斗湖醫院的董仁毅醫師等人，開始為狄丁岸居民提供免費醫療服務。2014年12月21日，斗湖慈濟志工首次前往狄丁岸為低收入民眾和街友舉辦社區健檢、免費量測血壓與血糖，共有168位村民前來，也希望藉此提高居民的保健意識。2015年至2019年間，慈濟每年都會在斗湖舉辦一次大型義診暨發放活動，累積服務對象超過12萬人次。

三、黑區裡的教育之光

除了在關懷之家、醫療義診所及之處，為貧苦族群服務，東馬慈濟志工也關心無國籍孩童的教育。在2012年開始為甘榜狄丁岸弱勢家庭提供新芽助學金，並開設學習中心，讓黑區孩童們獲得求學的機會。

2017年3月6日，狄丁岸兒童學習中心（Titingan Community Learning Centre）成立，由慈濟承租一間店屋樓上，改建成2間教室，提供半天基本課程，包括馬來語、英文、數學、科學、伊斯蘭教課及美工，學生也接受生活及品格教育，以培養健全人格，成為對國家社會有所貢獻

的人。兒童學習中心在狄丁岸深獲家長認同，但因空間局限，從2019年開始，慈濟租下樓下的店鋪，將課程分為上、下午班並增聘老師，讓103位無國籍孩子有機會接受教育，或許會成為改變他們命運的關鍵所在。

慈濟志工在東馬地區的長期耕耘，除了急難賑災、義診中心、難民義診，原民部落與無國籍移民，也是關懷的對象。透過慈善、醫療與教育，扭轉許多貧苦族群因病而貧、孩童失學的困境；走進部落、深入黑區的實地家訪，也讓慈濟與眾生結下一分安身與安心，向上、向善的好緣分。

貳、攜手聯合國 紓解難民之苦

根據聯合國最高難民專員署（簡稱UNHCR）的統計，截至2020年4月，馬來西亞共有17萬7,800名登記在案的難民及庇護申請者，其中十五萬四千多人來自緬甸，難民中以欽（Chin）族和洛興雅（Rohingya）族居多，但實際人數，遠比官方數字更多。他們多半從事高危險性工作或淪為廉價勞工，沒有勞工法令的保障。

大馬政府並未簽署1951年難民地位公約，難民大部分聚集在吉隆坡當廉價勞工，雖然不強迫遣返原居地，但也不承認身份、不提供民生福利保障，就算孩子在大馬出生或長大，也成為無國籍的「孤兒」，一律視為「非法入境者」。

　　UNHCR在馬國雖然提供難民緊急安置、保護與支援，但在醫療援助、婦女及孩童保護、教育等計畫，仍必須仰賴本地非政府組織（NGO）協助。2004年由於一起難民醫療個案，UNHCR主動找上馬來西亞慈濟基金會尋求人道援助，開啓了雙方合作的契機。

一、簽合作備忘錄 從醫療到教育

　　2004年，吉隆坡分會人醫會首次到士拉央社區舉辦義診健檢活動，發現一所私辦難民孩童宗教學校。這間學校是身為緬甸難民的哈欣宗教師租借店屋成立，他教導可蘭經、緬甸語、數學及英文，並靠著賣檳榔與家長捐助維持運作，六十多位孩子擠在悶熱狹小的空間，環境、衛生狀況都不理想。

8月4日，志工隨同UNHCR代表恩娜（Edna）實地勘察後，於10月10日首次合辦義診與衛教活動。經由這場社區義診活動，讓慈濟發現難民問題的嚴重性，開始將難民援助納入慈濟人醫會的服務項目，並與UNHCR商討長期合作的可能性。

2005年，在UNHCR安排下，志工走入森美蘭州冷京、雪蘭莪州士毛月、吉隆坡武吉加里爾及馬六甲馬接峇魯扣留營。除了每月固定義診，也發放衣物、食物，為難民補充營養，直到營內醫療資源已不匱乏，慈濟才終止服務。

由於慈濟人道關懷精神深獲UNHCR認同，雙方於2005年3月1日及2007年8月16日，分別簽署「難民援助計畫行動夥伴備忘錄」（MOU）與「難民援助計畫執行夥伴合約」（IP Agreement）。

慈濟與UNHCR成為行動夥伴後，展開長期難民援助合作計畫，範圍涵蓋難民社區、扣留營義診及轉介醫療個案。兩年後，雙方再度簽約，關係躍升為「執行夥伴」。難民關懷計畫三大項目包括：醫療服務專案、孩童學前教

育輔助專案、特殊醫療與經濟援助專案。慈濟提供志工人力、物資並承擔半數資金，另一半經費，則由UNHCR撥款。

難民不但無法享有大馬的免費醫療照護，孩子也無法就讀國立學校。2007年9月19日，UNHCR和慈濟跨領域合作，從醫療延伸至教育，針對緬甸洛興雅族及伊斯蘭穆斯林難民籌辦「難民兒童基本學前教育計畫」，並自2008年1月起陸續在難民聚集的社區設立「UNHCR暨慈濟教育中心」，最終目的是希望失學孩童能掌握讀、寫、算及數種語言的基本知識。同年10月，UNHCR與慈濟選定5個社區設立「教育中心」。

這項計畫經費，除了來自日內瓦總部的預算，也尋求各國大使館的支援。2008年1月3日，慈濟與美國大使館簽約兩年，由其撥款贊助「難民兒童基本學前教育計畫」。合約期滿後，經費改由UNHCR與慈濟共同分擔，這也是歷年來UNHCR執行最大款項的一項難民援助教育計畫。

2010年4月23日，在UNHCR代表見證下，慈濟再與

捷克共和國大使館簽署合作備忘錄。由捷克駐馬大使館撥款，提升雪隆分會為難民醫療及學前教育服務的能量。

二、志工進駐校園 人生願景在望

難民學校除了聘任專員一名外，從地點的勘查、鑑定、師資及助理的招聘培訓、校內設施、教材請購，乃至成立家長小組共同參與學校發展，一直到提升學生出席率等，均由慈濟負責規劃執行。

2008年起，慈濟志工、教聯會老師及大愛媽媽組成團隊，約15人，每月兩次到各中心進行人文教育，引導孩子正確的學習態度及禮儀，除了引導孩子訂出求學計畫，也為學習進度落後的學生補習。第一批畢業生中，有人直上中學，並因為在劍橋O水準（Cambridge General Certificate of Education Ordinary Level，簡稱GCE "O" Level）考試中表現優異而入讀大學基礎班。

完成小學6年教育後，難民孩子多半被迫停學。但慈濟志工努力為他們尋求升學管道，讓部分畢業生有機會在收容難民及無國籍兒童的教育中心——IDEAS Academy 繼

續讀書。無法升學的超齡生，志工則為他們引薦到兒童尊嚴基金會（Dignity for Children Foundation）接受職訓、培養一技之長。而部分貧困學生的學費及交通費，也由慈濟補助。

2011年3月，慈濟應UNHCR請求，於半山芭、甲洞、蒲種和巴生為難民開辦英語課程，由英文組志工教授基本會話。許多孩子進步顯著，從不懂英文字母、講出完整句子，最後甚至有能力以英文向醫生描述病情。

三、特殊醫療專案 短期經濟補助

難民特殊醫療與經濟援助，是難民專案補助計畫之一。作為執行夥伴，慈濟自2010年3月開始執行「難民特殊醫療援助專案」，當UNHCR轉介特殊疾病或經濟困頓的個案，個案多是洗腎患者或愛滋病友。

志工接案後會先進行家庭訪視，瞭解難民需求後，視個案狀況按月撥款支付醫療費用、或短期經濟補助。譬如7個月大、心臟有孔並急需手術的穆巴力，就是一例。穆巴力的父親是月薪500令吉的清潔工，根本無力支付高達

4萬令吉醫療費。在鷹格醫療中心的減免與善心人士捐助下，醫療費仍缺1萬令吉。這筆錢，則由UNHCR與慈濟分擔，拯救了穆巴力的寶貴性命。

四、現金補助計畫 伸援急難個案

　　UNHCR經常接到難民求助電話，但限於人力，多半只能透過電話關心。2016年8月，UNHCR再度邀約慈濟合作執行現金補助計畫（Cash-based Interventions，CBI）。現金補助計畫主要目標為短期失去收入，或生活遭遇重大困境危機的難民，以兌換券或現金援助嚴重殘疾、孤兒、獨居老人、被拘捕或失蹤的弱勢群體等。

　　透過兌換券或現金，緊急個案可迅速獲得溫飽、醫療等基本照顧。由於本計畫的推動需要大量人力走訪難民家庭做評估，UNHCR除了讚歎慈濟志工效率，更因為信任，授權慈濟直接管理補助金，而這也是雙方最新的合作計畫。

　　2020年，新冠疫情蔓延全球，各國紛紛祭出管制令。難民族群被迫停工，斷了收入也斷了炊。全馬慈濟志工

根據 UNHCR 提供的名單進行電訪評估，截至6月初，分9梯次緊急發放援助金與生活物資，嘉惠了7,521戶難民家庭、2萬1,903人。

五、成為UNHRD亞洲區域的合作夥伴

慈濟雪隆分會投入難民關懷，還特別成立了45人的「專案室」，透過點線面的深入接觸與跨組織合作，提升本項會務的專業性，也多次在UNHCR推薦下，獲邀出席「聯合國難民署暨全球非政府組織年度大會」，與來自全球五大洲，七十多國的二百多個非政府組織（NGO）代表，一起研討國際難民課題與分享計畫策略。16年來，慈濟與UNHCR的合作與互信，可謂NGO互助的典範，如此與聯合國合作的模式，可望擴大慈善能量，最後嘉惠的，是更多流落他鄉的無數難民。

聯合國世界糧食計畫署（WFP）依全球災難地理位置、政府支援及運輸設備等因素，於6個國家設立「聯合國人道救援物資集結站」（UNHRD），以利合作機構免費儲備急難救援物資。目前UNHRD全球六大集結站分佈於

總部義大利、非洲加納、中東杜拜、亞洲吉隆坡、西班牙拉斯帕爾馬斯及拉丁美洲巴拿馬。

吉隆坡站12個合作機構為世界宣明會、紅十字會、Mercy Malaysia等。2020年，UNHRD與慈濟雪隆分會簽立協議。慈濟將可免費使用其倉儲空間，空間則依慈濟計畫之救災物資而定。這紙協議除了肯定慈濟的國際救援能力，也有助於未來國際間重大災難的馳援效率。

參、因應COVID-19的援助

2019年底，新冠肺炎（COVID-19）疫情在世界各國悄悄傳播。2020年1月25日，一位來自中國武漢的11歲男孩成為馬來西亞首宗確診病例，他也是新加坡第一個確診個案的家屬。

疫情初期，大馬病例數以個位數緩慢增長。但2月27日至3月1日間，吉隆坡大城堡清真寺一場約1萬6,000人參與的傳教活動，卻引起疫情大爆發。馬來西亞境內與此集會有關的確診人數迅速超過3,300人。3月15日，確診人數創下190人的紀錄後，開始以3位數攀升，疫情逐漸

升溫。

3月18日，馬來西亞政府頒布《行動管制令》（Movement Control Order），管控民眾活動，冀望阻斷病毒大規模傳播的路徑。這段期間，人民禁止參與任何社交、貿易和宗教活動；全國幼兒園、小學、中學、大學也被迫關閉；除了重要部門，政府機構全都暫停運作；外國遊客被限制入境，返國的大馬人也必須接受檢驗和14天的隔離措施。為了控制疫情惡化，首相慕尤丁5度宣布管制令展延。

3月28日，政府禁止非政府組織上街發放，要求將救助物資送到福利局、再由志願警衛團（RELA）和民防部隊（APM）負責派送。政府雖想在短時間內累積完整資料，但要讓特定弱勢群體得到服務，實有困難，因此政府在4月1日調整為有條件允准非政府組織援助弱勢群體。在第二階段行動管制期間，民眾只能前往住家10公里範圍內購買食物、生活必需品、藥物或營養補充品。

5月4日，當大馬確診人數趨緩到二位數時，政府稍微放寬管制。《有條件性行動管制令》（Conditional

Movement Control Order）頒佈後，大部份經濟領域可依規定和標準作業程序復工。截至5月24日，馬來西亞共累積7,245宗新冠狀病毒病例，現已有5,945名患者康復出院，115名患者死亡。

一、慈濟初期援助行動

慈濟雪隆分會對於新冠疫情的支援，可分為行動管制令落實的前、後兩階段。在馬來西亞疫情初期，雪隆分會啟動第一階段疫情援助工作。

2月4日，馬來西亞政府安排專機前往武漢撤僑。專機返馬後，包含空勤組員在內，百餘人被安置到特別營區進行為期兩週的隔離，國家天災管理機構（NADMA）委請慈濟負責隔離期間翻譯工作，並供應生活用品與乾糧食物等。雪隆分會前後支援了6個隔離梯次，包括從中國、伊朗、意大利、印尼、西班牙、印度和英國的返國僑民，共計569人受惠。

除了支援政府，2月5日，雪隆分會開始馳援中國。透過高達21趟班機的運能，將醫用口罩、N95口罩、防護衣、

防護鞋套、乳膠手套與一次性床單等，空運到中國各地。

　　疫情蔓延，謠言遍佈。2月23日，在社會恐慌之際，雪隆分會希望發揮安定人心的傳播力量，緊急邀請病毒學家徐慧儀副教授錄影，透過演講節目《道DAO》，將病毒的科學知識分享給大眾。這部影片在3月13日於網路平臺播出後，會眾反應熱烈，紛紛分享到各平臺和群組，短短兩週內，累積超過25萬點擊觀看數。

二、第二階段援助──醫療物資

　　雪隆分會疫情支援的第二階段為提供醫療物資。行動管制令啟動時，慈濟人醫會迅速成立COVID-19核心團隊小組。成員除了醫護人員之外，還包括實業家和志工，最主要的任務是要補足醫療資源缺口，及時救助弱勢群體。此外，分會也啟動熱線，為急難救助個案提供服務。

　　3月18日，行動管制令第一天，慈濟志工在吉隆坡靜思堂開始製作醫用面罩，以支援雙溪毛糯醫院（Sungai Buloh Hospital）的需求。雪隆分會廣泛發出訊息，讓政府、其他醫院和私人診所得以前來申請防護面罩。這項緊

急任務，志工報名踴躍，截至5月底，雪隆分會共製作超過28萬個面罩支援醫療前線。

鄰近雙溪毛糯醫院的麻瘋病院，臨時被規劃為隔離室，院方也請求慈濟協助清掃，在六十多位志工接力之下，將隔離室清掃得一塵不染。除了院方的感恩，本地報章與網路媒體相繼報導，網友數百則鼓勵留言，反映出各界輿論對慈濟的肯定與認同。並從3月23日開始，經營素食餐廳的慈濟志工，免費提供便當給雙溪毛糯醫院前線醫護人員，亦獲正面回饋。4月15日和20日，慈濟總共發出2,892份安心祝福包予雙溪毛糯醫院及吉隆坡中央醫院的病人與醫護團隊，為前線人員加油打氣。

東馬方面，斗湖中央醫院請求慈濟援助醫療物資和器材，雪隆分會快速地在當地完成採購，幾天內就把所需的設備送達。另一方面得知當地其他醫院同樣需要防護面罩，亞庇和古晉支會志工也全力支援，趕工製作。

除了口罩、面罩，醫護人員的其他防護裝備也不敷使用。雪隆分會從4月開始協調多家製衣廠，趕製隔離衣、帽及靴，其中2家製衣廠老闆甚至不收縫製費。截至5月

初，雪隆分會捐出超過6萬8,000套隔離衣（含帽、靴）給各醫院。

隨著美國疫情嚴重失控，醫療體系近乎崩潰。在慈濟紐約分會的商請下，雪隆分會再度趕製防護裝備，於5月17日及6月3日運送3萬件隔離衣和2萬5,000件隔離頭套到紐約；6月5日，再運送2萬件隔離衣和2萬雙隔離靴到洛杉磯。

三、難民與弱勢族群急難救助

因為行動管制令，讓領日薪的難民無法工作，幾近斷炊。物資發放對於難民家庭來說，有如及時雨。3月25日中午，雪隆分會與聯合國難民最高專員署（UNHCR）聯辦的兩所難民學校，為40戶學生家庭送來一個月的糧食，包括米、麵粉、麵、餅乾、美祿、雞蛋、食用油等12種食物。志工與同仁分成11個小組，把物資運送到難民家附近，同時為了降低群聚傳染風險，難民須於戶外接收物資。

接著，由於行動管制令多次展延，求助聯合國難民署的人越來越多，難民署應接不暇，再次成立難民援助專

案，並委託全馬慈濟分支會協助關懷與發放。只是，因為行動管制，志工無法進行家訪，只能根據名單電訪，志工透過電話聯繫、瞭解難民的背景與需求後，交給難民專案室同仁查核批准，再由各區志工協助發放補助金。

全馬慈濟志工根據UNHCR提供的名單進行電訪評估，截至6月初，分9梯次緊急發放援助金與生活物資，嘉惠了7,521戶難民家庭、2萬1,903人。

四、支援軍警 送愛打氣

行動管制期間，執勤軍警人數多，所需的口罩、淨手液等防護用品需求量高。雪隆分會志工於4月21日至29日，前往警察總部與社區警局發放防護裝備。連同91所社區警局，陸續捐贈口罩、手套、淨手液、水果，同時因應族群的不同習俗，志工也備妥穆斯林齋戒月期間必備的椰棗（kurma）給巫裔警員。

疫情高峰期，監獄收容人數大增，口罩和淨手液嚴重短缺。馬哥打軍營社會化改造中心（Pusat Pemulihan Pemasyarakatan Kem Mahkota Kluang）典獄長依布拉欣

（Ibrahim Bin Jaafar）主動向慈濟求助，居鑾志工於4月17日迅速提供1,000個口罩。接著，新邦令金監獄（Pusat Pemulihan Akhlak Simpang Renggam）和居鑾監獄（Penjara Kluang）急需口罩的訊息傳來，慈濟一一支援。

五、人心安定是穩定社會的良方

截至2020年5月30日止，慈濟在馬來西亞支援各方的物資及醫護用品，包括：防護面罩28萬4,095個，醫用口罩62萬3,771個，醫用手套105萬380個，防護衣、隔離衣、頭套、鞋套31萬8,619件，防疫插管箱144個，病床、福慧床178張，布口罩2萬1,443個，蔬食3萬251份，受惠機構2,179所，關懷補助2萬8,703戶次。

這波大規模疫情，是馬來西亞建國後首見，雖然社會人心不安是必然，但慈濟志工全力支援各界防護物資外，更運用節目分享病毒科學知識，也藉由打掃雙溪毛糯醫院做為隔離室的影視新聞，播出「大馬慈濟新知」臉書專頁（現改為MY DAAI），短時間內迅速突破68萬瀏覽率，各大媒體競相報導轉載，顯示慈濟激勵本地社會的力量。

第六節 新加坡與斯里蘭卡

壹、海嘯義診因緣 緣起斯里蘭卡志業

斯里蘭卡以農業為主，然而經過26載的內戰洗禮，基礎建設百廢待興，政府要從事國家建設、振興經濟不易。2004年12月26日發生南亞大海嘯，斯里蘭卡受到重創，臺灣慈濟賑災團於12月29日出發前往救災，也牽起斯里蘭卡和慈濟的因緣。

一、災後重建：新、馬、臺支援

海嘯發生後，慈濟第一梯次醫療賑災團隊於12月30日抵達漢班托塔，直接與地方政府接洽，對方提供位於漢班托塔基地醫院（Hambantota Base Hospital）附近的一間棄用房舍，讓慈濟作為醫療站。慈濟將部分空間做為臨時辦公室，處理災民急難救助個案，也展開發放、訪視、搭建臨時帳篷、興建大愛屋等中長期重建計畫。

慈濟各項援助及志工真誠的付出，讓當地人感受深刻，起初他們報名到醫療站協助翻譯，慢慢加入慈濟大家

庭的行列。義診站任務圓滿結束後，慈濟向漢班托塔政府無償借用義診醫療站，在2005年3月20日成立「臺灣佛教慈濟基金會斯里蘭卡辦事處」，正式聘請本土職工，也希望凝聚當地志工的熱忱，讓愛能延續。

因為地緣靠近，新加坡分會執行長劉濟雨（銘達）毅然承擔關懷斯里蘭卡會務，他說：「六百多戶大愛屋正在進行，在地志工體系也都已成型，海嘯災民需要持續關懷；慈濟志工一批批接力，畢竟無法長期，唯有本地人都努力，功能才會更大。」

隨著中、長期援建計畫的展開，臺灣本會宗教處、營建處職工，及慈誠隊輪批駐守監工，劉濟雨也帶領新、馬兩地的行政、文字及錄影圖像職工、訪視志工，輪流外派到斯里蘭卡坐鎮，協助災後重建事務，陪伴和帶動當地職工及志工，希望將大愛精神落實到當地。2008年5月，隨著慈濟將所有硬體設備移交給當地政府後，重建計畫告一段落。

二、訪貧經驗與傳承

　　災後重建計畫完成後，臺灣本會及營建處人員結束任務圓滿返國，劉濟雨持續承擔推動慈濟志業的重任。從2008年至2012年4月卸下新加坡分會執行長止，每1至2個月往返斯里蘭卡，每次停留約5天，行程安排緊湊。2013年7月在上人慈示下，由新加坡委員林翠蓮（慈泰）及章愛玉（慈愛）接棒，持續帶動當地訪視工作。

　　斯里蘭卡關懷小組以劉濟雨為主，加上一位行政秘書，再視當月活動性質的需求，加入訪視、人文真善美或其他功能的志工。關懷小組抵達可倫坡時通常已經是半夜，隔天上午直奔南部漢班托塔，歷經6個多小時車程，即刻投入新案評估、個案審查工作。劉濟雨召開職工會議、志工聯誼、訪視會議等，傳承慈濟理念，引導當地職工及志工掌握訪視人文和技巧。

　　2009年8月底，在首次大型義診結束後，劉濟雨帶領新加坡志工共10人前往漢班托塔，進行第一次濟貧個案總複查的工作，針對個案的濟助金額、醫療狀況作必要的調整。兩天的複查工作結束後，兩地志工召開了討論會

議，將醫療補助個案及視察後有疑問的案家整理及報告，並提出解決方案。

斯里蘭卡訪視職工蒂牧圖（Dimuthu Samanmalee Weheragoda kankanamge）表示，當案家生活狀況改善後，最大難題是不知如何向他們啟齒而能圓滿結案。蒂牧圖說，在此次複查個案過程中，新加坡志工透過耐心、婉轉、有條理的分析，讓照顧戶感覺到慈濟人的慈悲與真誠，而能坦然接受，訪視的技巧與智慧讓她受益良多。

三、大型義診帶動當地志工投入

慈濟因海嘯因緣走進，發現當地濟貧的福田很大，但是要教富，啟發有心人投入志業，確實有相當大的挑戰與困難。再者，從首都可倫坡到漢班托塔，開車需行走6個多小時的蜿蜒山路，每次前往在時間、費用及體力都是不輕的負擔，在如此因素下，要推動志業可預見成效不易。

劉濟雨觀察到當地醫療設施不足老舊、專業醫護人員短缺，雖然看病免費，但是若重病患者需動手術，有時需等上數月或數年。而新加坡人醫會自1999年成立後，多

次到鄰國印尼巴淡島等地區義診，經驗豐富，劉濟雨於是規劃邀請新加坡人醫會到斯里蘭卡舉辦大型外科手術義診活動，協助當地貧病患者解除病苦，並以此方式接引當地志工，最重要是義診地點逐步從南往北前進至首都可倫坡，預估能接引到人口較稠密、經濟條件較好、人才較多的可倫坡志工來投入，讓愛心擴散到更有需要的地方。

2008年，劉濟雨親自拜會總統幕僚長（也是總統的胞弟）巴素先生（Mr. Basil Rajapaksa），巴素先生曾因為南亞海嘯賑災和慈濟結緣，獲悉分會舉辦義診的意願，大為支持。他建議在離可倫坡3小時車程的薩巴拉加穆瓦省（Sabaragamuwa Province）的拉納普拉（Ratnapura）舉辦義診，該省較貧窮，有著迫切的醫療需求；義診也得到薩巴拉加穆瓦省級衛生局局長卡皮拉（Dr Kapila Bimal kannangara）的充分協助。

斯里蘭卡首次大型義診本來擬定2009年3月舉辦，但是當時斯國內戰正炙，顧及團隊安全，義診因此展延；直到2009年5月，政府宣布內戰結束，分會再次啟動義診。於2009年8月27日至29日及2010年3月12日至

14日，在拉納普拉縣卡哈瓦達基地醫院（Base Hospital Kahawatta），兩度舉行義診，此地點位於可倫坡與漢班托塔的中心點。有了前兩次義診的寶貴經驗，第三次義診再往首都邁進，在2010年8月來到距離可倫坡兩小時的卡拉瓦納勒拉基地醫院（Base Hospital Karawanella）舉行。

經過3次義診過後，新加坡人醫團隊再度尋找靠近首都的義診場地，2011年3月終於在西部省份衛生局長（Provincial Director of Health Services Western Province）西瓦（Dr Amal Harsha de Silva）的協助下，於可倫坡近郊的班達拉伽瑪區域醫院（District Hospital Bandaragama）舉辦第四次義診。義診首日（3月18日），西瓦親自到現場參訪，看到義診設備的先進、醫護團隊的專業及志工的組織效率，讓西瓦留下深刻印象，過後，慈濟也和西瓦敲定下次義診依舊在班達拉伽瑪舉行的約定。

接續的義診活動，本土志工勇於承擔所有籌備工作，處理在地的事務，讓義診更加順暢。截至2019年底，慈濟在斯里蘭卡共計舉辦10次義診，嘉惠超過二萬四千多名病患。地點逐漸往北方首都可倫坡遷移，從義診的善門

中，也接引當地政府官員、醫護人員及居民認識慈濟，兼顧濟貧與醫療的兩大福田，讓大愛步履加速邁進。

四、帶動當地醫護 志工攜手義診

　　為了確保醫療品質及術後的後續護理，縱使新加坡醫護工作緊湊忙碌，義診數個星期之前，志工也會前往義診地點，先行協助當地醫生做義診病患篩檢，掌握及了解病人的狀況。

　　在上人慈示下，義診多和當地醫院合作，借用醫院空間做為義診現場。當地醫院的設施環境不甚理想，義診團抵達當地後，從無到有，設置手術房、恢復室、各科看診間、藥局或等候區等。專業的水電志工，為手術房裝冷氣、拉水管設置洗手臺、拉電線增加照明，甚至在手術半途停水停電，醫師用手電筒照明繼續工作，水電志工馬上搶修的狀況也時有發生，運用智慧在克難中完成任務。

　　大型義診能順利進行，當地的醫護人員及志工也發揮極大功能。前兩次的義診，在衛生局長卡皮拉協助下，召集拉納普拉護理學校的學生前來翻譯辛哈拉語及英語，成

為醫生和病患的溝通橋樑，另外也有當地志工支援登記、引導、關懷、交通接送及後續醫療等工作，都是義診順利進行不可缺少的重要因素。經過多次努力耕耘，志工隊伍逐漸強大。護理學校校長達米卡（Dhammika）表示：「慈濟義診對斯里蘭卡病患幫助很大，不但解除病患的病苦，微笑與撫慰也紓解他們心中的苦。」

2010年3月12日，第二次義診再度回到拉納普拉的卡哈瓦達基地醫院，共有12位斯里蘭卡醫師及48位護理師參與醫療協助。3月14日義診圓緣儀式後，斯里蘭卡醫護人員換上人醫會制服，留下歷史的畫面。

2011年3月第四次義診遷移到西部省份（Provincial of Western Province）可倫坡近郊的班達拉伽瑪區域醫院（Bandaragama District Hospital）舉行。是次義診共約30位可倫坡志工發心組隊來承擔義診工作，之後新加坡志工隨即舉辦志工交流會，以法親聯誼方式讓當地志工感受慈濟人文而備感溫馨，可倫坡志工團隊逐漸成立。

同年9月，西瓦連同班達拉伽瑪區域醫院院長李察（Richard Austin Perera Kaluwattha Archchige）、卡魯塔

拉縣（Kalutara District）衛生局副局長依薩（Udaya Isaac Ratnaike）及醫生姆都瑪拉（Muthumala Malsantha），4人遠赴臺灣參加2011年國際慈濟人醫會年會感受慈濟醫療人文，將慈濟精神帶回斯里蘭卡。

義診是一個契機，大型義診不僅為斯里蘭卡民眾治療身體病痛，帶動當地醫護人員投入及付出是深耕當地志業的重點。

五、舉辦茶會、培訓 人間菩薩招生

在2005年至2008年，3年的災後重建期間，新、馬及臺灣駐守當地的同仁帶動斯里蘭卡本土職工及志工，每日恭聽上人開示及志工法喜分享，也開始為當地志工舉辦共修會。重建計畫完工後，劉濟雨及新加坡志工每次前往，都會利用會議，或舉辦志工聯誼，進行法脈傳承，分享慈濟理念。每逢5月份的浴佛節或年底的歲末祝福，新加坡志工也會組團前往助緣，傳承經驗。

推展會務需要更多在地志工，自2008年至2012年間，新加坡志工數度分別在漢班托塔、可倫坡或大型義診

後舉辦茶會，為當地志業人間菩薩招生。在漢班托塔的茶會對象多數是大愛村村民，鼓勵村民就近投入濟貧工作，共同照顧家園。因為義診因緣，在拉納普拉及可倫坡舉辦人醫會茶會，眾多醫護人員感動慈濟醫療人文而加入人醫會行列；可倫坡的茶會則以實業家居多，凝聚大愛力量為斯里蘭卡造福。

2011年8月28日首次在可倫坡的大型茶會，4位可倫坡實業家阿羅沙（Kalahe Arosha Indunil Paranawithana）、庫馬拉、韋傑納亞格（Wijenayaka kankanamge Indrapala）及巴都米（Dias Muthukudasinghe Arachchige Pathum Iresha）甫從臺灣參加「全球四合一幹部精進研習營」歸來，其中韋傑納亞格牢牢記住上人「回去後要多找志工一起來做慈濟」的叮嚀，個人就邀約80位會眾參加茶會。隨著可倫坡志工日漸穩定，當地志工也自行展開舉辦茶會及聯誼，加速人間菩薩招生腳步。

為了鞏固慈濟理念及精神，新加坡志工協助規劃斯里蘭卡志工培訓，每年數次派遣志工飛往當地授課分享。首次培訓於2012年5月6日舉辦，在新加坡慈濟志工策劃及

協助下，共有101位志工參與。課程中，透過新加坡合心培訓幹事邱志豪指導，司儀庫馬拉用辛哈拉語（語言和文字不同）教大家練習禮佛三問訊，解釋並唱誦《慈濟功德會會歌》、《慈濟誓願文》及《慈濟十戒》的涵義，這對許多本土志工來說都是第一次的學習，態度卻是專心認真，凝聚莊嚴肅穆的道氣，讓人感動。

六、調整腳步 成立可倫坡辦公室

2004年12月26日當南亞海嘯發生之時，斯里蘭卡尚沒有慈濟據點及志工。志工朱章麟緊急聯繫居住斯里蘭卡的商界夥伴阿尼爾（Anil）先生，也獲得阿尼爾先生及他的公司——領導日公司（Leaderday）員工的付出與配合，協助慈濟在斯里蘭卡賑災的相關事宜。

領導日公司位於可倫坡，聘有數十位員工。劉濟雨在阿尼爾的安排下，來到公司介紹慈濟，接引員工參與可倫坡濟貧訪視。爾後，劉濟雨一面在漢班托塔處理災後重建，也同時在可倫坡帶動阿尼爾公司的志工展開個案審查及訪視，員工也曾組隊關懷可倫坡維多利亞智障院

（Victoria Home for Incurables）。然而後來，阿尼爾先生移居澳洲，可倫坡的濟貧工作一度停滯。

2010年8月，可倫坡志工阿羅沙受邀參加慈濟在卡拉瓦納勒拉基地醫院（Base Hospital Karawanella）的義診，看到異國的醫護團隊無私地為自己的同胞付出，感受慈濟人在付出的喜悅，啟發他深藏的菩提心。義診過後，帶著同修維多利亞（Ma.Victoria Alvez Paranavithana），也接引實業家朋友韋傑納亞格、庫馬拉及家人朋友加入，成為慈濟菩提種子。

可倫坡志工共修或開會能以簡單英文溝通，加速法脈傳承及訊息溝通的時效。2011年1月，劉濟雨在可倫坡成立辦公室，地點就在阿羅沙居住的社區，從此阿羅沙將事業及志業共同耕耘。劉濟雨及新加坡志工陪伴可倫坡志工探訪個案，教導訪視理念，直接傳承，志工主力逐漸轉移到可倫坡。

多年的陪伴，種子終於茁壯長大。本土志工阿羅沙在2014年6月16日正式成為斯里蘭卡聯絡處負責人，帶領本土志工繼續推動漢班托塔及可倫坡會務，將大愛精神扎根

在當地。對於斯里蘭卡未來的方向及工作，阿羅沙知道路並不好走，然而難行能行，阿羅沙在2019年底拜見上人後發願說，「上人跟我說要我走路非常困難。但是我也會在這個困難下，繼續學習走路。」

海嘯無情，人間有愛，因為一場海嘯在斯里蘭卡播下菩提種子，新加坡志工用心灌溉，15年來不停歇。斯里蘭卡志工在2019年12月26日舉辦南亞海嘯15週年紀念儀式及看板展覽，新加坡志工組隊前往協助及見證。「莫忘那一年、莫忘那一人、莫忘那一念」，當所有賑災隊伍都退去，唯有慈濟人依舊在，播下的善種子也已發芽成長，繼續用愛膚慰鄉親。

貳、無聲病毒來襲 慈濟扮演關鍵角色

截至2020年5月8日，新加坡的新型冠狀病毒疫情（新冠疫情）可分為3個階段：（一）輸入型案例居多（1月底至3月底）；（二）本地案例居多（3月底至4月中）；（三）客工（外籍勞工）宿舍案例居多（4月中至今）。新加坡的疫情在第三期惡化，5月6日突破兩萬例，是第七

嚴重的亞洲國家。但新加坡的死亡率極低，每百萬人口僅達3人（相對於全球平均35人）。

新國政府於4月7日至6月1日採取「阻斷措施」政策，強制居家辦公、居家學習、外出佩戴口罩等措施。措施在4月底見效，政府得以全力專注制止客工宿舍不斷擴散的案例。

一、新加坡慈濟的應對

新加坡慈濟的應對方式隨著政府防疫措施和疫情發展變化。新加坡所關懷的對象分為兩大類型：（一）本地弱勢族群；（二）客工及學生。早在2月初，新加坡慈濟分會針對長期照顧的五百多戶照顧戶宣導防疫知識，並在8日成立防疫應對小組。

慈濟一共對照顧戶發起了3波「感恩戶安心行動」，除了平日補助，也針對不同群體發放防疫物資，增值手機和網絡服務，及贈送居家學習的電腦。慈濟和社會企業Esse Pi 及SG Bono合作，在短短4天內募集新幣8萬元，把170臺電腦發放給照顧戶和非照顧戶的家庭，見證了社

會愛心的匯聚。

除了照顧戶，慈濟也在2月底贈送紙摺愛心和祝福物資給各大醫院、慈濟人醫會志工及教育工作者，感激前線人員的付出。

二、針對客工的關懷

慈濟所關懷的客工有3類，根據疫情發展而變：中國籍客工、馬來西亞籍客工和南亞客工。2月初疫情主要發生在中國大陸，新加坡有二十多萬名中國籍的客工，部分客工在春假結束後返新，卻遭原有的屋主驅逐，無法履行長達14天的「居家通知」隔離。客工宿舍業主搭建臨時宿舍給這些無症狀的返新人士，慈濟則與業主合作，贈送542份祝福包，佈置宿舍，給予關懷。志工預錄平日的廣播節目，假日透過廣播系統與客工點歌、互動。

3月18日，馬來西亞疫情嚴重，落實行動管制令，禁止國民出國。三十多萬每天來回新馬工作的馬國客工趕在禁令前趕至新加坡，雖然他們大部分被雇主安排好住宿，但也有少數打零工的客工夜宿政府組屋底層。慈濟隨著民

間自發團體的腳步，在阻斷措施落實前，二度關懷這些客工，給予現金與物資發放。這也是新加坡慈濟首次的街頭發放。

4月中旬，客工宿舍的確診案例以3位數之勢日增。三十多萬的宿舍客工多是來自孟加拉的穆斯林，以及印度的淡米爾人。為了制止疫情的擴散，新國政府把輕微症狀的確診案例以及仍等待檢測結果的案例，集中在新建的客工宿舍。慈濟再度和同個宿舍業主合作，贈送1,700份「祝福物資包」，內含齋戒月食品椰棗（kurma）和印度零食姆魯咕（murukku）。慈濟也為現場工作的醫護人員和工作人員提供休息站和茶水服務。

除了客工，慈濟也透過斯里蘭卡駐新最高公署補助在新加坡唸書的斯國學院生。這群學生的經濟受到斯國和新加坡防疫措施的影響，無法接獲斯國家人的補助。慈濟因此補助了250名學生一週的乾糧。

三、動員製作布口罩套和布口罩

4月6日，慈濟人文青年中心透過臉書公開接受布口

罩套的訂單，短短半天內共接獲三百多個民眾詢問，社會對口罩套的高需求量可見一斑。原初23位的家庭主婦志工們快馬加鞭，製作了1,700份布口罩套。

除了下訂單的民眾，慈濟也發給慈濟大愛幼教中心、慈濟樂齡長青館、慈濟人醫會以及宿舍客工等。口罩套雖然無法有效阻隔病毒，但加入口罩套的醫用口罩可以因此延長使用期。企業金華布莊（Kim Hwa Textile）和新加坡郵政分別贊助了所有布料、郵費和信封。

4月11日，新加坡本地裁縫企業CYC與慈濟共同合作，製作布口罩給宿舍的客工，希望能夠減低客工的感染率。阻斷期間，慈濟透過聘僱從事私人召車服務的志工和照顧戶，克服了物流運輸，讓布料得以從企業運至各個志工的手中，再從志工家裡運至外籍勞工中心，最後由外籍勞工中心協助轉發給各客工宿舍。截至5月8日，參與此計畫的志工有近600人次，製作了超過4萬份布口罩。

四、志業體的角色

阻斷期間，大部分志業體關閉，僅有湖畔全科醫療診

所和慈濟人文青年中心得以營運，他們在阻斷期間發揮了防疫前線和物流運輸的良能。

湖畔全科醫療診所在裕廊社區發揮社區診所的角色，為疑似案例和普通感冒案例作分流，分擔了大型醫院黃廷芳醫院的醫療資源。該診所也將隨著衛生部的腳步來到客工宿舍從事篩檢工作。

青年中心也成了口罩原料、成品和發放物資的統籌與分裝地點。中心也和臨近的邱德拔醫院合作，提供空間讓原本在該醫院的幼稚園遷入中心的多用途禮堂，減少孩童及員工被感染的機率。自5月4日，青年中心旁的運動中心被改建成確診案例隔離中心，青年中心部分空間則善用改成邱德拔醫院醫護人員的休息區。

第七節　印尼

　　印尼擁有超過2億7,000萬的人口，同時也是世界上最多伊斯蘭教徒的國家，它也充滿了文化多樣性，歷史上發生不少天災與人禍。印尼慈濟的志業發展與此背景有密切的關連，印尼慈濟所投入的災難救援，包含短中長期的人道援助計畫，無論就規模或其展現的意義，在慈濟歷史中具有獨特的歷史價值。

壹、2002年紅溪河水患整治

　　位處印尼首都雅加達，工商發達，人口近一千五十多萬，每年有數十萬人湧入這裡討生活。他們貧無立錐之地，多擇紅溪河河邊做為棲身之所，所搭建的木棚草寮不斷往河中加蓋，各種木構支架縱橫交錯，層層疊疊。

　　河流兩側成千上萬戶的違章建築、滿佈河面的垃圾和廢棄物，阻斷了河水的流向，變成一灘死水，成為一條名符其實的「垃圾之河」。擁擠髒亂的情況，使得紅溪河兩岸成了雅加達最大的貧民窟，因此紅溪河又有另一個別

稱：「雅加達黑色心臟」，汙名因而遠播，連政府當局都束手無策。

2002年1月的一場豪大雨，重創了雅加達市區，加上紅溪河泛濫成災，成千上萬的人無家可歸，災情之重是歷年之最，儼然已成了當地居民們揮不去的夢魘。

一、慈濟援助行動

身在災區的慈濟志工，雖也是受災戶，但在分會執行長劉素美的號召下，即刻分乘橡皮艇及大卡車，將毛毯、乾糧、飲用水等緊急救援物資，挨家挨戶地送到災民手中，並展開數場的小型義診。

二月下旬，各地積水漸退，但災情最慘重的卡布（Kapuk）村，仍然泡在垃圾與糞便充斥的汙水中，村民苦不堪言。上人特別委請全球志工總督導黃思賢前往印尼，與當地慈濟人進行水災勘災行動。為求根本解決之道，印尼慈濟人立即回臺請示援助計畫。感恩黃奕聰老居士身先士卒投入清掃，又接引郭再源居士，帶動雅加達省長動員軍警悉心配合，同時發動社區民眾逾兩千人連續清掃五

天，方清完垃圾。

在全盤了解災情之後，上人指示「五管齊下」的治水計畫。首先要結合印尼軍、政、民三方面的力量，「抽水、清掃、消毒」三路並行，以杜絕因衛生不佳而影響健康；其次，在改善環境衛生的同時，也要進行「義診」，以避免傳染病蔓延；最後，要為災民打造安身之所，也就是「興建大愛屋」。「抽水、清掃、消毒、義診及興建大愛屋」，五管齊下的慈濟印尼紅溪河整治與援助計畫於焉展開。在勘察評估後，慈濟擇定雅加達北區貧困村落卡布莫拉村（Kapuk Muara）為重點賑災區域，提供義診、援建千戶大愛屋等重建工程。

（一）抽水

面見上人後，印尼慈濟人回到雅加達，立即與政府合作，由政府提供大型抽水機，將災區的污水排放到出海口。

（二）清掃

印尼慈濟人號召大量志工，加上金光集團黃奕聰總裁和兒子黃榮年師兄帶領企業員工到卡布村參加清掃，村民

感動之餘，也紛紛加入清掃的行列，成千上百人同心協力，加上政府協助清運垃圾，終於把卡布村堆積的垃圾清除乾淨。

（三）消毒

當災區完成抽水和清掃之後，立即與衛生單位合作，進行災區全面性的消毒工作。因為災區將近一個月的時間，長期浸泡在污水中，因此透過消毒維護環境衛生，也保障生命健康。

（四）義診

4月，來自8個國家的「慈濟人醫會」成員齊聚雅加達，聯手舉辦萬人義診，除了照顧災民的健康之外，更重要的是，讓災區民眾深刻感受到來自佛教和華人的關懷誠意。短短3天的時間，一共照顧超過1萬1,073位病患。

（五）大愛屋

慈濟決定為紅溪河兩岸的水患災民建村後，志工依據鄰里長所提供的資料，挨家挨戶訪查，凡符合條件——設籍於紅溪河出海口、持有房屋所有權與土地產權、並確實居住當地的村民，均可在政府的輔導下，搬遷至大愛村。

首次面對有團體要免費蓋屋供村民居住，大部分村民皆不敢置信。為使村民了解整個作業流程，慈濟志工成立了「居民管理委員會」，邀請鄰里長幫忙，長期和居民互動溝通，並因應問題，隨時調整步伐。

　　移除了紅溪河沿岸的違建戶之後，河面開闊不少，由政府在雅加達以北的金卡蓮村（Cengkareng），距離現在居民住的卡布莫拉村僅6公里，興建大愛屋，安置沿岸拆遷戶。興建經費由印尼慈濟志工籌募，經郭再源居士協助與政府合作，政府提供工地，2002年7月大愛村開始動工興建。

　　歷時一年的興建，2003年7月18日入厝儀式，8月25日金卡蓮大愛村終於竣工啟用，共1,100戶。紅溪河畔貧民窟的居民，搬進了乾淨明亮的大社區。前一日起，慈濟志工已開始安排居民領取鑰匙等一連串搬遷事宜，還準備了桌椅、床鋪、衣櫃等新家具，以及一些生活必需品，作為給居民們的「入厝禮」。居民遷入時，欣喜感恩之情溢於言表。

　　大愛村以社區整體發展模式進行建設，村內設有學

校、義診中心、活動中心、商店、市場，以及供住民學習一技之長的職訓所。另外，在村內還規劃有教職員、管理中心同仁宿舍，期望從民生、健康及教育等方面，永續照顧居民。

由於社區內9成以上居民信奉伊斯蘭教，因此特別依其信仰，設計了祈禱室與往生大體淨身處理室。也設置手工加工廠，讓大愛村婦女可以賺取一份收入，不需要離開家裡，可以兼顧家庭，做到「安身、安心、安生」。

同時印尼人習慣做小攤生意，除了有固定的店面之外，另外規劃了攤販區。大愛村有清澈的自來水可用，使用後的水回收到污水處理場，供澆花和清洗公共區域。污水處理廠的隔壁是垃圾處理場，垃圾每天集中在此統一收走，可確保環境品質。

大愛中小學的招生對象以村民的子女為主，學生就讀該校，每月學費約美金1.2至3.6元，慈濟還免費提供全新制服、書包、書本及鞋子，並提供獎學金鼓勵大愛村學子努力讀書。居民遷入13天後，7月28日正式舉行大愛屋入厝暨慈濟中小學啟用典禮，曾經在垃圾堆中嬉戲的孩童，

來到社區內的新學校認真學習。

　　慈濟國小是全印尼第一所每日免費提供小學生牛奶的學校，並由人醫會醫護守護孩子們健康，定期進行內科、牙科義診。改善學童營養不良，肺結核治療，及牙齒健康的情況。慈濟國中一、二年級生每週上一節華文課，也在校內推動人文教育。身為基督徒的慈濟國中校長Hudson Pardede說：「校園裡像是國際村般，沒有宗教、種族、國界的區別。」

　　印尼學生家庭環境普遍不好，無法順利就學。像慈濟中小學這樣的環境與設施，與私立學校相差不多，居民搬進大愛村，環境改善，也唯有教育才能真正反轉人生，讓下一代脫貧脫困。

　　大愛村以不到1年的時間，建成了擁有55幢建築，可容納1,000戶人家居住的規模，創下了慈濟海外援助最有效率的新紀錄。如今的大愛村裡，還有慈濟義診中心，再過去的幾棟建築是慈濟幼稚園、小學、初中和高中。不管是老人看病，或是小孩上學，都只是幾步路之遙，守護居民的健康，並附設肺結核傳染病治療。

二、整治計畫

2002年9月中旬，雅加達政府派了5部挖土機，進入溪邊兩岸挖出各式各樣的垃圾；預定遷入大愛村新居的河畔居民，也連月前來和慈濟志工、政府與軍人合作，進行多次大規模清掃。在那之後，雖然河水顏色依舊混濁，但河面漂流著垃圾的情景已不復見，水流的速度也快多了。歷經如此大規模的疏浚後，淤塞多年的紅溪河終於又見水波流動。2002年11月4日，雅加達省政府向市民宣告「治河有成」，在紅溪河上歡喜划龍舟慶祝。

雅加達有13條河流需要整頓，其中紅溪河汙染最多。紅溪河整治工作只是拋磚引玉，慈濟期望透過官方與民間通力合作的整治示範，可以帶動民眾發揮愛心，疏浚其他河川。

三、意義與影響

（一）首次華人佛教團體在首都進行大型長期援助扶困計畫

慈濟在印尼的紅溪河整治以及「五管齊下」計畫，可說是華人和佛教團體首次在雅加達的大型與長期的援助，

這對於印象中華人長期以來都是謀求經濟發展與累積財富，是非常大的翻轉！

（二）化解宗教隔閡

在大愛村中受幫助的災民超過90％都是伊斯蘭教徒，在1998年排華暴動後，慈濟人用愛撫平傷痛，無私付出，創造和諧共榮，產生非常大的正面效應。印尼慈濟在大愛村為居民建設清真寺，以包容來替代對立，以大愛來化解仇恨，在當地伊斯蘭教徒的印尼人心中，留下深刻印象。

（三）化解種族仇恨

印尼史上曾發生過幾次排華暴動，然而本次慈濟華人的善行，已獲得印尼官方的重視與民間的友誼，這對印華社會與族群和解，實具指標性的意義。

（四）創下宗教團體與官方合作之慈善範例

紅溪河整治以「五管齊下」計畫，先由慈濟提供解決方案，透過政府與民間的合作，根治問題，立下印尼官方與民間合作的慈善範例。

（五）帶動行善的社會風氣

慈濟務實的慈善行動與「教富濟貧」的做法，鼓勵了許

多印尼華人和當地愛心企業家，親身投入志工行列且發心捐
款。尤其是透過親自參與賑災、義診、建屋等，讓他們發現
生命的意義與價值。

（六）樹立印尼興建社區的典範模式

印尼慈濟大愛村包含住屋、醫療義診中心、學校、
公共設施等啟用之後，印尼前任總統梅嘉瓦蒂（Megawati
Sukarnoputri）偕同相關部會首長參訪大愛村、大愛國小、
義診中心，並為慈濟大愛村義診中心揭牌。

這位前總統表示，慈濟基金會在短短一年間建成生活
機能完整的大愛村，足以為慈善團體典範，並感謝慈濟的
援印模式，激發了政府與市民良好的合作關係。她也認為
慈濟的大愛文化，帶動了百姓間的互相合作，讓人民重視
鄰里關係、生活環境及資源回收的工作。

雅加達省長蘇提優梭（Sutiyoso）肯定地表示，慈濟
是唯一一個親臨災區的人道援助團體。且進一步表示：
「雅加達像紅溪河一樣需要外界協助的貧民區，還有24
個，政府已規劃好土地遷村，盼各界援引慈濟模式，予以
資助。」

大愛村啟用迄今已將近20年，曾在紅溪河畔垃圾堆上奔跑，後來遷居到大愛村的孩子已經成家立業，大愛村的繁榮更帶動鄰近周邊社區的城鎮發展。當時的義診中心現在已升格成為正式醫院，慈濟學校也因辦學優異，吸引許多並非設籍在大愛村的孩童前來就讀。

　　以「尊重生命、肯定人性」為核心價值的慈善援助和大愛村興建模式，已經成為印尼學習的典範。

貳、南亞海嘯 印尼災區援助

　　2004年12月26日印度洋發生大地震，俗稱南亞大海嘯，於印尼亞齊當地時間上午7點58分，震央位於印尼蘇門答臘島亞齊省（Aceh）西岸160公里，震源深度雖為30公里，但地震規模卻達到了9.1－9.3。地震後不到16分鐘，引發了數波30到50公尺浪高的巨大海嘯，席捲了印度洋沿岸國家地區，主要受災區為印尼亞齊省、泰國布吉島渡假區、斯里蘭卡和印度泰米爾邦。因為正值聖誕連假，許多在沙灘上享受假期的旅客，在海邊工作的民眾被捲到海底，不少人成為失蹤者。總共12個災區國家中，

罹難人數和失蹤人數至少30萬人。

亞齊地區的傷亡尤為慘重，確認往生人數超過二十多萬人，尚有許多失蹤者無法確認。除了人員傷亡之外，海嘯所經之處，硬體建物多夷為平地或殘破不堪。災情之重，令印尼當時總統蘇西洛（Susilo Bambang Yudhoyono）立即宣布為國難。

一、慈濟的援助行動

印尼亞齊大地震海嘯過後，上人立即在臺灣成立全球賑災總指揮中心，啟動「大愛進南亞、真情膚苦難」援助行動。除了印尼慈濟人立即攜帶12噸糧食、醫藥和生活必需品飛往棉蘭，再轉往亞齊災區發放之外，慈濟花蓮本會更組織全球志工團隊分批前往災區進行勘災、糧食發放、義診服務，並規劃中長期安身安心計畫，協助災民度過天災危厄。

南亞海嘯印尼災區救援與重建目標如下：

（一）將大愛送進災後的南亞，以生命的真情膚慰世間的苦難。

（二）以「直接、重點、尊重、務實、及時」五大原則，圓滿賑災工作。

（三）施行基本物資發放、義診醫療、心靈膚慰等具體方案，在初期急難關懷階段，為災民安身與安心。

（四）提供淨水工程，在三個地區建立3,250頂帳篷，帳篷區設有廚房、衛浴，公共用水區等設備。持續醫療照護、心靈膚慰與物資發放，在中期階段為災民安頓身心。

（五）興建大愛永久住屋，完善社區功能與生活補助，提供災民長期重建生活之基礎。

（六）建設教育希望工程，期為孩童之完善教育、社會之人才養成帶來希望。

（七）建立醫療保健中心，期能提供民眾長期健康安全之守護。

為達成上述7項目標，慈濟在賑災計畫的執行上，依災難發生後的幾個不同救援階段，分別執行賑災工作。各階段執行目標分述如下：

（一）初期急難關懷：安身

災難發生的第一時間，慈濟臺灣本會隨即進行災情蒐

集及評估，成立救災指揮與協調中心，策動緊急救援。受災國家主要以基本生活物資發放、義診醫療、心靈膚慰為主，讓突逢大難的災民及孩童，得到最基本的生存支持與溫暖的膚慰。慈濟在棉蘭、亞齊、美拉坡等地，在關懷站發放大米、衣物、民生物資和各項生活必需品，並從棉蘭運送大批藥品至亞齊，提供義診服務。

（二）中期安頓身心：安心

在初期的急難關懷同時，慈濟勘災團隊同時了解災民家庭受災情況、生活及住所需求，規劃生還者及悻存孩童的安頓照顧。此階段的物資發放提供災民維持一段時間生活的主食與民生必需品，並搭設能夠使用一年以上的帳篷，讓災民暫可安身，恢復生機。另一方面，持續駐站義診，贈送藥品或醫材給當地醫療機構，與之建立合作後送機制，將急難義診的災民，轉由當地醫療院所接續長久性照顧。

天災過後，山區水脈因地震移位，沿海地區海水倒灌、積水不退，水質易受到嚴重汙染與破壞，倖存災民的生活受到嚴重影響。評估災區需求之後，設立淨水設施，提供

災民生活用水，以緩解災區公共衛生與傳染病的危機。

　　慈濟在亞齊重災區，搭設3,250頂帳篷，供受災家庭暫時安置，以每戶4人計，受惠人數約1萬4,800人。並設置公共衛浴、義診及活動中心，另外還運送兩臺大型淨水車前往印尼亞齊，供當地災民使用。每月也發放給每個家庭米糧及其他食物，如食油、奶粉及其他乾糧等。除了關懷慈濟帳篷區內的居民，更關懷帳棚區外的其他災區難民，惠及四千二百多個家庭，受惠人數約1萬6,800人。

（三）長期重建生活：安生

　　重建生活階段為長期生活補助、興建大愛永久住屋。以造鎮集村為考量，硬體設施亦含括居民活動中心，並視當地宗教民情需要，設立宗教集會場地。同時，在各地有慈濟分支機構之處，評估將當地部分因災難重創而無法自立的家庭，列為長期關懷與生活補助的對象，持續陪伴受災家庭成員及孩童成長。

　　慈濟在亞齊災區共興建3處大愛村，班達亞齊大愛一村716戶，大亞齊大愛二村850戶，美拉波大愛三村1,134戶，合計2,700戶長期住屋。

（四）教育希望工程

　　於各重災區評估受災損毀學校及孤兒院之重建方案，提供孩童制服、課本、文具等物資，協助重建教室及教學相關設備，期能讓孩童之教育不致中斷，並有良好的學習環境。慈濟在災區亞齊3個大愛村各建有學校，總計3所幼稚園、3所小學、3所初中等校，共收容學生超過5,000名。

（五）醫療保健工程

　　經實地勘查瞭解，災區醫療設備或簡陋或受毀損。為長期保健之考量，慈濟在亞齊每個大愛村皆設有衛生所，協助災民取得應有的醫療資源，讓居住在重建社區中的受災家庭，有基本健康保障。

（六）援助總結

　　除了在印尼災區的援助行動之外，在南亞海嘯所波及的災區國家中，慈濟援助簡要彙整如下：「大愛進南亞、真情膚苦難」援助計畫幫助了印尼、斯里蘭卡、馬來西亞、泰國和巴基斯坦等南亞5國災民及貧民，搭設了5,234頂帳篷，援建了11所學校（印尼、斯里蘭卡），兩國大愛

村共3,297間大愛屋，3萬公噸大米（大米由臺灣行政院農委會捐贈）、1萬4,000條以上毛毯及各項生活物資，並提供了義診及手術服務，至少嘉惠780萬人次以上。

二、意義與影響

（一）印尼近代最大規模的人道援助行動

南亞地震海嘯所造成的傷亡，究其影響規模和往生人數，都屬於歷史性的大災難之一，而印尼當地和全球慈善機構所進行的短中長期援助計畫，都是印尼近代以來最大規模的人道援助行動。

（二）慈濟全球救援行動規模最大

慈濟對南亞海嘯的災後救援與重建，就援助的國家數目、援建大愛村戶數，含括緊急的短期援助、中期和長期階段，還有醫療設施援建、教育援助、淨水設施，以及動員海運、陸運、空運等各方面的人道援助，可謂「規模最大、範圍最廣、援助項目最完整」的慈善行動。

（三）促進社會內部和諧

印尼亞齊有豐富的天然氣資源，也是印尼最早接觸伊

斯蘭教的地區。它具備抗禦外敵入侵的光榮歷史地位，二十多年來激進的民族獨立運動，更使其政治、宗教及軍事衝突不斷。

2004年亞齊省外海的大海嘯，西北沿濱海3公里內的建物，幾乎被連根拔起，陸路橋樑多數毀壞，警消、醫護人員傷亡，公共設備毀損慘重，也造成救援不及。數以萬計浮腫遺體堆積街頭，加上烈日曝曬，空氣瀰漫著腐敗與令人窒息的氣氛，幾為死城。在慈濟進行援助過程中，無論過去是反叛軍或政府軍，只要是災民，就是慈濟援助的對象。

上人為此開示：「人道精神是沒有政治的成分存在，慈濟要救濟的是受災難的人，不論是哪一邊，只要受災就應該收容、提供安居的地方。而當初慈濟人投入關懷、膚慰，無私大愛感動了政府與民眾，這樣溫馨的大愛撫平人人的心，撫平了悲與痛、仇與恨。仇與恨在哪裡？同樣是同胞為何要如此傷害，他們體會到愛與和平的可貴，也為亞齊帶來和平安樂的相處。」

多年來，印尼慈濟人在大愛村帶動環保與「愛灑」，

讓慈濟大愛村成為典範的社區。災民們擁有房屋的所有權，讓世代可以在大愛村安身安生。更有部分居住在大愛村的村民因為深深感受到和平的可貴，也主動成為社區的安全巡守員，共同守護大愛村的平安！

雖然海嘯災難造成的傷亡令人不捨，但是慈濟的大愛跨越政治衝突，使社會得以和諧共榮，這是人道援助帶來的寶貴價值！

（四）促進印尼本地志工參與慈善助人風氣

大災難過後，許多印尼民眾看到慈濟與華人的真心付出，無論是在首都雅加達、棉蘭，以及重災區亞齊等地，當地愛心人士都紛紛投入慈濟慈善志工行列。此次賑災行動對於印尼慈濟志工的本土化，具有階段性發展的意義，以及促進種族融合的深遠影響。

（五）昇華慈善救助的生命意義

亞齊地震造成的悲傷印記，讓印尼當地人士與慈濟志工深刻感受到生命無常與付出助人的可貴。進一步體會生命本為共同體，也昇華了人性價值。

第八節　日本

壹、日本三一一大地震

　　2011年3月11日，看似尋常的午後，在下午2點46分（臺北時間下午1點46分），距離日本宮城縣130公里的太平洋海域，發生規模9.0的世紀強震，隨即引發40.5公尺的海嘯，這是有觀測紀錄以來東瀛第一、全球第五大的地震。東北海岸線，滔天巨浪撲向岸邊，衝破堤防、淹沒港口和農田，一路向內陸挺進，人命、家財在幾秒幾分之間被淘空，其中以岩手、宮城、福島等東北諸縣受損慘重。

　　宮城縣首府仙臺市位於海邊的仙臺機場首當其衝，僅餘一棟航廈頂樓露出水面；茨城縣外海出現一個巨大漩渦，兩艘船隻在漩渦中央載浮載沉；東京羽田、成田機場關閉，日本鐵路全面停駛，電信中斷；各地陸續傳出火警，氣仙沼港口漁船用油槽的烈火，隨漂流木蔓延成一片火海；許多城市形同大型廢棄物回收場。

　　此時，太平洋多個地區，包括俄羅斯、夏威夷、菲律賓、關島等地，也接獲太平洋海嘯預警中心的警報，下午

3點30分，臺灣首次發布海嘯警報，直到傍晚6點40分解除警報，臺灣安然度過了這次災難。根據日本警察廳的報告，短短10天時間（2011年3月21日止），地震海嘯造成的死亡人數已達8,649人，1萬2,877人失蹤，另外還有超過2萬戶房屋全毀或半毀，約32萬人被安置在2,115個臨時避難所。

但，災難並未止於此，另一波災難悄然而至……。

一、核災危機　莫大考驗

約莫兩分鐘的劇烈搖晃，造成地球軸心偏移、日本本州島往東位移2.4公尺，如此強大的威力引發大海嘯，從此改寫了許多人的命運。座落於災區的福島第一核電廠發電系統受到破壞，日本時間3月12日下午3點36分，一號機發生爆炸，輻射外洩，日本政府火速宣布「核能緊急狀態」，緊急疏散福島縣及其周邊約17萬名居民，疏散範圍從原本的3公里，不斷擴大至20公里。三合一的「複合式災難」，世界少見。

地震重災區是日本重要的工業命脈，許多半導體、電

子零件、原物料及重工業都在沿海設廠，工廠紛紛停工，日本股市暴跌，旅遊業重創，這勢必引發全球經濟的骨牌效應。除此之外，東北部也是日本重要的農業區，災後，這些被海嘯席捲過的農田已嚴重鹽化，需要至少5年時間復原。不僅如此，受輻射感染危機影響，日本的出口產品，包括農糧、水產和電子產品等諸多產業，都直接或間接遭受到打擊。

災後百廢待舉，明仁天皇在追悼會上表示：「重建之路雖然不快，但希望能一步一步往前邁進。」一名80歲的老太太回憶，當海嘯襲捲而來，她死命地緊攀窗簷，過了兩天，自衛隊才救下她。人們問她，那兩天她心裡都在想些什麼？老奶奶說：「恐懼跟悲傷。泡在水裡的那兩天，不知道有幾千具的屍體從我身邊流過。」

根據日本政府估計，大地震及其引發的海嘯，對日本造成的經濟損失恐怕超過25兆日圓（新臺幣約9兆元）。「這是日本二戰以來最大的危機。」當時上任不到一年的日本首相菅直人如此形容。

二、急難發放「見舞金」

芮氏規模9.0強震的摧毀力，伴隨而來的大海嘯，以及核能發電廠的輻射污染危機，這複合式的災難讓賑災工作有極高的挑戰性。前往災區沿途偵測輻射塵，是慈濟國際賑災的史無前例。

強震過後第一時間，上人立即與日本分會進行視訊連線，慈濟花蓮本會隨即成立賑災總指揮中心。上人以「天地告急災難起‧齋戒懺悔大願行」，呼籲人人敬天愛地，虔誠懺悔，用更謙卑的態度面對大自然的力量。

11日當天，位在東京新宿的慈濟日本分會立即敞開大門，提供過路人休憩，使用網路設備，讓滯留在日的臺灣旅客留宿。此外，透過外交部，慈濟基金會從3月14日至23日陸續空運了1萬7,000條環保毛毯、1萬條披肩、5,000公斤香積飯，以及其他相關物資。

就在各國紛紛開始撤僑的時刻，災後兩週，慈濟第一梯次賑災團16位志工，在岩手縣議員三浦陽子女士牽引下，帶著10噸救援物資，前進東北重災區岩手縣。慈濟志工沿途偵測輻射值，並戴上N95口罩穿越福島核電廠，

成為第一個前往災區發放的海外非政府組織。志工分別於大船渡市和陸前高田市避難所進行發放，走過一個個收容所，為鄉親披上溫暖的披肩，唱著慈濟歌曲《一家人》，將愛與關懷直接送達，讓鄉親們感動落淚。3月25至27日，共計發放20噸救援物資，包括衛生衣、披肩、毛毯、香積飯、堅果等，嘉惠七千多位災民。

此次發放活動獲得市政府及民眾的信任，間接促成6月9日至12日，慈濟首度在岩手縣「住宅被害見舞金」（慰問金，簡稱「見舞金」）的順利發放。慈濟依據政府發出的「罹災證明書」，提供住家「全壞」、「大規模半壞」和「半壞」居民，依家庭人口數發放日幣3萬、5萬、7萬不等的金額。慈濟是第一個進行發放見舞金的團體，許多日本災民紛紛向慈濟志工表示，這是災後他們領到的第一筆現金。

在東日本大地震關懷期間，慈濟志工不畏艱難千里送愛，祝福東北鄉親將美麗的家園重新建起。長期關懷日本慈濟志業的志工陳金發，在災後24小時就從臺灣飛抵東京，陪伴當地志工展開災後救援行動；而後一整年的時間

裡，他往返臺灣、日本不計其數，甚至在日本的停留時間超過181天，還受到日本政府關心詢問，「是否要辦長期居留證？」

臺灣慈濟志工跨海援助，支援人力不足的日本分會，每一梯次約百位志工中，臺灣占一半；而從第三梯次開始陸續有當地志工投入，讓日本慈濟從第八梯次起獨力承擔見舞金發放。慈濟基金會「東日本大震災」援助行動，自6至12月，完成10梯次見舞金大型發放及郵寄等小型發放。

除了急難物資、見舞金發放外，慈濟也在2011年8月29日，與岩手縣釜石市市長野田武則簽訂合作計畫書，援助該市18所學校學童營養午餐費用，以及市立學校校車營運費用，適時解決市政府經費短缺問題。援助計畫自簽約起到2012年3月底，為三千七百多位學生提供營養午餐及交通補助，補助金額約為1億1,262萬日圓，另外也援助校車運行費用2,625萬日圓。慈濟動員賑災的力量與效率，為當地民眾讚歎，志工的陪伴膚慰與真誠關懷，讓他們重新找到活下去的力量。

貳、三一一是日本國難國殤

　　2012年3月11日下午2點46分，日本東京地鐵數百列列車臨時停駛1分鐘，並廣播請乘客一同默哀；位於銀座的百貨公司鳴鐘11響，並進行1分鐘默哀。2月底，剛動完心臟手術的日皇明仁，即使身軀虛弱，仍堅持抵達東京國立劇場，參加慰靈祭。

　　長達1年的持續陪伴與關懷，受災民眾感受到慈濟的真誠與大愛，而來自臺灣親身參與其間的慈濟志工，更是感謝受災民眾讓他們有機會付出與貢獻。這一年期間，慈濟基金會總共發動志工4,283人次前往災區發放，陸續完成熱食供應、避難所物資發放；並持續往返日本東北災區岩手、宮城、福島3縣25市，至12月4日舉辦第十梯次「見舞金」發放止，慰問金合計發放50億1,642萬元（約新台幣19億1,191萬6,710元），嘉惠9萬6,974戶災民，給予他們重生的勇氣。

第九節　土耳其的敘利亞難民

　　慈濟基金會援助土耳其，始於1999年的大地震，當時慈濟志工前往伊斯坦堡勘災及發放物資，並與當地臺商胡光中合作，在歌覺市（Gölcük）為地震災民蓋了300戶大愛組合屋。

　　2011年初以來，敘利亞內戰不斷，人民紛紛逃往國外，形成數量龐大的難民潮，其中位於敘國北方、兩者國界接壤的土耳其，就收容了兩百多萬的敘利亞難民。土耳其聯絡點從2014年開始投入敘利亞難民關懷，截至2021年5月，協助的難民超過255萬人次，範圍遍及慈善、醫療、教育、人文等志業。這一切，慈濟土耳其負責人胡光中師兄、余自成師兄、周如意師姊3位是靈魂人物，在背後，除了慈濟花蓮本會的支持，還有一股龐大的助力，那就是兩百多位敘利亞籍志工。

壹、滿納海學校 —— 流亡教師與難民子弟

　　敘利亞籍的主麻（Cuma）教授，曾在大學教書，更

是慈濟援助敘利亞難民的靈魂人物之一。自從敘利亞爆發內戰之後，主麻持護照經黎巴嫩，然後到土耳其，更多人則是冒著戰火，用偷渡的方式逃出去。胡光中說：「聯合國難民署和土耳其政府在邊界成立了二十多個難民營，但是80%的難民，會選擇離開難民營到都市去謀生。」主麻很幸運地謀得一職，教土耳其人學阿拉伯語，薪資微薄，但盡力在有限的收入裡，資助他們。無奈杯水車薪，主麻心有餘，力未逮，憂心忡忡，無以復加。

　　胡光中等3人在主麻從旁的協助下，2015年初與土耳其蘇丹加濟市政府、敘利亞難民教師合作成立「滿納海難民學校」，幫助流離失所的孩子們重返校園，除了小學至高中的正規教育，還有假日的成人掃盲班、土耳其文班、阿拉伯文班、《古蘭經》班，6年來嘉惠4,000名敘利亞學生。爾後，2018年11月26日「滿納海國際學校」揭牌啟用，也獲得美國教育機構認證，讓學生擁有可升學的學歷。

　　滿納海學校成立之後，原在家鄉擔任教職的馬木特，經過甄試，順利成為數學老師。星期假日，馬木特還到學

校來，為高三學生加強數學，他盛讚學生都很用功、很優秀。還預言說：「有人可以考上醫學院。」果然不出他所料，考上公立大學的18位學生中，其中有一位歐瑪爾以第二名成績考上伊斯坦堡大學牙醫系。其他還有十來位考上和醫學相關的科系，可說成績斐然。

「所有的老師，都是從顛沛流離，到現在生活安定，所以滿心感激。」馬木特非常感激地說：「我們現在能做的，就是把專業和愛給我們的學生，希望他們將來成為重建敘利亞的尖兵。」

貳、義診中心——敘籍醫師重披白袍 發揮良能

說阿拉伯語的敘利亞難民，聽不懂土耳其語，就醫困難。為了進一步為難民提供醫療服務，慈濟志工從無到有、用了大約一年的時間，在伊斯坦堡的蘇丹加濟市（Sultangazi）市長阿里（Ali Uslanmaz）的協助下，2016年3月7日，在土耳其的慈濟義診中心開幕了！

慈濟義診中心不但看病免費，所有的醫護人員也都是敘利亞難民，溝通沒有問題。啟用不到3個月，已有超過

1萬人次前往看診，其中以家醫科和兒科占大多數。

小兒科醫師穆罕默德・阿布都拉（Dr. Muhamed Abdulla），原是敘利亞紅新月會（Red Crescent Society）主任，也是阿勒波（Aleppo）孤兒中心的負責人。他有自己的醫院和豪宅，但是刀兵一起，為了保住一條命逃到土耳其，當知道慈濟在招聘醫師時，他把履歷交給主麻，再三請託：「千萬不要忘了我喔！」

阿布都拉在義診中心還巧遇了他以前的病人，25歲的阿曼帶著他5個月大的兒子來看病。他鄉相遇，兩人相擁而泣。「你爸爸小時候就是我的病人，娃娃你要健康長大，我們一起回敘利亞去！」阿布都拉把孩子舉得高高的，百感交集地說。

胖胖的家醫科醫師卡薩，不願回想過去在敘利亞的往事，龐大的家產已經灰飛煙滅，來到土耳其，曾落得排隊領救濟物資。他說：「我感恩慈濟，讓我重披白袍，找回尊嚴；我的孩子得以上學，不必再去工廠打工。」

雖然病人很多，卡薩醫師看診的時間很長、很累，但是能為同胞服務，他很快樂。他跟胡光中說：「我要緊緊

抓住慈濟，就算你們要把我踢開，我也會抓住你們的腳，死命不放。」人生無常，卡薩醫師在2019年2月19日清晨，因為心臟宿疾過世。他的大體被送回敘利亞，但卻是躺著回去的，令人唏噓！

參、急難救助站——無畏布施 只為落難鄉親

在慈濟義診中心對面，有一個慈濟急難救助站，是提供敘利亞難民緊急救援的地方。每週二、四、六接受申請，每次都有50人以上來求援。來者有些是新難民，有些是舊難民，臨時發生變故，也會來求助。急難救助站用電腦作業，每個個案家庭紀錄非常翔實。求助者提報之後，慈濟會請志工先去家訪，填寫詳細報告，再進行一套縝密的計算公式的評估，最後的案件，會請主麻簽字。

「很多難民住在恐怖份子的大本營區，那裡有伊斯蘭國分子、庫德工人黨……，一般人聞之色變，不敢進去。但是房租便宜，難民只好硬著頭皮住進去。」胡光中說：「我們4位志工去送床墊和毛毯時，就曾被歹徒團團圍住。」

義診中心剛開始的掛號和病歷都用手寫，一年已不堪負荷。有科技公司來招攬改用電腦系統管理，開價6,000美元。青年志工當中，有位電腦高手巴塞爾悄悄跟胡光中說：「別聽他們的，我來做！」

　　巴塞爾一個人日夜加班，埋頭苦幹，果然不到20天，把掛號、叫號、病歷系統，統統完成。主麻和胡光中要他把加班費收下來，巴塞爾笑笑收下後，說：「我要捐出來。」巴塞爾先後也完成慈善發放和教育系統的設計程式，更是常常通宵趕工。

肆、疫情肆虐下──助人比金錢更珍貴

　　新冠肺炎肆虐期間，慈濟辦公室也因禁令停止開放。敘利亞難民連「黑工」都沒得打，許多人家陷入生計無著，苦不堪言。

　　志工阿布艾萊說：「一位婦女在街上攔下我，說她有一個剛滿月的女嬰，但是沒有奶水哺育，也沒有錢買奶粉，怎麼辦？」她哭著把嬰兒給阿布艾萊，說：「請接受這個孩子吧！找有能力的人照顧她……。」

阿布艾萊回家時哭了很久，因為他實在無能為力。那一天，主麻打電話給他，將為受新冠肺炎疫情影響的人家，提供一次緊急援助，每戶10張購物卡（約2,200臺幣）。他喜出望外，開始和有關的人聯繫，消息一出，有兩千多戶人家受到幫助。阿布艾萊說：「事後我又哭了很久，但這次是快樂的眼淚。」

　　內戰之前，阿布艾萊是阿勒波的工廠老闆，他說：「賺錢是我最大的興趣。」但是到慈濟工作之後，他發現有比金錢更重要、更珍貴的東西，那就是「助人」。他把義診中心管理得井井有條，慈善發放、小朋友打預防針……只要有他在，萬事都OK。

伍、拔除心中的恨 種下愛

　　晚上8點，志工余自成悄悄地走上滿納海學校5樓，教師休息室旁的小禮拜堂，暗暗的，但是明顯有許多人在進行宵禮，也聽到此起彼落的啜泣聲。禮拜結束，大家紅著眼眶走出來。為祖國多難、家破人亡在哭，為受到慈濟幫助，心存感激在哭……

「我們有很多人，在子夜的時候起來禮拜，虔誠祈求真主阿拉，賜福給上人、賜福給全球的慈濟人。」主麻說：「我們不能做什麼，只能這樣虔誠祈福了。」

六年多來，慈濟幫助了敘利亞難民超過255萬人次，受到土耳其政府、聯合國、歐盟的肯定。區區3位臺灣志工，魔術般地完成這種「不可能的任務」，其實背後那股強而有力的難民志工群，也是功不可沒。

「拔除心中的恨，種下愛」，在烽火邊緣，劫後餘生的敘利亞志工，遇見慈濟的桃花源，終於有了救贖，有了明天的希望。

（附註：以上教師、醫護人員及行政人員，皆領有「以工代賑」的合理薪資，除本職之外，他們積極參與志工工作，無怨無悔無所求。）

第十節　美洲

　　1989年臺灣的慈濟種子在美國落地生根。截至2020年，慈濟志工已在美國累積了31年慈善工作與人道援助的大愛足跡。31年期間，慈濟志業不但在美國當地持續推廣，還延伸到中南美洲的許多國家。

　　慈濟美國總會地處北美洲，因地緣關係，除了主導鄰近地區的跨國援助計畫，也包括參與中南美洲許多國家的賑災及義診活動。美國人醫會在中南美洲一些缺水缺電的簡陋災區義診，克服險惡的環境，不但為災民解除病苦，也進行家訪的關懷工作。而在美國本土，美國的醫療團隊自1993年至今，已為67萬多名病患提供不同科別的醫療服務。

壹、美國境內急難救助

　　每一個賑災任務的背後，是許多學習的過程與經驗的累積。在哈維颶風之後，從急難發放到中長期復原計畫，它顯示的不僅是慈濟志工對災民的付出，更有慈濟救災的

人道精神考量，與救災方式的人文精神。1994年發生的北嶺大地震，美國慈濟志工進行了首次的勘災工作，以及2005年卡崔娜颶風賑災之後，慈濟首次發放「現值卡」，讓災民們所受到的援助能更務實與及時。也讓賑災發放的過程，更有時效。

一、北嶺地震 首次勘災

北嶺（Northridge）大地震是美國慈濟歷史上首次的急難勘災與賑災。

1994年1月17日清晨4時31分，在洛杉磯地區發生芮氏規模6.7的北嶺地震，造成大約有一萬一千多間房屋倒塌，高速公路斷裂、建物損毀，煤氣、自來水管爆裂，電訊中斷，火災四起，58人死亡，損失三百多億美元。

地震後不到半小時，慈濟志工辜思浩就接到當年慈濟美國分會執行長黃思賢的電話：「大地震了！我們要趕快去北嶺地方關懷。」掛下電話，黃思賢和陳健、潘鳴以及顏秋雄、辜思浩等一行人，分頭準備物資，攜帶了蒸餾水和食物，深入災區，緊急發放給災民。第二天，又協調

二十多位志工前往受到重創的嶺門（Ridgegate）社區，進行緊急勘災，在慈濟志工數度深入災區實勘後，擇定以震央附近的聖塔克拉瑞塔市（Santa Clarita）為重點救災區，並計畫幫助災民整理家園。志工團隊謹記「直接、重點、尊重、效率」的慈濟救災原則，連續多天進行緊急勘災，並擬定後續的發放工作。

2月5日慈濟義診中心派出醫療團隊前往為災區進行義診，及發放生活日用品，並在災區設置洗澡車供災民使用。

二、傷痛無法抹滅的美國九一一

2001年9月11日，發生在美國東部的一系列自殺式恐怖攻擊，是自1944年10月日本向美國拋下「風船炸彈」以來，美國本土第二次遭受來自空中的襲擊，也是繼珍珠港事件後，歷史上第二次外國勢力在美國本土造成慘重傷亡。這次九一一事件造成2,749人死亡或失蹤，超過珍珠港事件。

當天早晨，19名蓋達（Al-Qaeda）組織恐怖分子共劫

持4架民航客機，劫持者故意讓其中兩架飛機分別衝撞紐約世界貿易中心雙塔，造成飛機上的所有人和在建築物中許多人死亡；兩座建築均在兩小時內倒塌，並導致臨近的其他建築被摧毀或損壞。劫機者又迫使第三架飛機撞向位於維吉尼亞州阿靈頓郡的五角大廈，此一襲擊地點臨近華盛頓特區。劫機者控制的第四架飛機飛向華盛頓特區後，部分乘客和機組人員試圖奪回飛機控制權，最終第四架飛機在賓夕法尼亞州桑莫塞郡的鄉村墜毀，4架飛機上均無人生還。

911恐怖攻擊事件發生之時，美國總會剛成立兩個多月，當時美國主流社會還不熟悉慈濟，慈濟人無法參與官方的救災行動，當年的執行長曹惟宗飛到紐約坐鎮指揮賑災任務，副執行長葛濟捨奉命留守總會待命，在紐約、總會及臺灣之間居中協調，三方志工互通聲息，由葛濟捨回報上人並取得指示，協助前線志工處理美國史無前例的大災難！

紐約人醫會牙醫師林慧如以醫療人員身分進入災區現場，得知打火救災的消防人員，受限於火場熾熱、灰塵蔽

天，喝的又是曬熱的水，使得救災工作難上又難。林慧如立刻通知等在封鎖線外的慈濟人，快速張羅，經救世軍（The Salvation Army）同意，讓慈濟人掛上他們的旗幟，進入災區第一現場。

後來政府成立救災服務中心，慈濟被推薦參與服務受難者家屬的工作，曹惟宗有機會巡視會場，觀察主流慈善單位提供何種服務，發現有的發代幣給受災者搭巴士或洗衣服，有人發尿布，也有人為受難人禱告，但是沒有人發放現金。

當曹惟宗向主辦單位表示「慈濟可以發放現金」，大家最初都投以懷疑的眼光，直到主辦單位送來一位抱著嬰兒的婦女，她成功請領美金500元救濟金，這才取得信任。

九一一事件受災人數近萬，上人慈示：「不管是家人往生或重傷者，通通發給1,000元慰問金。」也就是總共要發放1,000萬美金。上人進一步慈示：「正因為他們是有錢人，剎那間變得一無所有，才需要發放慰問金讓他們應急。」上人的睿智幫助了3,000戶受災家庭，發揮了應

急的作用，也讓許多團體和個人首次認識了慈濟。

「來申請的人，除了原本就貧窮的人、因災變而失業者、外裔人士外，也有律師、財務公司副總經理。幾天後，不但有人把1,000元歸還，甚至還另外再捐款。這不正是上人所說的『教富』嗎！」葛濟捨提到。

原本，慈濟沒有服務點，暫時附屬在救世軍的服務站，開始發放現金後，紅十字會讓出了正中間的大位置，以容納那些排隊等候救援的人，這時，大家才逐漸認識穿著「藍天白雲」的志工。當時進入管制區的志工都需要通行證，通行證每日變換不同顏色，避免閒雜人等進入；慈濟發放行動開始後，「藍天白雲」儼然成為另一張通行證。

早年的勸募資料都是人力手寫，九一一事件發生後，捐款踴躍，登記和收據都靠人力一筆筆書寫，不僅工作人員緊張忙碌，捐款者也必須耗時排隊等候，電腦升級的行動刻不容緩。正因為九一一救災初試啼聲，美國總會志業管理中心的業務量迅速成長，各項工作健全後，曹惟宗隨即建立了電腦勸募系統。一年後，第一代電腦升級，總算追上日新月異的科技；2003年，第二代電腦再次升級，以

因應業務所需。

在國會聽證會上，有受援者提到九一一救災期間的經歷，大部分慈善機構對申請者問了又問，表格填了一張又一張，家庭背景、收入狀況全都列入調查，最後只被告知：「回家等消息」，從此石沈大海。唯有慈濟發放現金時，沒有詢問太多細節，當天就可以拿到支票。

這個聽證會給了慈濟大大的肯定，但還不是進入主流緊急救難慈善組織的鑰匙。

三、一人一善（1013）愛灑人間

在這段期間，美國總會設立電話專線，為臺灣民眾協尋在紐約的家屬，西雅圖支會提供會所，安頓因班機停飛而無法返臺的留學生，其他地區的慈濟志工分別以捐血或捐款等方式，盡心盡力。

災後，上人一再提醒：「驚世的災難，要有警世的覺悟。」10月3日，新澤西（New Jersey）雪松林市（Cedar Grove）為九一一受難者舉行聯合宗教祈福晚會，慈濟新澤西分會是第一個受邀的佛教團體，從此延續每年的感恩

節宗教聯合祈福會，讓佛教慈濟走入西方宗教主流中。10月13日，慈濟基金會進一步發起全球「一人一善離災難，愛灑人間植福田」的募心運動，包括九一一的罹難家屬、宗教人士、警界、消防人員代表及騎士橋（Knightsbridge）國際救援組織成員，共三百餘人參加。

新澤西志工承接大會工作，完成第一次連線任務，為美國與臺灣同步視訊連線創下里程碑。志工於上午9時11分，在新澤西自由州立公園與全球慈濟人同步敲響和平鐘。之後，來賓代表，在自由科學中心的追思會上，表達對慈濟的感謝。祈福會結束，志工陪伴家屬搭船前往世貿現場的觀望平臺，默哀祈禱。同日，「一人一善 愛灑茶會」運動正式在全球各社區展開，希望藉由持續不斷的「愛灑」，讓愛的種子散播各地，打破各種族宗教的隔閡，讓世界永遠和平。

經驗得知，如九一一事件這種「土法煉鋼」的救災方式，在美國是行不通的。有人建議慈濟，要加入美國援外非政府組織（Inter Action）以及美國急難援助志工組織（National VOID），派員參加他們的月會或年會，事前做

好救災籌備及協調工作，了解救災的程序和步驟，而不是直接衝到現場，不得其門而入。

2005年的卡崔娜颶風，是美國有史以來最嚴重的風災，對慈濟而言，不僅又是一大挑戰，更是重大的轉折。卡崔娜颶風幾乎摧毀了紐奧良整座城市，受災民眾全被撤出，分配到北加州、德州、波士頓及拉斯維加斯等地，第一波發放行動在德州的休士頓（Huston）及達拉斯舉行。

當時慈濟還不是美國急難援助志工組織成員，全球志工總督導黃思賢和曹惟宗親自到休士頓、達拉斯督陣，想要賑災卻被拒於門外。

葛濟捨仍在美國總會做後勤支援，慈濟雖然累積了很多國際賑災經驗，面對美國本土的災難，想要參與卻相當艱難。後來，在德州一個小鎮終於有了突破，可以進行賑災發放工作，於是趕緊派遣義診中心的大愛巡迴醫療車，從洛杉磯開了兩天兩夜，到小鎮為受災民眾看病看牙。

然而，整個賑災過程卻非常辛苦，在慈濟未被允許進場之前，達拉斯負責人凌源良向負責單位表示：「慈濟願意提供賑災所需。」對方提出需要幾百張行軍床，凌源良

答應後，對方卻說不用了；再過幾天，又接到電話，限定幾點幾分以前要送去幾百份熱騰騰的午飯，凌源良發動志工準時送便當到會場，才打開了達拉斯賑災行動的大門。

卡崔娜颶風救災行動後，慈濟人痛定思痛，於2006年同時加入美國援外非政府組織以及美國急難援助志工組織，成為會員，成功進入主流社會的急難救助系統。

四、卡崔娜颶風 賑災重大里程碑

2005年8月25日一場被稱為「美國大海嘯災情」的5級颶風卡崔娜（Katrina）登陸美國，「爵士樂聖城」紐奧良（New Orleans）8成區域泡水，州長宣布棄城，災民被安置於外州。

不過收容中心門禁森嚴，未取得政府許可不得進入。最後因政府人員戴薇絲（Gaytha Davis）居中協調，志工得以和副市長宓蓋茲（Ramon Miguez）會面，並取得許可。終於，慈濟的全力救災感動了地方政府，2006年8月29日，慈濟達拉斯支會受邀參加德州急難管理局（Federal Emergency Management Agency，FEMA）慈善團體協調會

議，成為當地政府緊急救援組織一員。從此之後，達拉斯支會可在災難發生時，第一時間獲得災情資訊，例如災民名單等，即時提供援助。然而，災難發生時，評估災區受損程度，以及如何真正有效幫助災民，考驗著慈濟人的智慧。

卡崔娜風災後，慈濟志工進入休士頓、達拉斯和波蒙特等收容中心，瞭解災民需求，發放應急慰問金、現金支票，然而災區銀行運作停擺，災民無法兌換現金支票，發放現金又有安全顧慮，因此慈濟向沃爾瑪公司（Walmart Inc.）連鎖超商採購物資兌換卡。

10月15日首次發放「物資兌換卡」。受災戶中，也包括警消人員，但是他們仍堅守工作崗位，德州分會勘災後，決定幫助傑佛森郡（Jefferson County）波蒙特市（Beaumont）1,393位警消家庭，率先提供每戶300元物資兌換卡及醫藥包。聯邦檢察長布里特・費瑟斯頓（Brit Featherston）在警消人員發放現場致詞時表示：「你們來的正是時候，就像是天使，到這裡幫助第一線救災人員。」警察萊恩領取到現值卡，感動滿滿；此刻他雖然是累壞

了，但逐漸恢復信心。

之後，11月18至22日，賑濟範圍拓展至密西西比州
（Mississippi）5個沿海城鎮，發放現值卡與醫療包，嘉惠
四千多戶、一萬二千多人。當地ABC電視臺新聞報導，
形容慈濟的發放為當地寫下歷史性的時刻。2005年9月4
日起，至2006年2月11日，慈濟總計動員逾1,000人次志
工，服務區域達13州、73個點援助發放。

卡崔娜風災賑災所使用的「物資兌換卡」，是慈濟賑
災史上的創舉。為了讓「物資兌換卡」更符合現實狀況
的需要，慈濟與銀行合作，進一步發行「慈濟現值卡」，
可憑卡向該銀行往來的任何商店購買生活物資。「物資兌
換卡」共發放1萬2,065戶，「現金支票」5,623戶，「慈濟
現值卡」4,799戶，發放總金額超過470萬美元，超過2萬
4,000戶家庭受惠。

「現值卡」的發行，在各項急難救助中，扮演了關鍵
的角色和重要的功能。在2005年現值卡發行之前，如：
2001年九一一恐怖攻擊、2003年的加州大火等，所有的急
難救助金都是以「支票」的形式進行發放。

然而，慈善和賑災像是一條無止盡的路，挑戰永遠伴隨著災難而來……。

　　在美國境內，2005年「卡崔娜颶風」之後，緊接著2008「愛荷華大水」、「南加州林火」、2012年「桑迪風災」、2016年「路易斯安納州大水」、2017年「哈維風災」、「瑪莉亞颶風」，到2018年「佛羅倫斯颶風」、「麥克颶風」、「坎普山火」……。在中南美洲，也是天災連連，2010年「海地大地震」和「智利大地震」、2011年「宏都拉斯大水」、2014年「海地北部大水」到2016年「厄瓜多大地震」和「馬修颶風」重創海地，2017年「墨西哥大地震」……。越來越多的天災，在在考驗慈濟志工的耐力與毅力。

貳、一災多國受難 跨國援助

　　2017年8月17日至9月2日，4級強烈颶風「哈維」（Harvey）襲擊美國南部，包括德州（Texas）、路易斯安那州（Louisiana）等地區，由於帶來大量雨水，在美國南部沿海一帶造成重大災害。這是德州近56年來最強烈風

暴，4級颶風哈維於2017年8月25日登陸，在南部沿海造成嚴重破壞，臨海的美國第四大都會區休士頓，更因海水倒灌、市區河水暴漲，而出現大規模淹水。

慈濟花蓮本會、美國總會、德州分會於第一時間成立賑災協調中心，由於受災面積甚大，災區與發放的地點也多，美國調度全美各地的志工，來參與賑災發放，同時邀約各分會執行長來負責統籌各災區的發放。

哈維颶風橫掃，有230萬人口的休士頓成為水鄉澤國，同在德州位於北方約389公里的大城達拉斯（Dallas），政府開設收容中心，接納來自休士頓的撤離民眾。位於達拉斯市中心最大的收容中心（Kay Baily Hutchinson Convention Center），可收容五千多人，向慈濟請求提供禦寒物品；慈濟達拉斯分會迅速提供2,800條環保毛毯。

當志工將上百箱毛毯送達收容中心時，紅十字會和市府工作人員還記得10年前古斯塔颶風、艾克颶風造成災難，也是達拉斯慈濟人來到收容所關懷。在工作人員、警消人員協助下，慈濟志工把握時間，一一在行軍床上放置

毛毯，讓撤離民眾在此安全度過風雨。

慈濟花蓮本會迅速聯繫，空運4公噸香積飯前往美國，休士頓志工雖然自身亦受災，與來自紐約、長島、新澤西、舊金山、洛杉磯等地志工會合展開勘災。水患災區廣大，志工針對災情嚴重、缺乏援助的地區深入了解亟需的援助；經過連日勘災後，於9月9日首次進行3場現值卡發放。

截至9月21日，志工已展開12場、逾5,000戶物資發放。援助的受災戶中有許多非法移民，住家泡水損壞還得繼續支付房租，災後無法獲得政府補助，休士頓綠點區（Greenspoint）便是其中之一。

綠點區是一個擁有5,000戶中低收入戶的出租公寓區，居民普遍是藍領勞工階級；水患造成約600戶受災嚴重，其中許多是墨西哥裔及非裔非法移民，原本就困頓的生活，更加遭到重創。慈濟志工前往勘訪，並於9月10日展開發放。

清晨6點，就有居民早早來排隊等待。兩百多戶受災民眾帶著發放通知單前來，依照家庭人口數，領取400到

800美元不等的現值卡。當看見收到的物資包含可以購買民生用品的現值卡，在異鄉求助無門的弱勢族裔，忍不住感動而落淚。居民莎拉說：「我是個有福氣的人，我這麼想哭，是因為慈濟來幫助我，這是歡喜而不是悲傷的淚水。」

許多人本來半信半疑，甚至帶有些許防衛心理，但是在與志工互動下迅速破冰。受災居民柯斯登絲說：「我完全沒想到會領到現值卡，原本以為只是給一些食物或是衣服；這真的幫我們很大的忙，而且不是來自政府，是一般人的點滴捐款，真的很了不起。」

有一次，志工一字排開，與受災民眾一對一確認身分，加速現值卡領取速度；也在等待卡片開通的過程，傾聽陪伴，安住民眾的心，緊握雙手傳遞愛的溫度。受災戶威利，聽到志工分享這些物資是來自全球善心人士的點滴愛心，立刻跑回家，把家裡尚存的小豬存錢筒捐出來，並寫上「謝謝你們！」

為援助休士頓受災民眾，從美國西岸到東岸，慈濟志工在街頭超過200個定點募心募愛；除了美國本土，遠在

南美洲厄瓜多的本土慈濟志工，更是於全球首先響應救災行動。

　　哈維颶風8月25日、8月30日兩度登陸德州，豪大雨造成休士頓市嚴重水患，超過80人死亡、26萬8千棟房屋毀損，50萬人在FEMA（聯邦緊急事務管理署）登記需要幫助。慈濟人趕赴越南裔社區、列治文、羅森堡、波蒙特、亞瑟港、拉格蘭奇、綠點區、迪金森市、華頓市等地區，12場發放致贈5,522戶現值卡與環保毛毯等物資，受惠人數1萬3,346人，義診322人次；社區關懷50戶，清掃13戶。

　　然一波未平一波又起，颶風、地震再襲！

　　8月30日至9月14日，五級強烈颶風艾瑪（Irma）侵襲美國南海岸，由於登陸位置比較偏東，重創佛羅里達州邁阿密周邊地區。這個時候，哈維賑災尚未結束，但是艾瑪颶風災情亦是十分嚴重，當地志工對於賑災與發放的經驗比較有限。於是，原被徵招參與哈維賑災的分會執行長陳佳昇（濟弘），重新被指派前往邁阿密協助艾瑪賑災，帶著當地志工展開賑災工作。

屋漏偏逢連夜雨，9月16日，五級超強颶風瑪莉（Maria）席捲墨西哥灣，重創波多黎各，美國聯邦政府與總統都表示關心並且採取行動。隔日9月17日，墨西哥發生規模7.1地震，震央在首都墨西哥市南邊，造成很大損傷。3個颶風賑災、勘災尚在進行中，人力吃緊，美國依然緊急調度有經驗的志工，思賢居士、慮瑢師姊前往墨西哥勘災，哈維賑災工作則由休士頓當地志工學習承擔，並訂定日後發放的日程與方式。

參、新冠肺炎疫情大流行

自2019年底起，新冠肺炎（COVID-19）大流行，嚴重打擊全球211個國家，身處全球最重災區，全美慈濟人號召社區及主流投入這場空前挑戰抗疫，募心募款採購個人防疫物資，提供給醫護警消等第一線工作人員，並向街友、耆老及無證件移民等弱勢群體提供防疫捐助。

面對逐日失控的疫情，慈濟臺灣本會作為後盾，積極協助慈濟美國總會及醫療基金會採購外科口罩、N95口罩、防護服、隔離服、護目鏡、護面罩、手套及洗手液等

個人防疫物資，責成慈濟美國醫療基金會負責採購及運輸事項，務求在貨運抵美後，用最快的速度提供全美各主流醫療機構抗疫。

早在 2020 年 1 月 25 日，美國慈濟基金會已觀察到疫情失控的跡象，疫情延燒刻不容緩，立即召開會議，討論募款採購防疫物資的工作推進，並決定緊急撥出善款作採買防疫物資之用。

鑑於當時中國嚴重的新冠肺炎疫情，並考慮到醫院前線的巨大需求，慈濟美國醫療基金會在 2 月 7 日、14 日及 25 日運送 3 批防疫物資到中國，惟當時主流當局已意識到疫情將會波及全美，開始管制防疫物資的出口，增加了採購的難度。

美國醫療基金會執行長葛濟捨循線，通過中國在美的學者專家及醫師教授等的大力協助，順利在美採購到防疫物資，無奈卻受制於種種規章的限制，不得其門而入，運送的過程困難重重，當時中國方面能夠接受國外物資的只有中華紅十字會及中華慈善總會兩個單位，所幸慈濟與中華慈善總會互動良好，才得以運送物資進中國大陸。

然而，中國的政策改變，要求的證照更嚴挌，導致第三批防疫物資未能送出，中國的疫情就得到控制；前兩批防疫物資總共捐贈了9,600枚口罩、1,560枚N95口罩、521副安全護目鏡及90組標準防護服包，供應給中國重災區的醫院前線工作人員。

　　始料未及的是，詭異的新冠病毒竟調過頭來進攻美國，因為美國當局的反應稍嫌遲緩，導致疫情瞬間擴散。美國慈濟人的口罩採購運輸工作必須調轉方向，改從中國大陸採購運回美國抗疫。

　　所幸美國慈濟曾在17年前經歷SARS，已有採購口罩的經驗，較能夠沉穩應變，及時邀約到很多大陸留學生、教授協助募捐採買防疫物資，熱情的協助給了慈濟一個好的開始；然而，新冠病毒瞬息萬變，倍增慈濟人採購運輸的挑戰。

　　3月初起，美國疫情開始嚴重，市面上一「罩」難求，各州政府紛紛要求居家隔離避免傳染，全美國有錢買不到口罩。慈濟醫療基金會執行長葛濟捨開始布局向中國採購，採購過程遭遇諸多變數，每天都在接受考驗：「由

於疫情的迅速發展，採購個人防護物資相對困難。一路走來，感恩各界專業人士提供各種辦法採購防疫物資，否則慈濟將無法完成任務。最大的挑戰是，即使已下訂單，我們也要對可能發生的意外情況保持警惕，例如取消訂單、延誤訂單或減少訂單中的項目數量。」

採購初期曾接觸一家貌似可靠的口罩供應商，號稱：「現貨4,000，先付押金先得」，但是廠家「拒絕驗貨」，只允許視訊提貨，團隊考慮之後忍痛割愛、果斷放棄。負責協調採購的志工孫慈喜表示：「現在採購口罩等防疫物資非常困難，網路上的防疫物資有許多虛假信息，某些廣告上的口罩根本不符合醫療標準。所有參與的志工都在與中國的FDA合格製造商聯繫，每個人都在努力不懈地為採購防疫物資而努力。」

然而，即使加倍謹慎買到合格口罩，還是曾遭遇過談好的口罩不翼而飛，只得到廠家淡然一句：「沒有了」，嚇得慈濟志工花容失色，再三追問方知，N95作為國家管控物資，讓採購行動難上加難。

採購行動的最高挑戰是「廠商有口罩，進口沒把

握」，中國貨源很多，不是每家合規格，即使合了規格，但不能保證運抵美國，負責採購的志工天天過著擔心受怕的日子，每次電話鈴響都可能是另一個狀況又發生了。

完成採購後，運輸又是另一個難關，由於中國政策一變再變，要求的證照一改再改，增加了出關的難度，必須找一個經驗豐富的報關行協助出入關。此外，「爆倉」也會造成延誤出貨，因為要出口貨物太多，經常有爆倉的情況，所有的貨物都要排隊進倉，即便能運進倉庫，也不一定有空間可以上飛機，造成貨物卡在深圳或其它港口，無法順利出貨。

所幸在千難萬難之間，一路走來都有菩薩湧現。在中國方面，有學者專家為慈濟介紹合格廠家，有熱心人士到工廠監工驗貨，保證防疫物資的質與量，又有慈濟志工及工廠員工們加班趕貨，商借倉庫儲存等著上飛機，有時還要連夜搬貨上貨櫃車。

在口罩青黃不接之時，美國慈濟人卯足勁運用各自資源勸募口罩，各地善心大德以高價買下口罩捐給慈濟，全球志工總督導黃思賢向鄰居募了3萬口罩救急。拉斯維加

斯5位榮董及委員出錢出力，募捐2萬4,000個口罩，歷經採購及運輸考驗，終於成功登陸美國，就連臺灣本會宗教處協調運輸，同時全球各地手上有的個人防護用具（PPE）運送給美國。

慈濟美國基金會的採購運輸總算順利，不足之處只是延遲交貨。接下來的工作是物資的分配，慈濟團隊設計了一個「許願單」（wish list）系統，請求各地志工發送給各醫療機構填寫，主要是了解各單位之每日所需，然後再依據各筆「請願單」的內容作評估，截至2020年4月25日為止，慈濟收到391筆「許願單」，無論大小，都經過慈濟人仔細過目及正確判斷，期許能提供適時適量的防疫物資。

運抵美國的口罩供不應求，求助電話聲聲催，志工用筆紀錄每一個請託。有一位醫生一週內重複使用一個N95，前線工作疲憊不堪，悲觀到連遺囑都已寫好……由於申請物資日多，慈濟美國醫療基金會與時間賽跑，決定於3月31日起，設立捐贈站定點發放，鼓勵使用線上表格申請，加速捐贈流程。

醫療執行長葛濟捨分析，美國疫情預計4月會是高原期，而且不知道要持續多久。美國幅員寬廣，如果各地不能嚴格封鎖，病毒就會外溢，就像紐約疫情往南往北往西擴散，屆時可能會在其他城市出現像紐約一般嚴重的疫情，如此，高原期就會拉長拉遠，可能拖到5月底或者6月底，甚至更久。

　　由於新冠肺炎死亡率在2－5％，所以有了「重複感染」的機會，成為高傳染性的病毒，可能會大大延長疫情時間，拖到1至2年也有可能。過去發生的「西班牙流感」曾經拖了3年，如何應變是當務之急。雖然美國疫情居全球之冠，現在看似悽慘，但還不是最慘，最讓人憂心的是萬一病毒大幅度流行到中南美洲和非洲，未來還有一場硬戰，因為中南美洲和非洲的財力及醫療環境遠不如美國，恐怕一發不可收拾，美國慈濟已經進入長期抗疫及救災的準備。

肆、美國慈濟志工援助中南美

　　美國慈濟志工前往中南美洲勘災，多是透過當地的臺

商或者是志工們，輾轉介紹、聯絡駐外單位請求協助，或有當地人士熱心投入的因緣，經評估安全無虞後，開始著手進行勘災、賑災等工作。勘災團進入災區後，盡速蒐集現場情況及實際需求等資料，完整彙報本會，並召開緊急賑災會議，商討後續援助方案。

一、1998情牽中美洲「衣」靠有情人

1998年9、10月間，喬治颶風（Georges）和密契颶風（Mitch）接連重創加勒比海和中美洲諸國，引發的水災和土石流，造成數萬人死傷的慘劇。正當慈濟人密切關注、蒐集災情，準備隨時提供必要協助時，臺灣外交部邀約包括慈濟等國內6個民間慈善團體，於10月中旬前往勘災。

經探查後，由美國和臺灣慈濟人組成的勘災小組擇定多明尼加（Dominicana）作為慈濟的賑災重點國；在此同時，另一組慈濟人亦於11月中旬完成宏都拉斯（Honduras）勘災，評估決定以全國半數人口集中的首都德古斯加巴（Tegucigalpa）為首要援助點。

賑災期間，有大使館官員及當地臺商、華人的全力

協助；與國際慈善組織並肩合作交流訊息、避免資源重疊。慈濟美國義診中心提供勘災小組資訊，配合支援快速採購；美國分會發起健行募款—「一二一二，愛心齊步走」；臺灣發起「賑濟中美洲，『衣』靠有情人」全省募衣活動⋯⋯寫下了一幕幕動人的篇章。

全球慈濟人都動了起來，臺灣慈濟人為受災民眾募集二手衣，獲得民眾熱烈響應，9天內募集超過300萬件衣物。共有5萬人次投入分類、摺疊、縫補、熨燙、裝箱的整理行列，希望用最體貼與尊重的態度捐贈這批衣物。萬萬沒想到的是，美國慈濟人將其中十幾個貨櫃舊衣服運抵宏都拉斯，竟遭到拒絕。

深入了解後才知道，原來是宏都拉斯政府擔心二手衣會影響當地的成衣市場，因此扣在海關不肯放行。所幸有臺灣大使館及臺商張鴻才熱心協助，部分貨櫃才得以出關，另一大部分則轉贈瓜地馬拉、薩爾瓦多、尼加拉瓜、多明尼加和海地。這些衣物經過志工們的用心整燙及包裝，完好無缺地送到災區，受災民眾意外收到這麼好的衣物，許多人忍不住淚灑衣衫。

宏都拉斯自1821年獨立至今，多次政變，阮囊羞澀的國庫大多用以支付政變的軍事行動，無暇兼顧民生建設；政府雖曾採行一連串經濟復甦措施，但始終擺脫不了貧窮的命運。人禍加上天災不斷，自密契颶風造成嚴重災情後，連年風災、水災輪流侵襲，讓宏都拉斯根本沒有休養生息的機會。

　　誠如上人所說：「貧與病，就像一對孿生兄弟。」貧窮的人民籠罩在諸多疾病的威脅中，宏都拉斯雖有政府醫療保險，但並非人人繳交保費，政府只能從就業者的薪資自動扣繳，無業者便無錢可扣了。

　　貧困災民無錢看病，慈濟人提供義診；無足夠糧食溫飽過日，慈濟發放米糧；缺衣過冬，慈濟人緊急募衣；消毒設施不足，慈濟緊急採購相關設備和藥品，避免疫情擴大。

　　上人給每位災民的一封中文、西班牙文對照的慰問函中提到：「雖然臺灣是亞洲的一個小島，和您們相隔了一個浩瀚的太平洋，但是你們的痛苦，我們卻能感同身受……我們帶來的物資雖然不多，卻是代表全世界慈濟人

的愛心，給您們最真誠的關懷和祝福；我們相信憑著您們堅強的信念，必然也能快速地重建家園，建設更美好的未來。」

災害帶來傷害，災害也帶來了愛，也許我們阻止不了死亡的發生，但我們絕對可以救回一條垂危的生命——只要有愛。

二、2001年薩爾瓦多大愛村

2001年，薩爾瓦多發生空前的大地震，美國志工又重臨中南美洲勘災和賑災。那幾年，美國人醫會成員一直處在頻繁動員的狀況中，馬不停蹄地奔赴各災區進行義診。

當薩爾瓦多發生芮氏規模7.6地震，全球慈濟志工組成賑災團隊前往發放、義診，也計畫援建大愛村；之後，由美國總會接手大愛屋的興建工作。

地震嚴重，土磚屋都垮掉了，薩國政府畫地給受災民眾，卻不供給建材，到處可見泥土、石塊堆成的房舍，外表則用報紙及塑膠袋克難黏貼……。當時總會執行長葛濟捨回臺灣向上人說明後，向當地政府表明慈濟願意協助救

援的意願，然而，由於兩方對進口稅的見解分歧，經過多次協商，薩國才同意免稅通關。

上人慈示，「賑災也要讓當地政府負起責任一起來做，後續的工程才會順利。」在薩爾瓦多興建大愛屋必須先取得土地，其中一塊地預計可建造九百多戶，另一塊地可建造三百多戶。薩國政府雖然同意慈濟的建屋計畫，但適逢薩國大選，兩派人馬誰也不讓誰立功，大愛屋的工程在兩黨制衡下好事多磨，延誤了許多時間。

慈濟本欲採用「以工代賑」的方式，號召受災民眾自行建屋，預定一棟大愛屋造價為2,500美元。等到政府正式批准，志工發現原訂計畫行不通，因為受災民眾本身不是泥水匠，如果要僱工建築的話，造價將拉高到3,400美元以上，所以志工擬採用縮小坪數，改變建材，不設電源等折中計價，總算把造價控制在3,000美元以下。

上人聽完報告後說：「這個房子的設計太不人性化了。如果是你，你要不要去住？要以災戶的需求作考量，而不要以省錢為考慮；建大愛屋就是要建到讓受災民眾願意住，而且要住得舒適。」

為了省錢，志工計畫大愛屋的電只接到屋外的電線桿，但此舉未獲上人同意。「災戶如果需要用電，一定會想辦法解決電費；或者怕他們繳不出電費，可以請求政府給予補助，而不是讓房子沒水沒電，東減西扣。我們要做，就要做到設計完善，隨時可以用。」

　　薩爾瓦多慈濟一村快蓋好時，薩國政府表示，受限於稅制，無法同意慈濟建大愛屋「免稅」。「如果政府要課稅，慈濟就不再協助興建二村了。」上人耐心地跟志工解釋，務必讓薩國政府非常清楚了解慈濟所堅持的原則與目的。第一，慈濟是慈善團體，不是營利機構；第二，地震造成薩國災難，政府亦須負起救助百姓的責任。假若薩國政府真的為他們人民好，一定會慎重考慮而同意。如此，不但嘉惠災戶，也能讓未來在薩國做慈善工作的非政府組織受惠。

　　選舉過後，薩國政府同意接受慈濟的援助，但又提出了「先繳稅，交屋後再退稅」的條件，上人依然不答應。

　　一來一往之間，居間協調的志工終於克服重重關卡，最後薩國國會議員修改憲法，免除繳稅條款，慈濟在薩國

一共建造了1,250間大愛屋，不僅水電瓦斯俱全，還設有社區中心、學校、義診中心及教堂。

三、2010年海地大地震

2010年，當地時間1月12日下午4點53分，7級強震襲擊海地這西半球最貧窮的國家。當時海地人口約1,000萬，造成逾30萬人死亡，30萬人受傷，150萬人失去家園，近4,000所學校倒塌，機場、港口、道路等公共設施嚴重受損而關閉，同時因為塔臺倒塌與線路中斷，對外通訊幾乎完全停擺。

隔日，慈濟花蓮本會迅速成立「慈濟海地賑災總指揮中心」，美國總會及多明尼加聯絡處協調成立「慈濟海地賑災指揮中心」。每日視訊會議，研商如何展開賑災行動，但基於安全考量以及交通與通訊的困難，志工們仍無法在第一時間就進入災區。直到1月16日，終於聯繫上本土志工，4位美國志工組成前勘小組，1月18日抵達海地的鄰國多明尼加。1月19日由多明尼加租車穿過邊界，終於抵達海地，由本土志工史帝夫・拉米特（Steeve Lemite）

來接應，並帶路進入重災區──海地首都太子港（Port-au-Prince）。

（一）進入災區 先要克服語言、文化難題

　　海地的官方語言是法文，教育非常不普及，大多數人說的是克雷歐語，這是一種法文與當地原住民話混合而成的語言，沒有透過翻譯，幾乎無法溝通。當地人說話的口氣，有時聽起來像是在吵架，但卻又看到雙方彼此擁抱，可見當地語言文化、風土民情的隔閡甚大。海地公共建設非常匱乏，道路窄小又不平，沒有交通號誌，當地居民卻有一套默契，鮮有交通事故，最嚴重是，當地治安甚差，綁架外來人士的案子不斷，示威遊行頻繁。為了人身的安全，海地賑災期間，慈濟志工聘用保鑣兼司機，還要兼翻譯，才有辦法克服交通、語言與文化上的差異。

　　前勘小組抵達海地之後，由本土志工帶路，四處拜訪政府單位、教會組織與民間社團，只要有受災的地方，能夠到達並實地了解的地區（社區），就實地勘察，透過翻譯，與受災戶直接對話，同時也親自訪視，了解並求證生活上的需求。由於受災的人數眾多，重災區太子港的危樓

多，交通也中斷，於是慈濟志工就從周邊受災、房屋倒塌的社區開始勘災與賑災。

不過，海地有一個特點，就是當地人民對於非政府組織沒有好感，甚至輕蔑。起因於過去多年，可能有些非政府組織到海地去幫忙，但並沒有實踐其承諾。慈濟剛到海地，也面臨相同挑戰。

於是，慈濟志工透過資料、影片與當地鄉親溝通，讓大家了解，慈濟多年來在國際間賑災的經驗與成果。本土志工扮演著重要角色，由他們說服自己的鄉親，自然容易一些；再者，保鑣、司機、翻譯等人員也非常重要，因為他們與慈濟志工多日相處，很快就了解慈濟志工的精神與原則是付出無求，還要感恩、尊重與大愛。最後是接受過慈濟幫助的人，他們現身說法，見證慈濟大愛精神，甚至投入志工行列，幫忙發放與賑災工作。他們都是慈濟最好的見證人。

（二）急難發放 國歌激勵民心

地震後，幾乎全世界的NGO都湧進海地，愛心匯集在這裡，共同為海地的重建工作奔波。慈濟的第一批賑災

物資，於1月28日由陸路進入海地。物資抵達隔天，慈濟在皮尼爾（Pernier）孤兒院進行在海地的第一場賑災發放物資，由臺灣首批空運10噸以及多明尼加志工於當地採購的物資，包括玉米粉、食用油、奶粉、各種豆類、麥片、義大利麵和大米。直至4月完成階段救援任務，慈濟前進到地震災區，進行發放、義診、設立簡易屋，先後總計進行84場發放，提供超過19萬名災民共110噸玉米粉、80噸香積飯、6,000頂帳篷以及4萬張塑膠布。

由於語言與文化的差異，在海地的發放、慈善等工作，都需要與政府及民間組織合作。與政府單位合作，主要是希望能得到官方的支持，例如警察幫忙維安；至於民間單位，通常是需要被協助，如教會、學校、社區領袖等。然溝通不易，要提供發放名單、場地等更是困難，慈濟志工必須不斷說明名單的必要性，並且陪同勘查場地，確定可以達到發放的功能與安全。

在海地發放是一大學問，海地國歌更是發放儀式的重點，激勵當地鄉親，同時喚起更多人的愛心。為了確定糧食可以幫助到需要的家庭，聯合國建議以「家庭主婦」代

表來領取為原則。因此在海地發放，都需要在一個圍牆包起來的場地進行，同時需要聯合國維和部隊與當地警察來維安。發放場地外的家庭主婦們大排長龍，人人前胸貼後背以免別人插隊；發放場地內，在維和部隊、警察、志工的引導之下，井然有序地進行發放。本土志工的協助也非常重要，尤其雙語的本土志工，更是溝通的橋樑與處理突發事件的樞紐。

（三）以工代賑 患難中出現真正的朋友

　　海地地震之後，到處是倒塌的廢墟，影響生活與交通；更重要是，失業率在地震前就很高，地震後工商業幾乎停擺。為了帶動災區的生機與商機，慈濟號召並且鼓勵當地受災鄉親，大家一起來整理家園，清除廢墟瓦礫等，工具由慈濟提供，並且每日給予參與整理清潔工作的人糧食。（註：原本是要給予現金，同時帶動當地商機，但因為海地治安不好，基於安全的考量，用糧食代替現金）

　　當地時間2月8日，在首都太子港的衛星城市泰巴爾市（Tabarre），慈濟與神之恩典（Impact for God）教會合作，正式啟動以工代賑，不但供糧供薪、讓災民清掃家

園，而且參加以工代賑的災民的家庭成員不論有幾個人，都能領到當日晚餐。

以工代賑正式啟動這天，共150人參與。教會牧師傅吉思（Gerard Gorges）對居民簡單介紹慈濟，他說「慈濟是來幫助我們的」。傅吉思牧師對慈濟人說，真正的朋友在患難中出現，海地遭遇大災難，很感謝慈濟人來協助，並且共同為世界和平、為海地的和平而努力，更為海地人提供工作。

（四）我信任你 跨宗教的愛

地震過後，海地的學校也都夷為平地，孩子們去哪兒上學呢？仍在海地勘災的慈濟志工們了解，孩子的教育永遠是上人心中的牽掛。因此，從一月底慈濟志工進駐海地後，便透過當地聘僱的司機保鑣、本土志工等人脈，到四處去探勘「過去是學校」的災區。

當時美國慈濟總會執行長黃漢魁談到，「那時要找援建項目，非常困難，因為災區房子多數是垮成一片，很難判斷過去哪裡是學校、哪裡是醫院診所，就算找到塌垮的建築物，還要找到學校管理人員與業主深入了解土地產

權、辦校宗旨等，時間一天一天過去，大家其實都找得很心急。」

當時，慈濟賑災小組幾乎每天晚上，都會安排當地的牧師、神父來到駐地，讓他們直接與上人進行視訊會議，討論後續援建項目。某一天上人在會議後，關心地詢問志工：「我們有看到神父和牧師，怎麼都沒有看到修女？」

爾後，慈濟志工在當地慈善機構「社區促進會」（MUCI）負責人丹尼爾（Denal Georges）帶領下，造訪幾個修女會，舉目所見，盡是一片殘破。地震過後3個月，某天，志工鄒裕儒和丹尼爾回報，有一個當地知名的修女學校非常需要援助。當志工到了天主教聖恩修女會所屬的學校勘災，見到的是3所學校垮成一片平地，只剩下一棟半毀建築物但結構已被嚴重破壞。儘管受損嚴重，但在一片廢墟中，修女們仍積極地準備為3校1,800多位學生復課，修女們仍積極地準備為3校1,800多位學生重新復課，讓學生們能先在臨時用鐵皮和三夾板搭建的校舍內繼續學業，並安排學生們接受心理輔導，善良的修女更開放部分校區，讓鄰近社區的居民能在校區一隅暫時棲身。

當時受創嚴重的聖恩會修女，一開始請求慈濟提供物資和帳棚援助。但志工依約送了物資過去，修女們卻馬上轉贈給受災戶，慈濟志工看到，當即就再送物資過去，讓修女能有帳棚可暫時棲身。修女對災民的慈悲深深感動了志工，災後學校本身物資也很缺乏，但修女卻還要濟助附近居民。

　　海地聖恩會的修女都是當地人，也積極努力承擔起重建學校的重責大任，不過損失慘重的海地政府僅能提供非常有限的重建資源，海地聖恩修女會也尋求加拿大總會的援助。面對願意伸出援手的慈濟，修女一開始難以置信，畢竟這是跨越宗教、種族的協助，很難相信「佛教徒」要援助這麼大一筆重建經費，給一個不同國家的「天主教學校」。這也與海地人長期不信任非政府組織的心態有關，畢竟許多慈善團體進入海地，都曾開出許多支票，也承諾將進行許多項目，最後能實踐的少之又少。海地人一次又一次的失望，讓他們不再信任非政府組織。

（五）學校重建 慈悲創造奇蹟

　　為海地學校援建專案往返美國海地逾70趟的慈濟志

工陳健回憶，援建案推展真的是非常不容易，該案需要美國慈濟志工居中協調，擔起臺灣慈濟本會、加拿大聖恩修女會總會和海地修女4個地區的溝通任務，還要負責聯繫敲定海地政府審批、建築工程技術問題，每一個環節都需要很多時間去溝通。

志工在後續多次到聖恩修女會與校長溝通，得知該校產權完全歸屬於修女會，且修女們歷經大震還搶救出了學校土地權狀、辦校許可證等重要文件，對合作援建案也越來越抱持著樂觀希望。然而，一個關鍵性的問題是，儘管海地當地的聖恩修女會人員非常願意與慈濟合作，但仍需位在加拿大的總部點頭同意才能進行。為了推展援建案進行，且讓聖恩修女會了解到慈濟信守承諾的真誠，當時慈濟加拿大分會執行長何國慶多次親自前往聖恩修女會位於多倫多的總會，拜會負責海地教育事務的修女，並研討後續援建的細節。

在確認修女會確切擁有學校的地權，加上修女原本就把學校運作得非常良好，慈濟幾經評估，決定協助援建天主教聖恩修女會位於海地首都太子港的瑪莉安學校

（College Marie-Anne）所屬中學、小學，以及主耶穌祕書學校（Christ The King Secretarial School）等3所學校，1月21日舉行動工典禮。

2013年5月17日，慈濟援建天主教聖恩修女會3所學校，舉行落成啟用典禮。聖恩修女會加拿大總會的總執事修女瑞塔（Rita Larivee）在典禮中向慈濟人致謝：「你們所給予的不只是這兩棟校舍，而是你們帶給這個國家希望，而這樣的希望是在大地震後絕少見的。這個學校最堅強的基礎，是慈悲能夠創造奇蹟。」

瑞塔修女又提到：「在大地震過後，許多人和許多團體來到海地幫忙，很多人都許下承諾，說會再回來幫忙。但好幾個月過去，很多人都沒有回來，也沒有實現他們的承諾，然後慈濟志工，你們回來了，做到你們曾說要做的，你們實踐了你們的承諾。」

在相同理念下，慈濟志工後續在太子港另一個特別貧困的索立諾區（Solino），協助海地女童軍協會援建杜梻樹幼兒園（Kindergarten Durocher or Centre Prescolaire Carmen Rene Durocher），10月26日援建工程動工。

慈濟志工多次深入貧民窟與海地女童軍協會主席蜜芮兒（Marie Ange Colinet），討論援建事宜和在工地視察施工進度。在2015年7月29日，學童穿著制服，整齊地排隊走入杜梻榭幼兒園，參加該校的啟用典禮時，慈濟人在無比欣喜之餘，體認到過程中一切的艱辛都是值得的。

10年內，慈濟在海地重建4所學校，意味著海地下一代的未來，在地震後重新被找回來。然而，重建故事的背後，是掛心與不捨。希望有一天，這群在海地辛苦生活的孩子，用自己的力量改寫海地的歷史。最終，他們可以驕傲地說，「海地是個可以讓人民安居樂業的國家，我以它為榮。」

四、厄瓜多2016年大地震 2017年水患

厄瓜多，位於南美洲西北邊，與慈濟的緣分，卻是從2016年才開始。

2016年4月16日，厄瓜多發生芮氏規模7.8強震，重創太平洋沿岸的曼納比省，省內城市曼塔（Manta）、維和港（Portoviejo）、佩德納萊斯（Pedernales）、卡諾亞

（Canoa）、哈瑪（Jama）等地災情慘重，六百多人罹難，超過萬人受傷。這一震，也震出慈濟和厄瓜多的緣分。

地震發生後，臺灣本會從電腦資料中找到，曾於2010年回臺參加實業家營隊的厄瓜多臺商黃鉞凱先生，蒙其允諾協助後，4月27日由美國和智利慈濟志工組成勘災團，一行9人抵達厄瓜多。

（一）五分鐘的因緣 奠定援助模式

勘災團入境探勘發現，強震後一片混亂，非常難聯絡到政府官員，在黃先生陪同下，第二天與臺北駐厄瓜多商務處代表謝妙宏、參事鄭正勇會面，立即進入重災區馬拉比省。歷經超過海岸線1,000公里的延綿路程下，好不容易才得以與4個城市的市長們會面，當下介紹慈濟的救災經驗並商討賑災可行的方案。

當時承擔領隊的美國慈濟志工葛濟覺說：「因緣就是不可思議，我一開始講，就覺得跟市長很投緣，跟他充分溝通慈濟想要做什麼、需要政府什麼協助。這次的會面不僅讓市長了解慈濟的理念，也讓慈濟踏出厄瓜多賑災的第一步。」

經過一個多小時的溝通與討論，當地政府首長皆非常歡迎慈濟的援助，並表示災民都安置在政府設立的帳篷區，每日供應3餐熱食，近5,000個帳篷。災民雖然暫時不愁吃住，但因為商業受損停擺，災民失業沒有收入，人人眼神空洞，看不到希望；一天天過去，也沒有想要回家重建的動力，生活沒有希望。

　　上人得知此情形，立即慈示在厄瓜多震災區啟動「以工代賑」。以工代賑是2009年菲律賓凱莎娜風災後，慈濟成功推動的賑災模式，從同理心出發，把居民的需要擺在首位，將濟助化為工作，給了人們尊嚴和希望。

　　葛濟覺曾經參加菲律賓海燕風災的賑災團，有現場帶領以工代賑的經驗，在上人慈示後，他立即籌劃厄瓜多的以工代賑，並以超過當地最低工資的金額，一人一天15元美金。2016年5月6日，慈濟以工代賑正式從維和港開始。

　　起初，災民都不相信居然有這麼好的事情！

　　「一開始大家懷疑我們，怎麼會有不認識的外國人，大老遠跑來這裡，提供這樣的機會？」葛濟覺回憶，第

一天在維和港只來了120人，慈濟志工把民眾每10人分一組，由市政府規劃清理區域，以清掃倒塌建築附近的街道為主要工作內容。

第一場結束以後，看到慈濟真的發出一人一天15元美金，居民口耳相傳，參與人數大幅成長，每一場都超過千人。從維和港開始，慈濟志工沿著海岸線北上，到曼塔、卡諾亞、佩德納萊斯各地以工代賑，後來新聞媒體報導，厄瓜多全國都知道了，最後在佩德納萊斯的幾天，每天人數逼近3,000人次。

每天清掃隊伍出發前，都由厄瓜多本地志工珍妮弗（Jenyffer Ruiz）分享「竹筒歲月」精神，將每一句話都翻譯成西班牙語，並且精神喊話：「共同為我們的城市打拚（Luchemos juntos por nuestra ciudad）！」加上一聲聲的「Go！Go！Go！」激勵全體士氣。這不僅讓災民能小錢行善，逐漸也得到政府人員及災民的敬愛及信任，他們都表示從未見過這樣充滿人文精神的慈善團體，也因而種下後來接引本土志工投入的好因緣。

第一場結束以後，看到慈濟真的發出一人一天15元

美金，居民口耳相傳，參與人數大幅成長，每一場都超過千人。從維和港開始，慈濟志工沿著海岸線北上，到曼塔、卡諾亞、佩德納萊斯各地以工代賑，後來新聞媒體報導，厄瓜多全國都知道了，最後在佩德納萊斯的幾天，每天人數逼近3,000人次。

居民在一日工作後，領到現金時，都露出燦爛的笑容，這是他們在受災後，所得到的第一筆收入；看到街道恢復清潔，重建家園也變得可能，許多人紛紛表示要把以工代賑得到的工資用來修建房屋，好早日回家。

厄瓜多大地震後急難救助期的以工代賑，在5個城市共進行22天34場，嘉惠3萬4,000多人。來自美國、臺灣、巴拉圭、多明尼加、巴西及阿根廷等國慈濟志工，期間不斷跨國接力、相互補位，並結合本地志工，讓賑災的各項工作得以持續。慈濟志工也陸續於以工代賑的地點同步舉辦義診、發放嬰幼兒營養品、衛生用品、祝福金等等。

「以工代賑」，不僅安定了人心，從工作中，人們感到生活再度有了重心，原來他們可以不用被動地在收容所

等待救援，而是主動走出去，大家一起清理倒塌的家園，還能夠得到收入。大家團結起來，有了共同的方向。志工在陪伴重建的過程中注入慈濟理念及上人的法，啟發他們的愛心，原來小錢可以行大善，在苦難中也是可以親幫親，鄰幫鄰。

從勘災第一天協助團隊翻譯的本土志工珍尼弗，因曾居住在紐約24年，英文流利，在翻譯中深入了解了慈濟的精神理念，非常感動，並看到了慈濟志工一批批從不同的國家趕來協助素不相識的鄉親，更是感恩，當下發願要當慈濟在厄瓜多的第一顆種子，隨後即全心投入，協助慈濟在厄瓜多的慈善工作生根，也陪伴了來自各地近兩百位的本土志工一路發展會務至今。

（二）心靈寄託 援建聖堂

慈濟到卡諾亞勘災時，發現地震震毀了歷史悠久的卡諾亞教堂，大地震後慈濟迅速投入賑災。當時災民二十餘人自願前往教堂，清理斷壁殘垣，災民與志工分享，此教堂是他們心靈虔誠祈禱的聖堂，如今倒塌了，心中淒苦萬分，語調帶著無奈及悲傷。

厄瓜多此次重災區省內損毀共近200間教堂，卡諾亞教堂地處偏遠，資源缺乏，重建這一間教堂的路可說遙遙無期，而災民在地震中失去了家園已經夠不幸了，如今唯一的心靈寄託的中心又蕩然不存，真是情何以堪。上人得知此教堂是由3位修女主持，回憶起當年與3位修女的對話因緣，當下慈示慈濟伸以援手，協助重建。

　　災民在地震期間看到慈濟人不遠千里而，來陪伴一起走過苦難，推動以工代賑，讓災民有了收入，重建家園安定生活，已經深深地感動不已，現在又允諾重建他們的心靈寄託 ── 神聖的殿堂，更是感動得無以復加，紛紛表示：相較於政府，反而來自遠方的佛教團體，趕來幫助他們並像家人一般地撫慰陪伴他們。

　　大家對慈濟人的尊重愛戴溢於言表，慈濟是他們悲傷無助時的希望。在動土典禮上，厄瓜多總主教羅倫佐致詞時表示：「東方的一位偉大的佛教法師，在災難中對3位西方的修女伸出援手，協助蓋他們被損的教堂，在厄瓜多天主教歷史上留下了珍貴的一頁。」他進一步表示，「何其榮幸，在兩大宗教的合作下，做了最真善美的見證。」

修女們更以感恩上帝之心來感恩上人，並深受慈濟的精神理念感動，全程參與了團隊在當地舉辦的培訓課程，親身投入並帶領信徒加入慈濟的慈善活動及推動素食行列，後來影響了近百位的社區志工投入慈濟的隊伍中。

歷經近兩年的工程，教堂終於在2019年7月完工，7月13日落成典禮上，天主教總主教、神職人員及各界人士共700人來參加此盛典。儀式隆重且溫馨，許多鄉親們熱淚滿面，往後的日子裡心靈真的有了寄託處，這都因慈濟而成。臨行前，修女懇請慈濟基金會能夠把上人法相留下，懸掛在教堂內，讓所有信徒和鎮民都能永遠記得，這教堂是來自於慈濟佛教基金會的證嚴上人的慈悲，永懷感念！

（三）水患又起 本土志工擔大任

厄瓜多才走出震災陰霾，沒想到在一年之後，2017年4月中南美連續多日暴雨，厄瓜多3個省分受災，高達12萬人受影響，其中曼納比省（Manabi）災情最為嚴重。暴漲的維和港河，造成上游聖塔安娜縣（Santa Ana）與下游維和港市洪患，大水從建築物中沖出的物品阻塞排水系

統，使得大量淤泥堆積街道。經過前一年的強震，許多房屋受損被列為危樓，尚未修復，如今又因豪雨水患，不少居民喪失家當、失去工作，環境惡臭，災後兩週仍陷困境。

慈濟人因為厄瓜多地震的因緣，培養出了一群當地的本土志工；珍妮弗也是水災受災戶，家裡的院子還有個陷落的大洞，但想到身受水患之苦的同胞，「不管再困難，我還是要去！」珍妮弗勇敢勘災，帶著一兩位志工4度進出災區整理資訊，及時送回花蓮本會，以及正在臺灣參加慈濟美國董事會會務報告的葛濟覺。歷經16天的賑災因緣，珍妮弗也帶出維和港近兩百位的本土志工，他們因感動而加入了慈濟大愛的行列，持續至今。

慈濟本會啟動救濟厄瓜多水患行動，由阿根廷、巴拉圭及美國等8國共57位慈濟志工前往厄瓜多，會同當地志工，在聖塔安娜縣（Santa Ana）及維和港兩地，啟動以工代賑，邀請居民清理淤泥與垃圾，避免衍生疾病傳播，約1萬8,000人次參與；慈濟也向兩地受災居民致贈祝福金，幫助近2,100戶。

來自厄瓜多卡諾亞鎮的志工阿妮塔（Anita），是5個小孩的單親媽媽，2016年4月厄瓜多發生大地震時，她剛好出門在外工作，房屋倒塌了，很幸運的是孩子們與母親都平安無事。臉上總是掛著燦爛笑容的阿妮塔告訴大家，「一定是平日我喜歡助人，所以上帝才保護我的家人，讓我繼續再服務別人。」今年得知洪水肆虐的消息，她決定把握機會，與慈濟志工一起為鄉親盡點心力。此次有8位鎮民前來水患災區付出。

　　同樣來自卡諾亞的羅伯特（Robert），與朋友搭車來到維和港，一路沈默地跟著慈濟人，體驗受災居民的困境。第3天，終於打破沈默，見到鄉親苦訴不幸時，他說：「我也跟您一樣，同是災民。不過我是因為去年地震，您是因為水災。所以您的苦，我能感受！我們都因為無預期的災難失去所有，可是我們都還有機會，重新再開始。所以今天我站在這裡，要幫助您！」

　　紐約慈濟志工張濟舵分享，幾天來看到聖塔安娜的改變，「不是因為我們來了，而是您們彼此的互助。受難人並非被幫助的人，受難的人也能幫助人，正如教宗所言，

未來世界最有影響力的人，是彼此互助的人。」

災民從無助到激起熱情，放下心中傷痛，面對泥濘，動手清掃，這背後是人性溫情的顯現，也是美善的人性的啟發。慈濟人把握因緣，即時動員，展現整體力量，不分施與受，這正是眾善的凝聚。對於中南美洲、全球慈濟人來說，是歷史的一頁。

五、2017年墨西哥大地震

2017年9月接連3起芮氏規模6以上地震，其中一起，在19日下午1點14分，中部普埃布拉州（Puebla）發生芮氏規模7.1地震，包含首都墨西哥市及莫雷洛斯、普埃布拉、格雷羅、瓦哈卡等州重災區，全國超過4萬4,000棟房屋、1萬2,700間學校毀損，造成370人罹難、六千餘人受傷。

地震發生同時，美國「哈維颶風」的賑災還未結束，慈濟全球志工總督導黃思賢帶領美國團隊一行6人，前往墨西哥協助勘災。

莫雷洛斯州（Morelos），是勘災團的第一站。9月24

日一抵達墨西哥市，黃思賢看到媒體報導莫雷洛斯州荷呼特拉市（Jojutla）幾已被夷為平地，數十條街的住宅和商店嚴重受損塌壞。即使很多人警告，該地治安不好、黑道勢力猖獗，但他還是毅然決定次日帶隊前往。

那次勘災行，讓眾人見到何謂「滿目瘡痍」，走在荷呼特拉街道上，處處可見倒房及帳棚，受災居民夜晚露宿街頭的淒冷，讓人極不忍心，黃思賢決定將此特重災區納入發放範圍。

（一）本土志工居中協調　發放物資卡

當臺灣本會同仁及美國志工於10月初陸續抵達時，即按官方和民間所提供的受災戶名單，逐戶走訪複查、確認最需要幫助的家庭，並接引本地志工做嚮導，協助以西語與受災民眾溝通。而從美國趕來的墨裔女孩莉莉（Lillian Aguilar）也是在一次的勘察後，續留下隨團勘災翻譯。之後，勘災團也結識了當地的善心人士塔妮（Tani Foncerrada）夫婦2人，同時又有來自阿根廷、厄瓜多及臺灣通曉西班牙語的志工，一起加入慈濟後來賑災活動的行列。

由於墨西哥是歷史悠久的古國，很多房屋建築在湖泊的填土上，大部分的損壞都是自家的房屋內地基倒塌陷落，與一般地震災情斷壁殘垣，滿目瘡痍，大不相同。整個社會的商業體系並未因受災害而停頓、糧食民生必需品供應尚屬正常。

　　慈濟志工因此認為不適合用「以工代賑」動員災民清理，故而決定以平均收入的一個半月到兩個月約美金600至1,000的「現金值卡」來發放，如此方式也協助災民因應各自所需，購買建材重整家園，同時生活也因現金卡方便購買所需物品，逐漸恢復正常。

　　在勘查過程初期，因墨西哥的文化特色有「一切明日再說」的浪漫個性，在漫長的審核中，人民不信任政府，也沒有完整名單；我們過於靠近政府，人民也會不信任慈濟。這過程中有許多互動要拿捏，慈濟人都以極大的耐心互動溝通，經過兩個多月密集訪視、複查，拉近了與居民的距離，漸漸地化解僵局，終於待善款及物資到位，開始發放後，所有官員及災民鄉親都以最真誠信任的心擁抱了慈濟志工。

（二）膚慰是良藥 搭起信任之橋

　　在這段期間，慈濟志工們挨家挨戶的家訪，在人力不足的情況下，慈濟3位年輕同仁一肩挑起複查工作，走進災民家裡，了解他們真正的需要。一家、二家、三家……，志工們不放棄地走下去。慈濟宗教處海外組專員呂宗翰當時說：「我們能力或許不夠，經驗或許不足，但上人告訴我們，對這裡的人一定要很真誠，你只要有勇氣往前走，就會有所成就。」

　　阿根廷志工洪良岱，10月12日進入墨西哥，駐守長達兩個月；她領眾訪視災戶，也培訓當地志工，傳承經驗。她說，在此，「膚慰」是一帖良藥，在家訪或發放時，往往有受災者倚靠在志工的肩膀哭泣，志工用心傾聽他們的痛。

　　終於，誠心與大愛打破了人與人之間藩籬。12月7日在特拉瓦克市（Tláhuac）舉行第一場發放和義診，總共有來自13個國家91位志工參與。大排長龍的隊伍同時展現的是居民對慈濟的信任。特拉瓦克市市長瑞格博多（Rigoberdo）感動地說：「慈濟今天所提供的不只有物資，

還包括精神上的鼓舞，讓大家能再站起來，再次構築自己的夢想，感謝慈濟。」甚至，將12月7日訂為「慈濟日」，表達感激。

同時，自第一次義診起，每年維持3至4次的頻率，以美國人醫會為主軸，帶動中南美洲國家及墨西哥本土志工，7度前往墨西哥，赴荷乎特拉市、墨西哥城（Mexico City）等地舉辦義診及健康日，號召了多國志工，動員數以千計的志工人次，為病人提供西醫、牙醫、中醫、眼科、衛生教育及藥局等醫療服務，一起守護墨西哥社區的健康。為感恩慈濟的義行，市長宣布每年12月是荷呼特拉的「慈濟月」，更發出邀請函，期待慈濟醫療團每年前往義診，嘉惠當地鄉親。

爾後，從特拉瓦克市開始，再至聖哥帝亞區，慈濟志工的付出感動了霍奇米科市市長蘭吉爾（Avelino Mendez Ranquelg），他不僅將《靜思語》帶在身旁，甚至宣佈9月為「慈濟月」，接下來至霍奇米科市、德拉奇市、札卡特派市、荷呼特拉再回到聖哥帝亞，7場發放總共幫助了1萬355戶家庭，發放了1萬1,151條毛毯。

2018年1月13日完成最後一場發放，四進四出墨西哥的慈濟全球志工總督導黃思賢形容這長達三個多月的墨西哥賑災，認為在過程中，志工們得有「駱駝的耐力」、「獅子的勇猛」和「真誠的心」，才能達到墨西哥賑災的完整紀錄。

　　慈濟美國總會行政秘書包逸涵透過和災民們擁抱，她體會了：「我們不需要說同一種語言，當她緊緊抱著我的時候，覺得我們的心是連在一起的……。特別是後來，他們說了很多我聽不懂的語言，但我聽到了他們說『Amou』（葡萄牙文，愛）」。愛，建起了人與人之間的信任之橋，團結了來自世界各地的善心，讓世界變得更好。

　　許多本土志工，也因為這場地震的因緣，從感動而行動，一路至今3個城市共約百位志工持續投入慈濟的隊伍中。至今，在本會及慈濟志工定期陪伴下，墨西哥本土志工自動組織讀書會，定期做居家關懷、訪視及慈善個案，並陸續接引新的志工加入行列。新冠肺炎疫情至今，墨西哥志工團隊也分工合作，捐贈近20萬片口罩等醫療物資給當地醫院及需要的家庭。

（三）援建莫雷洛綜合學校

　　走進位於荷呼特拉市的「莫雷洛綜合學校」（Morelos Institute），眼前盡是地震後散落一地的殘破屋瓦，以及失去主人的課桌椅。唯有那標著「2017年9月19日」的全年行事曆，還靜靜地掛在辦公室的窗前。至今，想到9月19日的情景，莫雷洛綜合學校校長愛德莉娜（Adelina Ensur Esperalta）修女還是感到難過心酸：「有些天真的孩子們，還沒有體會到學校已經幾乎全毀了，還問我：『明天要不要上學？』」

　　「莫雷洛綜合學校」，是慈濟志工在荷呼特拉市勘災過程中發現，一處被遺忘的角落，校舍倒塌嚴重，296個學生已不能繼續在這裡讀書，而必須被分散到各地。

　　慈濟志工得知學校的困境，立即深入校園探訪。慈濟全球志工總督導黃思賢看到殘破的校園，到處突出鋼筋鐵條，顯露出過去老舊和建材不佳的建築結構，極為不捨，開始和志工們奔走尋求支援，著手重建的工作。

　　學校的修女們都以慈悲的信念照顧附近鄉鎮許多貧苦人家的孩子們來就學，如果經濟狀況不佳，減免甚至於不

收學費，就是要讓孩子們接受正規的教育，在當地深得大家的敬重。

經過各方探聽後，確認此校為歷史悠久的梅賽德修女會（Hermanas Mercedarias）所創辦，教育孩童是他們教會唯一的宗旨，學校招收幼稚園到中學的孩子，而學費更是主要的經費來源。學校孩童約4成的家庭無力負擔學費，修女們也會堅持孩子的教育不能停止，表示孩子們是社會未來的希望，這個論點與慈濟基金會的理念非常相似。

來自首都專科大學的建築系教授設計師保羅（Pablo Quintero Valladares）得知學校困境後，也表示會免費為學校重建製作所有的設計藍圖，而另一位善心老人在過世前也把一塊兩公頃多的土地捐給了教會，作為新校舍的重建地。於是，2019年9月正式動工，學校可容納幼稚園、小學、中學，完整基礎教育學子700人，並設有教堂及音樂廳供孩子的全面教育。

包括校長愛德莉娜修女在內的兩位修女，及設計師保羅在2018年底到臺灣參訪，向上人致上最虔誠的感恩，回來後分享給所有的家長教友有關此行臺灣所見所聞，所

有的鄉親父老都堅信這所愛的學校一定會如期完成。

2019年6月29日，慈濟援建「莫雷洛綜合學校」舉行動土典禮。典禮開始，學校校長愛德莉娜修女首先感謝慈濟基金會和設計師保羅對於荷呼特拉市的慷慨付出。保羅致詞時，談到慈濟志工對於孩子們慈悲無私的愛和「莫雷洛綜合學校」的援建過程，甚至幾度激動哽咽：「無論你是否信奉上帝，是佛教徒、新教徒或穆斯林，都沒有關係。這樣不是更有趣嗎？這項建案前所未聞，是跨越宗教之間的合作。」

荷呼特拉慈濟援建學校工地在本土團隊的推動下，烹煮素食供應工人免費享用，分享茹素救地球的理念，反應良好，大多數的工人都表示原來素食可以這麼好吃，也願意持續下去。

「莫雷洛綜合學校」的援建案，因為新冠肺炎疫情而有所延誤，但仍期待數十位災民繼續投入慈濟的行列。所有家長看到工地，開始營造後都開心得哭了，他們知道孩子的未來已經不再只是夢想了。

伍、援助難民

一、難民救援與關懷

　　2010年底，北非地區掀起茉莉花革命，連帶導致敘利亞內戰興起，激烈戰火中民眾流離失所，有三百多萬人逃離國外，其中半數是兒童；鄰近國家僅土耳其就有一百多萬敘利亞人滯留其間。除了歐洲之外，馬來西亞、泰國也收容了為數不少的難民，有的是偷渡入境，有的則是旅遊簽證過期滯留，貧窮與戰亂是非法移民奮不顧身逃離家園的原因。因此無論透過什麼方法，都是希望追求自由安定的生活。

　　不忍難民遷徙流離之苦，慈濟志工接獲求援訊息，經由訪查評估後，立即提供需要的援助，包括居家關懷、物資發放、醫療援助、教育補助等的人道援助行動，為難民們帶來一道道的光亮與希望。

　　聯合國難民署駐馬來西亞辦事處與慈濟雪隆分會於2005年簽署備忘錄，展開長期難民援助合作計畫，內容包括生活物資補助、醫療義診及醫療補助個案轉介等。2007年再度和慈濟洽談，針對緬甸洛興雅族及伊斯蘭穆斯林難

民籌辦「難民兒童基本學前教育計畫」。2008年聯合國難民署在年會中正式邀約慈濟成為觀察員之一。慈濟在難民的慈善、訪貧及教育職訓等人道援助行動，展開悲智雙運的扶困足跡。從亞洲拓展到中東，更進一步到塞爾維亞，慈濟藍天白雲身影一直都在。

二、戰火難民至約旦尋求庇護

　　約旦境內最主要的難民營，是面積廣達7平方公里，收容人數超過6萬的札塔里（Zaatari）營區。難民營配給食物，免費供應瓦斯、水、電，也有公共衛浴、公共廚房等基本設施，甚至還有利用「帳棚學校」來維繫孩子們的學業。營區內也有摩洛哥、法國、義大利援助的野戰醫院。

　　2013年7月，約旦慈濟志工在首都安曼的醫院門口，看到一名伊拉克難民婦女拉姆雅（Lamya）急需醫藥費動手術，因為腎臟和膀胱布滿大大小小的結石，卻因為沒錢就醫被擋在醫院門外。慈濟志工即時伸援為她支付了手術費用，之後還將她們一家納入慈濟關懷戶，每個月給予生

活補助。躺在病床上的拉姆雅才剛動完緊急手術，看起來很虛弱，她是逃到約旦的伊拉克難民。拉姆雅一家人因為宗教迫害逃往約旦，成為難民，現在全家都獲得了加拿大難民簽證，慈濟志工給予無限祝福。拉姆雅感激地說：「在我最困難的時候遇到了慈濟志工，以前我們難民被人看不起，在農場工作被壓榨沒拿到一毛錢，8年來就認識慈濟的這一天，最高興！」

三、充滿大愛 土耳其慈濟難民學校

慈濟土耳其聯絡點從2014年開始投入敘利亞難民關懷，至今協助的難民達到近80萬人次，範圍遍及慈善、醫療、教育。慈善方面每個月要進行六千多戶的發放，發放之前也進行訪視評估、個案紀錄等行政工作；醫療方面，義診中心一個月的門診量八千多人次，後續關懷病患轉診到當地醫院的需求。教育方面，滿納海學校有三千多位學生，除了小學至高中的正規教育，還有假日的成人掃盲班、土耳其文班、阿拉伯文班、《古蘭經》班。

在土耳其，看到身為佛教徒的慈濟人，與穆斯林的敘

利亞人，能夠如此和諧互助，這就是上人所說「宗教之間，大同小異，心大就同，心小就異」最好的印證。

　　慈濟 2015 年初與土耳其蘇丹加濟市政府、敘利亞難民教師合作成立「滿納海難民學校」，3 年來嘉惠 3,000 名敘利亞學生；慈濟土耳其志工為了讓學生擁有可升學的學歷，四處奔走，獲得美國教育機構認證，「滿納海國際學校」於 2018 年 11 月 26 日揭牌啟用。慈濟是土耳其境內唯一一個援助敘利亞難民學童教育的國際 NGO 組織，「滿納海國際學校」，學籍從小學到高中，教學大樓擁有 50 間教室。也是土耳其第一所以敘利亞全母語教學的私立學校。

四、慈濟守護曼谷城市難民健康

　　全球難民危機的考驗，自 2014 年進入泰國曼谷，截至目前估計有八千多人。根據泰國法律，逾期居留或沒有適當證件進入泰國的難民被視為非法移民。泰國不是 1951 年《難民公約》的簽署國，也不承認難民的權利。結果，城市難民被迫在泰國社會的邊緣生活。他們經常面臨被逮捕、拘留和驅逐出境的危險，無法工作或上學。即使在非

正式市場上，機會也很少，難民必須依靠慈善組織以及社區中的其他難民來度過難關。

　　馬來西亞慈濟雪隆分會守護難民的健康醫療義診活動，受到美國國務院難民組的肯定與認同，因此2014年3月31日，美國駐泰國大使館首次參訪慈濟曼谷分會，會中告知大批難民湧入曼谷，邀請泰國慈濟在曼谷境內，對來自巴基斯坦、巴勒斯坦、敘利亞、斯里蘭卡、越南、索馬里和中國等逾30個國家，因逃離本國的武裝衝突和迫害的難民提供守護健康醫療服務，幾年來慈濟泰國分會推動義診嘉惠難民，成效頗受肯定。2020年由於COVID-19新冠狀肺炎的影響，慈濟更提供萬份食物包給城市難民，協助度過難關。

五、難民中繼站：塞爾維亞

　　光是塞爾維亞，就有超過50萬中東難民過境；自匈牙利宣布關閉邊境後，難民潮轉向，每天仍有4,000至5,000位左右的難民，在入冬後過境塞爾維亞。為安置過境的難民，塞國設有3個中繼站，一個在南部靠近馬其頓

邊界的普雷舍沃（Presevo），其餘兩個位於西北部，靠近克羅埃西亞邊境的希德（Sid）和阿德塞微西（Adasevci）；也是慈濟志工過去5年來發放禦寒衣物及每天提供3餐關懷的重點區域。

慈濟志工為增加與難民互動的機會，預先準備印有阿拉伯語、英文、中文等語言的《靜思語》小卡，讓難民們在領取冬衣後隨機抽選。「我很喜歡『人生有煩惱，皆由貪、瞋、癡三毒引起。』這句話，它讓我想起敘利亞的內戰就是如此。」帶著一家5口逃離家鄉的阿拉丁（Allahdin）由衷企盼，戰爭5年該結束了，別讓國人在外流浪有家歸不得。

六、愛心鞋盒 美國慈少送愛給難民

2016年中，美國南加州慈濟初高中生翁艾眉在一次慈少聚會中看到上人開示，畫面中流露法師對敘利亞難民兒童的不捨，她心想能做點什麼？

她聯絡土耳其慈濟志工胡光中及約旦志工陳秋華，發現當地孩童需要大量的學用品及個人衛生用品，於是計

畫募集1,000個裝滿學用品、衛生用品及祝福卡片的「鞋盒」。瞭解到難民孩子失去一切，卻一心想讀書，希望有能力的人能幫助他們重拾夢想，孩子紛紛發問：「我可以怎麼幫助他們？」「我可以帶筆來，請妳送給敘利亞的小朋友嗎？」愛心鞋盒計畫經口耳相傳，南加州各區慈少踴躍響應，捐出約500個鞋盒，每盒都裝滿文具與日用品，還有充滿溫度的手寫卡片。這份「我很喜歡上學，我希望難民小朋友也可以上學」寫下膚慰難民愛的印記。

七、中南美移民滯留美墨交界

載著中南美洲移民的大篷車隊，自2018年9月起，不斷試圖從墨西哥邊界進入美國尋求生機，卻被阻擋在外，滯留在美墨交界的墨西哥第四大城提娃那（Tijuana）進退兩難。他們住在邊境城市蒂華納和墨西卡利的臨時避難所。慈善組織明愛會在當地設立庇護所，美國慈濟人2018年9月前往勘察後，經常前往當地舉辦發放，為民眾及兒童帶來文具、環保毛毯、福慧床、食物，及臺灣慈濟寄來的靜思穀糧，幫他們補充營養，也透過互動，緩解他們等

候安排時的不安情緒，同時給予心靈慰藉。

由於流動率高，環境衛生欠佳，如何帶動環境衛生及建立自我保護衛生觀念，是慈濟人探訪時努力的方向，提供清潔用品包，希望他們在遷移的過程中，好好照顧自己。為了讓停留在此的學童不致中斷學業，墨西哥提娃那瑪瑞塔慈濟小學（Escuela Primaria Tijuana Tzu-Chi）校長葛羅西拉（Graciela Sanchez）說：「我們將讓學校的老師來這裡為孩子做課業輔導，感恩能與慈濟志工一起為失去教育機會的孩子們，重拾機會。」

陸、與國際組織和聯合國合作

1994年，慈濟人從聖地牙哥跨越美墨邊境，和墨西哥社會福利局（DIF）互動，展開濟貧扶困個案訪貧，同時體會到教育是社區未來的希望，因此和墨西哥教育局達成共識，政府提供土地，慈濟協助建校，終於全球第一所「慈濟小學」於1996年在墨西哥提娃娜建設完成，開啟慈濟跨國教育之大門。

天災與人禍是危機，同時也是啟發人性轉念行善的機

緣。1998年天災頻傳，美國慈濟先從秘魯水患援助，志工參加「臺灣非政府組織」組成的「喬治颶風勘災團」，首次到多明尼加及海地勘災發放。1999年哥倫比亞地震、密契颶風重創中美洲，美國慈濟人遠抵宏都拉斯、瓜地馬拉、薩爾瓦多等國勘災及賑災。這份無疆界愛的付出，從美國跨出到中南美洲。2001年美國九一一驚爆事件，新澤西慈濟志工前往世貿中心送冰水和補給品給第一線救難人員，在臺灣的上人也同時發起全球「一人一善遠離災難，愛灑人間植福田」運動。

慈濟人愛的足跡從地區的點，延伸到一個國家的線，更擴展到全球各洲的面，一步一腳印的足跡，在2003年以非營利組織申請加入聯合國公共資訊部諮詢委員會（United Nations Department of Public Information，UNDPI）成員獲准，打開慈濟在國際非營利組織的大門。

2003年芝加哥慈青鋁罐回收幫助約旦貧童購買冬令新鞋；而全美慈濟人文學校也於2004年發起「送愛到南非」捐募書籍、文具，到南非慈濟小學及托兒所學童。美國人醫會於2005年踏上南亞海嘯重創地 —— 斯里蘭卡，參與

跨國義診，同時也前進中南美洲薩爾瓦多展開大愛村定期牙科義診。而在美國境內2005年卡崔娜風災，達拉斯慈濟人全力投入膚慰，關懷因颶風撤離家園的災民，從此正式與主流救難組織互動。2007年美國、阿根廷、巴拉圭和臺灣等地慈濟人關懷波利維亞水患展開義診發放活動。

　　無論2001年九一一恐攻或是2005年卡崔娜颶風，美國慈濟人的賑災足跡開始在美國被看見，因此2006年受邀成為全美急難救助志工組織（NVOAD）成員，正式和全美主流有互動足跡留史。並和美國紅十字會在2008年簽署合作備忘錄。2008年申請成為國際急難組織INTERACTION成員，透過這些平臺可以讓慈濟的賑災史實與主流分享。

　　美國慈濟人的急難賑災足跡也前進緬甸那吉斯風災及中國四川汶川大地震義診。因為融入主流平臺足跡已有成果，而且也是聯合國公共資訊部諮詢委員會的成員之一，因此2010年海地強震，臺灣慈濟花蓮本會成立「海地賑災總指揮中心」、「美國成立海地賑災指揮中心」、「多明尼加設立海地賑災前線指揮所」，全球慈濟發起「善念齊

聚送愛到海地」募心募愛活動時，慈濟志工可以申請搭乘聯合國專機從多明尼加到太子港的賑災援助，而且也參與聯合國人道主義事務協調廳（United Nations Office for the Coordination of Humanitarian Affairs，OCHA）在太子港每日群組工作會報，同步分享及了解各非政府組織／國際非政府組織（NGO／INGO）的救災模式，並與其他慈善組織互動，交流彼此團隊的賑災內容和理念。

美國慈濟於2010年克服萬難成為聯合國經濟及社會理事會特殊諮詢委員會（United Nations Economic and Social Council，ECOSOC）成員之一。更因此有機會參加每年聯合國婦女署（UN WOMEN）所主辦的婦女大會（Commission on the Status of Women，CSW）年會，同時申請以周邊會議論壇及文物展宣導攤位運作。

一手動時千手動，美國慈濟在主流平臺的觸角更延伸到2011年加入GoNGO官辦非政府組織平臺，慈濟的全球志業點滴更被聽到與重視，2013年更正式加入聯合國氣候變遷綱要公約組織（United Nations Framework Convention on Climate Change，UNFCCC）。當時全球難民暨政治庇

護者及無國籍難民者急需國際非政府組織的幫助，慈濟馬來西亞積極投入難民教育及義診，受到聯合國難民署（United Nations High Commissioner for Refugees，UNHCR）的肯定，慈濟在難民的慈善扶困照顧網拓展到土耳其、約旦、塞爾維亞、泰國曼谷，更獲得美國國務院（PRM）提撥難民扶困專案基金。

2015年慈濟基金會與天主教明愛基金會自由城分會、希利國際救濟基金會及蘭頤基金會合作，物資援助獅子山共和國伊波拉病毒生存病患及家屬。

2016年慈濟在主流的愛的聯絡網更加全面化，先後受邀參加在土耳其舉辦的世界人道高峰會（World Humanitarian Summit），分享上人以佛教帶動共知共識共行，透過國際志願機構理事會（International Council of Voluntary Agencies，ICVA），期盼經由此管道能和聯合國難民署等網絡做實務聯結。而在厄瓜多大地震、馬修颶風橫掃加勒比海、艾瑪颶風重創聖馬丁等島嶼國家、墨西哥大地震等，慈濟人的國際賑災足跡不停歇。感恩聯合國人口基金會（United Nations Population Fund，UNFPA）的穿

針引線推薦，慈濟成為聯合國信仰組織評議委員會（Multi Faith Advisory Council，MFAC）成員之一。

2019年慈濟在環保推動與地球共生息法門中，正式成為聯合國環保署（UN Environment Programme，UNEP）成員之一，更進而受邀參加國際貨幣基金會民間代表（IMF-CSO）成員之一。

2020年新冠狀肺炎（COVID-19）提醒全球，地球已超載，人類必須懺悔反省，因此上人呼籲：「一、用虔誠的心來禱告（息災法）。二、用增益的心來幫助別人（增益法）。三、用敬愛的心茹素，人與人之間互相疼惜，愛護物命（敬愛法）。四、用降服法的心去除自己的無明及起心動念（調伏法）。」梵蒂岡教宗方濟各也提出：「大流行不是上帝的判斷，而是自我的抉擇和失去的相比較，人的生活什麼是重要的。讓我們回到清淨無染的生活吧！」

慈濟也針對COVID-19推動大愛共伴造福行善運動。在捐贈個人防護用具（PPE）時，莫忘修女、神父、靈醫會教友、無國界醫生（Medecins Sans Frontieres）、佛教界諸山長老，無論藏傳、南傳、漢傳或是跨宗教代表。在

聯合國衛塞節（UN VESAK）當天，透過社群媒體及視訊會議科技，聯結花蓮慈濟靜思精舍、聯合國文教聯盟（UNAOC）、聯合國兒童基金會（UNICEF）及聯合國公共資訊部諮詢（UNDGC）等，大家對佛教在新冠狀肺炎時守護社區居民的用心，都加以肯定。

新冠狀肺炎COVID-19的嚴峻考驗仍在進行中，從世界衛生組織（WHO）提出瘟疫危機，漸漸地面臨到農糧署（WFP）提醒饑饉考驗，慈濟也積極和聯合國教育科學文化組織（UNESCO）互動，這是人類與地球共生息中最重要自我省思。無論是政府機構、民間組織、私人企業及宗教代表，如一幢愛心屋的四根樑柱，用恭敬虔誠淨如琉璃的心，以合和互協用愛來串聯，大地之母地球的正能量方可百千萬劫的存在永續。

第十一節　非洲

　　1993年，慈濟基金會與總部設在法國的世界醫師聯盟（Medecins du Monde，簡稱M.D.M.）簽訂合作方案，在衣索比亞展開醫療援助方案，除了基本的醫療照顧，還建立安全供水系統改善村民的衛生習慣。1994年再次與M.D.M.合作，派遣慈濟醫護人員前往盧安達進行難民醫療救助，慈濟也是第一個參與第一線救援行動的東方團體。

　　1995年，慈濟賴索托聯絡處正式成立，針對貧戶及低收入家庭給予生活物資補助，更成立職訓中心教導貧民學習縫紉，讓來自臺灣大愛的種子得以撒播在這塊土地。

　　1999年，美國分會與包括騎士橋國際救援組織在內的多個國際救援組織合作，針對科索沃流亡難民展開發放以及醫療服務，並進行戰後心理輔導。

　　2014年伊波拉病毒在獅子山共和國爆發，慈濟人藉此因緣走入這個貧窮的非洲國家。在長達18個月的病毒威脅之後，於2017年、2019年的洪水及土石流災難，慈濟

與當地3個慈善組織再次攜手，讓人道關懷的腳步持續走入暗角。

2019年，強烈熱帶氣旋伊代侵襲非洲東部海岸，重創莫三比克、馬拉威與辛巴威等3個國家，慈濟隨即展開勘災、賑濟行動，海外慈濟志工亦陸續前往會合，偕同南非及受災當地的本土志工，進行大型賑災。

壹、衣索比亞

對於衣索比亞的印象，多數人都存著內戰、貧窮、乾旱、饑饉、瘟疫與醫療匱乏的印象。面對水土、風俗、民情迥異，加上距離臺灣相當遙遠，想要施予援手是重重困難。

所幸在臺灣企業家劉春園與法籍戰地攝影記者伊可凡（Francis Hickel）引介下，1993年1月15日，慈濟基金會與「世界醫師聯盟」（M.D.M.）簽訂合作方案，由慈濟提供資金77萬3,000美金，在衣國北秀省（North Shoa）的曼斯及基斯區高原（Menz and Gishe Awraja）展開3年「衣索比亞醫療援助方案」，從1993年2月15日開始執行，重建兩

座衛生中心、14間醫療站，也提供醫藥及當地醫療衛生人員教育訓練等。1996年2月底重建方案圓滿完成，為三十萬七千餘位村民提供良好的基本醫療照顧。此外，慈濟還建立安全供水系統，大幅降低村民罹患傳染疾病的機會，也改善村民的衛生習慣。

1998年5月，M.D.M.非洲代表喬謝‧法蘭度（Jose Fernandes）第三度來臺拜會上人，報告3年期間的醫療援助方案運作情況。同年10月，慈濟再次與M.D.M.簽訂兩年計畫，為岱柏柏罕（Debre Birhan）鎮公立醫院進行擴建，醫院於2000年5月30日啟用，守護北秀省一百八十多萬居民的健康。隔年1月16日，慈濟與M.D.M.再簽訂「岱柏柏罕醫院門診部重建方案」，於2002年7月完成。

過去，先進國家的救援組織多是提供單向的救助，一旦外援中斷，先前的努力很可能付諸流水。因此，慈濟與M.D.M.合作推動的重建方案，一開始便特別要求地方衛生官員與社區居民全程參與規劃及執行，也對醫護人員進行教育訓練，同時注重兒童父母的衛教觀念養成，才能讓觀念與能力的建立完全發揮功能，恆持永久。

貳、盧安達

　　1994年4月，盧安達爆發政變，在兩週內約計有120萬難民湧入薩伊（Zaire）邊境戈馬城（Goma）的難民營中，由於生活環境惡劣，除了缺乏糧食、飲水及醫藥，並發生大規模霍亂、痢疾等傳染病，使得死亡人數快速增加。

　　看到盧國的困境，慈濟隨即於同年7月決定展開救援工作，除了著手與外交部聯繫，同時由慈濟美國分會也與聯合國聯繫，了解當時國際組織在盧國境內的救援情形。雖然臺灣在盧安達的鄰國薩伊設有經貿代表處可以協助，但幾番考量之下，慈濟選擇有合作援助衣索比亞經驗的「世界醫師聯盟」（M.D.M.），派遣包括慈濟醫護人員，共同組成醫療團。慈濟也是第一個參與盧安達第一線救援行動的東方團體。

　　1994年7月25日慈濟與M.D.M.聯絡，提出援助的合作建議。此階段的救援目標，主要是針對盧國西北方最大難民聚集地——薩伊邊境的戈馬地區進行醫療救助，並於距離盧國首都吉佳利（Kigali）15公里處，設置3處活動

醫療站，提供返鄉難民24小時全天候的醫療救護及營養補給，防止傳染病隨返國的難民在全國蔓延。這個計畫也在27日立即獲上人認可，希望即刻進行。

而醫療團隊的形成乃經過M.D.M.嚴格篩選，參與該計畫首階段工作共有23位醫護、藥劑及淨水處理的人員，於28日便完成人力動員、物資採購及租用專機等工作，31日上午抵達巴黎的M.D.M.總部，整裝以待。而慈濟則是由英國聯絡處負責人慈華師姊（黃瓊珠），與當時正在英國進修的慈濟醫院張世忠醫師等一行7人，從倫敦飛往巴黎，了解並協助整個計畫的進行及聯繫。整個醫療救援工作於盧安達時間8月5日早上正式展開。

慈濟除了委託M.D.M.聘請醫護人員之外，並有總管理中心專員徐詳明和慈濟醫院家醫科主任王英偉，於8月11日趕抵吉佳利，加入醫療團第一線搶救生命的行動；王英偉醫師也是國內首位參與盧安達第一線緊急救援任務的醫師。最終於9月，M.D.M.工作人員撤出盧國，並將醫療站轉交給當地政府。

參、賴索托

鄰近南非的賴索托素有「天空王國」之稱，政治暴動頻傳，糧食缺乏，人民生活普遍貧窮，醫療資源欠缺；不過，在當地長期耕耘的臺商，團結共識，長期耕耘之餘，始終懷著回饋當地的心念。

1995年5月，臺商吳文彰夫婦與南非慈濟人在約翰尼斯堡一起參加發放的同時，得知賴索托的兩個村莊發生縱火事件，在災後立即趕往當地。憑著一股熱忱，眾人急切展開善行，敦請淑女鎮當地政府列出500人名冊，7月16日展開首次發放，並在兩星期後再補送150份給未領到者。慈濟賴索托聯絡處當年10月正式成立，會員逾半數是臺商，針對貧戶及低收入者發放生活物資，也進行機構關懷。

有關糧荒紓困，慈濟於2002年7月與賴國第一夫人合作，在北部山區展開2,500公斤玉米粉的發放；9月，與賴國臺灣商會、紡織品同業公會合作，參與「國際組織賴索托糧食補助計畫」，共同認捐賴國1,000戶饑民，持續4個月每戶每月25公斤玉米粉。2005年6月也在馬塞魯

（Maseru）市郊進行808戶大型發放活動，每戶發放物資包括玉米粉25公斤、油、豆、鹽及衣服、環保袋等。除此之外，南非、賴索托慈濟志工也共同協助紓緩賴國糧荒危機。2007年11月至隔年4月，持續6個月賑災發放。隨後又於2010年9月，兩國志工相偕前往賴國南部山區塔巴拿莫瑞納（Thabana Morena）、哈果諾帖（Ha Konote）進行31戶風災戶的關懷與發放，發放物資中的玉米粉更是由馬督砍地區（Matukeng）的農民自發捐贈。

在機構關懷方面，於1996年，慈濟開始每月濟助首都馬塞魯的印修流浪兒及孤兒收容中心（Insured Salation Street Chldrn & Orphans）的院童伙食費，並致贈縫紉機及布料成立「縫紉班」，讓院童填飽肚子也習得技術。2002年5月，慈濟訂製雙層大鐵床及保暖寢具，連同當地臺商捐贈的衣物、桌椅等，贈與孤兒及流浪兒之家（Vumani Outreach Center），讓孩童得以溫暖過冬。另於2011年2月賴國本土志工前往塔巴波西烏（Thaga Bosiu）山區納薩瑞斯（Nazareth）進行助學個案訪視。此外，慈濟也在馬塞魯的孤兒院、殘障中心及教會成立15個職訓中心，讓貧

民習得縫紉專長，獲得賴國政府重視。

隨著慈濟的因緣以及回饋當地的善舉，不僅讓臺商找到初發心，也使當地民眾對臺商產生好感，也因此才能將慈濟種子撒播在這塊土地。

肆、科索沃

位在南斯拉夫聯邦「賽爾維亞共和國」南方的科索沃省，儘管信奉希臘正教的賽爾維亞人僅佔10％，但卻是主政者，與信奉伊斯蘭教的阿爾巴尼亞裔還有種族衝突。尤以1999年2月，南聯在科索沃實施「種族淨化」政策，超過63萬難民因而逃往鄰近的阿爾巴尼亞、馬其頓、蒙特尼哥羅等國。

面對此景，上人指示應從「務實」面考量，在確保賑災人員安全的前提下，了解難民所需，提供最適切的援助。這段時間，包括慈濟在內，超過400個國際救援組織投入援助。慈濟本會除了派員隨同外交部前往馬其頓難民營了解，慈濟美國分會也提供運費協助騎士橋國際救援組織（Knightsbridge International INC.），將4,600磅醫藥送

進阿爾巴尼亞難民營。此外，也分別與美國難民援助組織（IRC）、美國慈悲國際會（Mercy Corps International）及法國世界醫師聯盟（M.D.M.）等非政府組織慈善團體合作，展開移動性醫療團服務，設立醫療站，進行戰後心理輔導，修復醫療院所、檢測水質及發放抗生素、化肥等。

1999年6月，美國慈濟達拉斯聯絡處與國際難民救援組織（IRC）合作，提供流亡美國的難民食物、衣物等民生物資；美國總會也同時成立「協助科索沃難民安居專案」，提供包括義診、民生用品以及兒童文具發放。8月，慈濟透過美國慈悲國際會發放2,275噸肥料給農民，援助科索沃難民復耕。8月10日，由慈濟基金會副總執行長王端正與M.D.M.簽約合作展開「科索沃緊急醫療計畫」，共同為科國首府普利斯提納（Pristina）等4個區域的居民，展開為期5個月的醫療援助，設立3個醫療中心、27個醫療站。10月，合作計畫圓滿結束。

而戰後的心理輔導與復健，在Flora Brovina's Center這所兒童婦女心理復健中心，提供兒童心理輔導。而當地的另一個慈善機構——德雷莎修女會，慈濟也與其接洽並討

論援助冬衣可能性，遂成為慈濟援助科索沃難民可能的重點方向。

迄今，雖然科索沃會議於2008年2月17日通過獨立宣言，但賽爾維亞政府並不放棄科索沃的主權，因此科索沃問題一直懸而未決。只要和平未降臨，慈濟仍持續關注這塊苦難土地，只要有需要，慈善的腳步亦將隨時履及。

伍、馳援莫三比克、馬拉威、辛巴威

據《明史》記載，鄭和船隊下西洋終點是「比剌」和「孫剌」。雖然仍有待考證，但有學者認為「比剌」就是莫三比克中部的港口城市貝拉（Beira），「孫剌」是沿海省分索法拉（Sofala），顯見華人與東非的因緣既遠且深。

2019年3月，強烈熱帶氣旋伊代（Tropical Cyclone Idai）二度襲擊非洲東部海岸，重創莫三比克、馬拉威與辛巴威，這3個國家財政長年貧困，公共設施破壞，防災救災能力嚴重不足，洪患釀成東非近20年來最嚴重災情，3國受災近300萬人，災區居民面臨飢餓、傳染病威脅，各國際組織皆努力克服交通阻礙，提供糧食、避難

所、醫藥衛生等緊急援助。慈濟也在第一時間展開勘災、賑濟行動，海外慈濟志工陸續前往會合，偕同南非及受災3國的本土志工，籌辦大型賑災。然而，災情一波接續一波，不只是「霍亂」疫情一觸即發，「糧食短缺」極可能造成第三波人道災難。

一、莫三比克

　　風災發生後，從國際媒體看到的災難訊息，讓人以為淹水地區只在貝拉，但106公里外的雅瑪郡（Nhamatanda District），位於河流轉彎處的拉梅高村（Lamego），卻是這次洪患水位最高之處。災後一、兩週，雅瑪郡完全沒有任何物資送抵。總計下來，莫三比克逾180萬人受災，當地慈濟人立即啟動賑災和勘災行動。

　　3月20日，來自莫三比克首都馬普托（Maputo）的慈濟志工兵分兩路，在地的慈濟志工傅迪諾（Dino Foi）先飛抵貝拉進行勘災工作；蘇柏嘉師兄偕同本土志工則途經一千兩百多公里，來到雅瑪郡南方的棟多郡（Dondo）和古魯甲（Grudja）、棟貝（Dombe）等村鎮勘查。3月下

旬起，鎖定雅瑪郡堤卡村（Tica）、拉梅高村、雅瑪村，以及距離貝拉100公里外的布茲郡（Buzi）、瓜拉瓜拉（Guara-Guara），發放白米或玉米粉、民生用品、建築工具包、學生文具，讓受災戶足以充飢也有辦法重建家園。物資發放於5月20日結束，總共提供大米援助553包、糧食生活包1萬285份、建材農作種子包1萬6,764份及學用品2萬6,623份。

義診於5月19日展開，包括臺灣花蓮、臺北、臺中和大林慈濟醫院4院院長，及多國慈濟醫療志工組成的團隊，在堤卡村、拉梅高村和貝拉市的天主教大學（Catholic University of Mozambique，UCM）完成3場大型義診。結束在災區的義診，醫療團隊轉移到首都馬普托，來到郊外馬哈塔許（Mahotas）「慈濟的家」，舉辦浴佛，並為照顧戶義診。5天4場大型義診，共嘉惠了4,951人次。不只大醫王皆大歡喜，馬普托在地的慈濟志工傅迪諾與蔡岱霖夫妻也感觸良深。

風災過後，夫妻倆幾乎以災區為家。傅迪諾負責與政府單位協調溝通，尋求資源，蔡岱霖則帶著本土志工勘災

關懷。救災工作還好有一群來自馬普托的本土志工協助，消弭種族隔閡，才能在很多團體沒有進來的時候，第一個進入災區發放，他們甚至還直接駐紮在前線雅瑪郡，深入社區，讓各項發放工作能順利推行，許多當地居民也受到慈濟人的感召，加入志工行列。傅迪諾說，賑災與義診雖然完成，但這不是結束，而是才要開始，將投入更多教育資源，幫助苦難眾生翻轉生命，「莫三比克已經準備好了！我也準備好了！我會繼續留在這裡！」

二、辛巴威

3月15日到17日伊代氣旋侵襲期間，短短24小時降下600毫米雨量，集水區山洪暴發，引發嚴重土石流，造成27萬人受災，東部馬尼卡蘭省災情慘重，其中奇馬尼馬尼縣（Chimanimani），全區超過9成被毀。位在首都哈拉雷慈濟人朱金財與本土志工，災後隔週由當地人領路，滿載一車麵包、淨水劑，繞道走崎嶇山路前往勘災。

勘災過程中，更有慈濟長年關懷的社區，居民響應救災。在志工還沒抵達東憬社區（East-view）集會所，就有

許多民眾帶著家中所能捐出的衣物、零錢，要託付慈濟人帶入災區。位於首都外圍的結卡區（Jacha Area），聚集許多外地前來落腳的貧困居民，紛紛帶來他們認為最有價值的物資捐出。

位於東部山脈間高地的奇馬尼馬尼縣，風災過後3週，地方政府仍在修復基礎路況，民生修復狀況幾乎是零。辛巴威慈濟志工在4月5日、13日展開兩場大型發放，致贈居民主食豆渣粉給7個收容中心煮食，也帶來兩千條環保毛毯供民眾夜間禦寒，四百多戶受災家庭則領到食油、鹽、黃糖、玉米粉、衣物。

三、馬拉威

被聯合國列入最低度開發國家之一的馬拉威，每年11月到5月是當地的雨季，這次伊代強烈氣旋造成南部多處水災，共有87萬人受到影響、8萬多人流離失所，收容所糧食、醫藥缺乏。其中，馬拉威南部大城布蘭岱（Blantyre）此次風災有4萬多人受災，近郊的青溝貝部落，以往即是慈濟慈善關懷的區域，村中人家有120戶住

屋倒塌。慈濟志工實地評估後，決定以堅固的磚砌水泥建材，3月18日起為部落中亟需援助的70戶貧困居民援建磚房。

重建逐日在部落多處展開，最多一天內有8間磚房同步進行，男女老幼加上慈濟志工，百餘人投入建房，喬安（Joana M'dala）更承擔起跨組協調的工地志工主任，她是2018年8月南非跨國團隊第一次前來關懷，在馬沁杰鎮（Machinjiri）所援建的第一戶受助家庭。酋長高非・馬度卡尼（Godfry Madukani）紅著眼眶說：「謝謝慈濟為村裡所做的一切！」看到陌生的慈濟志工不畏遠途前來救援，一轉早先的態度，主動號召更多村民投入，自己更是親力親為一起搬運水泥。

四、全球願力

自3月10日慈濟基金會宗教處海外會務室通訊群組，張貼了非洲水災外電報導開始，同仁們繃緊神經，密切與非洲志工聯繫，了解會眾及志工是否平安。4月2日，第一批慈濟基金會宗教處的同仁，自告奮勇從臺灣啟程，和

來自臺灣、南非、澳洲、英國的志工抵達莫三比克貝拉會合，展開長達56天賑災、發放和關懷的團隊任務。

伊代風災的賑災，從最初急難階段發放物資，全球52個國家地區募心募愛，到進入中期階段的建材包及種子發放、援助受災的學校修繕，長期階段評估興建大愛屋及學校。上人說，「急難救助期告一段落，中長期援助要繼續，『教育』是翻轉非洲的力量、是希望的路！」

陸、獅子山共和國

提起西非獅子山共和國，一般人會聯想起爭奪、戰爭的畫面，內戰自1991年打到2002年，歷時11年，造成20萬人死亡，200萬人被迫遷離家園。

近年來，獅子山共和國更為人所知的，是2014年伊波拉病毒（Ebolavirus）爆發，疫情抗戰直到2016年3月，世界衛生組織宣布疫情結束，卻已造成一萬四千多人感染，近4,000人死亡，這波疫情也是慈濟人走入獅國的主因。

以美國慈濟人為主的關懷團隊，在原籍獅國的豐巴

（Fomba）師兄穿針引線下，慈濟與希利國際賑災基金會（Healey International Relief Foundation），2015年3月於花蓮簽署合作備忘錄。自臺灣及美國運送物資，包括福慧床、環保毛毯、食物、醫療用品及衣物等，並由合作夥伴與當地自由城明愛會（Caritas Freetown）及蘭頤基金會（Lanyi Foundation）協助發放。至隔年3月伊波拉疫情宣告結束，4月隨即啟動第二波關懷和發放行動。

　　2016年9月下旬，慈濟人一行7人，分別從美國和臺灣前往，與當地合作機構於首都自由城會合，展開為期一週的白米發放與關懷。同年，臺灣農委會援外計畫，提供200噸白米給獅國，9月27日，第三批60噸白米啟動發放。

　　在伊波拉病毒威脅之後，另一場洪水及土石流災難，於2017年8月14日再次降臨。這次發生在首都自由城的洪水及土石流規模，更是前所未見，造成1,300人死亡或失蹤，同時摧毀了許多房屋，讓6,000人流離失所。就在發生洪水及土石流的當天早上，已趕到雷鎮（Regent）與盧美利（Lumley）災區。17日起，提供雷鎮、克林敦（Cline

Town）、盧美利、柯芬（Culvert）等地居民熱食。急難救助結束後，仍持續供應孤兒院及水患災民收容中心米糧，愛不間斷。

　　類似的場景，在2019年8月，透過合作組織傳來訊息，得知首都自由城發生嚴重水患。明愛會、希利基金會及蘭頤基金會有了過往慈善發放的經驗，立即發放白米、毛毯、五穀粉等物資。11月中旬，23位志工團員來自美國、臺灣、馬來西亞、南非等國家地區，搭配本土團隊的人力，8天內完成18場發放，提供水患災區與長期關懷機構二手衣物、五穀粉、毛毯及大米等物資，嘉惠逾萬人。

　　慈濟援助獅子山共和國，從伊波拉疫情開始，深入關懷，更發現許多族群面臨生死關頭，在地的3個慈善組織與慈濟攜手，讓微光持續觸及暗角，直到改變的契機來臨。

2016 年海地馬修颶風救援，志工發放紅豆香積飯熱食。（美國總會提供）

2016 年菲律賓大岷區計順市火災，行動廚房（大愛餐車）在災區烹煮熱食。
（攝影／黃紅紅）

第四章
慈悲與科技合流

慈濟人文志業中心慈濟期刊部撰述 **葉子豪**

慈濟志工累積國內外急難賑災的經驗，發現徒以愛心不足以自行，因為災區有諸多險惡狀況，如面臨水、電、瓦斯、住房等設施損毀，道路破壞、通訊中斷，需要借重科技，設計特殊的裝備，以提高賑災效率，也確保救助人員的安全。慈悲與科技合流，因此成為慈濟災難賑濟史的動人篇章。

20世紀90年代後期，尤其是九二一大地震後，慈濟研發出涵蓋食、衣、住、行的賑災物資和設備，在各種環境呼應災後的急迫需求，也將臺灣的救援能量推向國際社會。

多項「慈悲科技」產品的研製，來自專業人士如工研院博士級研究員、資深的修車師傅、或民間企業家的發心投入。也有人並無相關背景，從零開始學習，可謂「以工

廠為道場,以機器為法器」,鍥而不捨地實驗修改,創造出嘉惠無數人的成品。

相對於求新求變的尖端科技,「慈悲科技」不求新奇,而善用現有的物料及科技,製作出易於量產、運輸,或易於組裝、操作,維修需求少的實用之物。部分成品使用資源回收再生原料,達成環保與人道援助的完美結合,在救助苦難時,也減少了資源耗損與汙染。

2015年後,行動通訊科技精進,普及全球,慈濟本會及志工團隊,更加強運用科技的力量。例如與大專院校合作,開設無人飛行器操作與空拍製圖,培訓慈濟志工操作可以勘災的無人機;也與負責防救災的政府機關、民間團體合作,建構防災資訊網,提高對災害的應變與復原能力。

以下分別介紹慈濟「慈悲科技」之研發因緣、過程與運用,從衣食住的資糧(毛毯、香積飯、福慧床)開始,述及賑災行動機具(餐車、汽化爐、淨水設備、全地形救災工作車、太陽能路燈)的開發。

壹、衣食住的資糧

一、寶特瓶回收再製的毛毯

因災難而流離失所的人們，在風雨或嚴寒天氣中，最需要保暖的毛毯。為了應對國內外的突發災變，慈濟備有相當存量的毛毯。這些毛毯都是回收的寶特瓶再製而成，已有超過100萬條送達五大洲。

環保毛毯的誕生，源於上人對紡織業的志工黃華德的提問：「寶特瓶是石油做的，紡織品也是石油做的，你去研究一下，能不能用寶特瓶做些什麼？」當時，紡織業界已開發寶特瓶再製成紡織原料的技術，但國內業者並不看好。

理論上，寶特瓶的瓶身為PET塑膠製成，回收後經過切片、熱融、造粒的程序，就成為PET塑膠酯粒，就如同從石油提煉出來的原生原料，可供紡織業者抽成細絲，再紡紗織布。然而，這種資源再生科技也有非關技術的難關需克服。由於PET再生酯粒抽成的化學纖維絲，直徑僅有髮絲的二十分之一，只要有直徑萬分之一公分大小的雜質，就很容易斷裂。

實業家志工起初用慈濟環保站回收的寶特瓶試做，結果抽出來的紗線只有30％可用。大家研究發現，原來是原料不乾淨，就請環保志工多兩個動作，將瓶蓋和瓶環除去，解決了這個問題。

　　為了護持「垃圾變黃金，黃金變愛心」的理念，黃華德在自己公司內部成立「環保組」，專責環保織品的研發改良。環保毛毯在2006年底開始量產，兩年內製造超過15萬條，除用於臺灣本土冬令發放，也投入國際賑災。

　　2008年，黃華德邀集了4位分屬食品、海運、建築、資通領域的實業家，共同出資成立大愛感恩科技公司。儘管是以營利事業型態經營，也製造產品上市販賣，但它實際上是以「環保人文、愛心接力、完全回饋」為核心價值的社會企業。5位創辦人把所有股份捐給慈濟，稅後盈餘全數用於公益。

　　「大愛感恩科技是藉著有形的產品，把原料端、製造端跟成品端所發揮的善力量推廣出去，最後達到淨化人心、祥和社會的目標。」實業家志工李鼎銘指出，這是充滿愛，由很多人接力完成的毛毯。儘管成立那年遇到金融

海嘯，很多回收業者因無利可圖，不回收寶特瓶，但「大愛感恩」依舊以高於行情的價格，收購環保志工整理的寶特瓶。

為了保護環境，實業家志工力行「不後染」原則。灰色毛毯以白紗與黑紗織成，白紗由透明寶特瓶再製，黑紗則在紡紗過程中加入碳黑。相較於一般浸染料的「後染」工法，這種「乾式」的染整技術省水，也降低汙染。2011年，大愛感恩科技取得了全球紡織業的第一張「水足跡」認證。根據認證單位德國萊因ＴＵＶ集團的精算，製造一件Ｔ恤的耗水量為2,700公升，但一條灰色環保毛毯，只需643公升的用水。

這份結合環保與人道的救助物資，在世界許多角落留下愛的印記。例如，2016年5月，地廣人稀的加拿大發生森林大火，超過六分之一臺灣大的土地頓成焦土。距離重災區4小時車程的愛明頓市，成了安置災民的重鎮，慈濟志工也前往支援。

「5月時，當地氣溫白天大概10度，晚上0度，我們在那邊都覺得冷。」帶隊的苗萬輝記得，愛明頓市湧進8萬

災民，毛毯短缺。上人聞訊後，立即指示慈濟本會從臺灣空運4,000條毛毯支援。

加拿大慈濟人在愛明頓發放毛毯時，一名婦人黑澤爾上前詢問能否給她一條，志工得知她因罹癌，飽受化療之苦，就送她一條，也告訴她毛毯背後的故事。黑澤爾在返家途中，去醫院探訪一位同樣罹癌的7歲小女孩。

「這件毛毯既然可以安我的心，是不是也可以安她的心？」眼看小女孩因癌末病苦不斷哭喊，黑澤爾將手中的毛毯蓋在她身上。那一瞬間，小女孩不但停止哭泣，還露出微笑，當天晚上就往生了。女孩的父母將慈濟毛毯當陪葬品，希望它呵護孩子走上天堂路。

第二天，黑澤爾出現在志工面前，說了小女孩的事。志工問：「需要再給您一條嗎？」「不用了！」黑澤爾轉身離去，苗萬輝心有所悟：「那一份感受已經在她心裡面了。」一條毛毯本無奇特，但因出自許多人的愛心造就，彷彿被賦予了療癒的正能量。

除了膚慰受助者的毛毯，大愛感恩科技也為第一線救助他人的慈濟志工，研發合適的個人裝備，同樣用寶特

瓶的資源回收物製成。例如：可以照亮前方的「太陽能帽」，附有太陽能板、LED照明燈及電池提供電源；藍色防寒夾克及鋪棉白褲，可抵禦零下20度低溫；防穿刺的鞋子和鞋墊，可保護志工的腳避免穿刺傷害。

為支援賑災，同時賺取盈餘護持慈濟，「大愛感恩」也推出了多款用品，包括上班族的西裝、套裝，休閒服、童裝等。這些織品或用具外觀簡單質樸，但每一件都從「環保菩薩」付出汗水和心力而來。

「這些產品讓環保站的菩薩感覺到，他人生的意義很大！」李鼎銘感動地說，曾有歐洲媒體來訪，一開始很正式地請教他公司規模、獲利等基本問題，但椅子還沒坐熱，一行人就移師慈濟環保站。「我對他們說，臺灣大企業集團的營業額都幾千億，我們沒多少，我們有的是『價值』。」

二、香積飯

在慈濟的備災倉庫中，有一款不必蒸煮，只要加熱或冷開水，待20分或50分鐘後，就能泡出的米飯，在2009

年八八風災後，成為慈濟賑災的主糧。

這款名為「香積飯」的問世，溯自慈濟1991年起到中國大陸賑災，志工發現偏鄉災民常得忍著低溫在夜半啟程，趕在天亮時抵達物資發放點。然而，好不容易領到救濟米，回到家卻無力生火煮飯。上人因此感慨道：「如果能將白米變成可沖泡的乾燥飯，不用烹煮，就有一碗飯或粥吃了。」

靜思精舍常住師父德晗及德偌兩位法師，將上人的話銘記在心，自2006年著手速食乾燥飯的研發。他們在實業家志工協助下，前往日本觀摩，回來後用大飯鍋煮飯，再一鍋鍋放進機器做實驗。

「最大的困難點是沒辦法『復水』，就是沖泡後沒辦法回復成一碗飯。」德晗師父指出當年的技術瓶頸。煮飯、乾燥、加水，師父們一再重複試驗，經過幾個月的實驗後，終於沖泡出飽滿溫潤，有如剛開鍋的速食米飯。

常住師父以非專業之背景，於2007年研發成功，開始量產。上人依循佛教傳統，將這款速食飯定名為「香積飯」。這一名詞，典出《維摩詰所說經》之〈香積佛品〉：

上方界分過四十二恒河沙佛土，有國名眾香，佛號香積。今現在，其國香氣比於十方諸佛世界人天之香最為第一，彼土無有聲聞辟支佛名，唯有清淨大菩薩眾，佛為說法。其界一切皆以香作樓閣，經行香地苑園皆香，其食香氣周流十方無量世界。

香，指的是遠離垢穢，宣散芬芳；積，聚集也，有積聚功德的意思。香積一詞不僅包含物質糧食的滿足，也兼具精神資糧俱足，智慧福德圓滿之意，蘊含對烹調者、食用者誠摯的祝福。後世漢傳佛教徒以「香積」稱呼寺院、修行團體的飲食事務。

「研發香積飯有多種意涵，不是只為了備災而已。香積飯如果在家庭使用，就不用上館子外食，可以增進家庭和樂；泡成粥當早餐吃，就不用到外面買早餐，用到塑膠袋。」德晗師父道出上人指示研發香積飯的用意，其中一項別具修行意義：「靜思堂使用香積飯，能讓香積志工不要太忙碌，大家可以多點時間來聞法。」

馬來西亞慈濟分會的使用經驗證明，在大型營隊活動中，這份智慧資糧的確可以省下寶貴的時間及資源。以準

備1,000人份午餐為例，以往馬國慈濟的香積組需要動員30人，花7小時，消耗3,500公升水，35公斤瓦斯。

但使用香積飯加乾燥蔬菜包、調味包，省卻了大量洗菜、切菜、烹調所需的時間和資源，僅需投入10個人，花2小時，使用200公升水，消耗5公斤瓦斯，就能做出等量的千人餐。

2008年年底，「香積飯」正式上架。為了讓各地慈濟志工都能充分了解並善用這份資糧，德晗師父等人於2009年元月起，開始行腳全臺，向各縣市及海外志工說明研發香積飯的意義及沖泡方法。

那年夏天，莫拉克風災爆發，一行人的努力及時發揮功能。水患發生的8月8日，靜思精舍的師父及志工就打包庫存的16噸香積飯，於晚上9點45分，送出第一個貨櫃。當天，9萬個環保餐盒也由臺北南下。

一千多名志工湧入高雄靜思堂開爐舉炊，將玉米、香筍、蔬菜、紅豆糙米等口味的香積飯，一袋袋倒入大鍋中，和著熱開水還原成熱騰騰的米飯，旋即裝入餐盒配上青菜、豆干等副食，一箱箱載往災民收容所及救災前線。

在宛如泥塘的林邊、茄苳，許多鄉親受災後的第一餐熱食，就是慈濟的香積飯。

為了方便趕工，師父們都不在寮房過夜，而是睡在機臺旁。從8月8日下午到20日，師父以及協力生產的志工已送出34噸。以一個大人一餐所需，只要泡80到100克香積飯來計算，34噸的香積飯足可做出30到40萬份熱食，讓13、4萬人得一日溫飽，或是滿足一到兩萬人一週所需。

德晗師父印象最深的是，志工自備午餐，不吃災區一粒米。北部和中部的慈濟志工一批批南下支援，在上高鐵以前，就泡好香積飯放入背包。

八八水災的援助，驗證了香積飯的實用性。2013年冬，在賑濟菲律賓海燕風災的行動中，就有臺灣志工前往重災區，指導菲國慈濟人用香積飯應急。「慈濟，dinner！慈濟，dinner！」羅美珠用自己有限的英文賣力呼喊，招呼辛苦清理家園的鄉親們前來用餐。她在料理香積飯時加上一些食用油，就把「泡飯」做得像「炒飯」一般，一開鍋果然大受歡迎。

「一箱賑災用香積飯有10公斤，分裝成兩大包，一大包5公斤，加6公升熱水沖泡，可以供應70人份。」羅美珠把訣竅傳給後來的志工，以確保香積飯的口味及品質不變。「讓他們吃飽比給錢更重要啊！」出身貧苦的她感同身受地說。

自11月27日開始大量供餐，到以工代賑告一段落，海燕賑災的前線香積團隊，總計供餐28萬人次。不只災民，第一時間趕赴災區的菲律賓志工，也慶幸在一無所有的情況下有香積飯吃。

德晗法師感嘆：「海燕風災後，我才看到做香積飯的價值在哪裡。」汲取國內急難與國際賑災的經驗，法師制訂了香積飯30噸的「安全存量」標準，即有兩個貨櫃的量隨時處於待命狀態，一旦國內外有需要，馬上就能上船、上飛機，投入第一線。

不過，這些物資並非鎖在倉庫裡，而是由靜思精舍經營之靜思書軒的銷售管道，將生產、倉儲、物流結合，不斷更新循環。慈濟志工或民眾既可購買，也確保備災用的香積飯不逾保存期限。

「中東人其實也吃米食，他們蠻喜歡吃不加東西、乾一點的飯。」德國慈濟志工林美鳳談起前往塞爾維亞，援助敘利亞難民的情形。當時接觸到的難民，已經吃了好幾天的冷麵包和罐頭，一看到同樣的食物就倒胃口。她說：「但香積飯配優格加酸黃瓜，他們就吃得很高興，當他們吃得高興的時候，我們就有機會跟他們互動了。」

　　「香積飯」膚慰了許多受災難者的心與胃，傳揚了米食文化，也反映了真誠的「熱心」與真實的「熱食」相得益彰，發揮困境中送暖的立即效益。

三、福慧床

　　2010年夏，巴基斯坦印度河流域暴雨成災，兩千萬人流離失所。慈濟賑災團於10月前往發放毛毯與糧食，在信德省蘇加瓦鎮，見到一位小女嬰夏娜躺在鋪著毯子及塑膠布的泥地上，父母再用幾根木條撐起一塊布做棚子，勉強讓她安身。「受災的災民真苦，再讓他睡地上，真是情何以堪？」上人得知後十分不忍：大人都受不了災後的濕冷環境，更何況未滿月的嬰兒？

慈濟因此加快「簡易組合式睡床」的研發，這是美國慈濟志工張義朗為援助年初的海地強震災情而設計的。2010年12月下旬，九千六百多個床組及塑膠布，從美國分兩批海運，在次年2月初送入巴基斯坦災區。

　　賑災團員抵達蘇加瓦鎮，向鎮長及村長們展示組合床，由寬度10公分的PP防水塑膠瓦楞板組裝，以「井」字交叉組成立體架構而成，可躺上4至6位成人，床面離地10公分，有效隔離溼氣與低溫。志工們也將特製的小尺寸嬰兒床，送給近4個月大的夏娜。

　　美國慈濟人設計的簡易組合式睡床，嘉惠了數萬巴基斯坦民眾，大人小孩的笑容，是志工收到最感動的回饋。事後檢討，志工發現有可以改進的空間——床組零件打包後，長度超過兩公尺，不便一個人搬運；床架條不容易拆出；切割過後的PP板邊緣鋒利，易讓人在拆卸時割傷手等等。

　　菲律賓慈濟人蔡昇倫本行是建築設計，跨界到「工業設計」，他汲取前人經驗，檢視市售的各式床具，幾番苦思，漸漸摸索出一套「多功能摺疊平臺」方案。為了避免

合板家具受潮變形、鐵製床架泡水生鏽，並確保使用者的健康，他特地選用食品級的PP塑膠打造床板。床面由6塊塑膠板組成，床架部分，由左右兩側各6面的側板，以及前後各一的底板構成。

「別忘了開洞讓水流下去。」上人聽取初步的設計報告後說。蔡昇倫按指示改良，在每塊側板上打了圓孔，兩端底板則開圓柱形孔洞，推出了第一版。由於上人常以「福慧雙修」期勉慈濟人，多功能摺疊平臺因此被賦予「福慧床」的雅號。

為了改善不透氣、散熱不良的缺失，蔡昇倫將第二版改成床面滿布六角形孔洞的「洞洞床」，也一併解決過重的缺點。孔洞大開後，新床的通風效果變好了，但強度、耐用性卻變弱。蔡昇倫又花了3年不斷修改，將六角孔洞改成5元硬幣大小的圓孔，總計118洞，於2013年推出成熟的第三版。重量僅15公斤，卻可承重150公斤，尺寸和強度都符合一般單人床的標準，摺疊之後約「一卡皮箱」的大小，運送和收納都很方便。

那年11月，慈濟援助菲律賓海燕風災，「福慧床」首

度展現優勢。「海燕風災後那兩個星期，前往災區的志工們是鋪草蓆睡在水泥地上，後來有福慧床，就『享福』了！」大哥蔡昇航道出第一手使用心得，弟弟的創意研發更讓劫後餘生的受災鄉親受惠。

2014年2月，菲律賓慈濟志工來到災區奧莫克市，訪視被市政府安置在臨時屋的民眾，發放福慧床。數片摺疊的塑膠板攤平後是單人床；拉起中央的手把，一提，兩張床板便豎合，變成有靠背的椅子。3個月後，志工回訪複查，發現居民已善加利用這份安身好物。例如，雙腳先天畸形的婦人奧菲利亞和稚子難耐臨時屋的燠熱，索性把福慧床搬到屋外，乘著夜晚的涼風睡覺。在家門口賣零食的康瑟森白天做生意時，就拿它當椅子坐。

因為實用，福慧床推出短短2、3年，就廣泛運用於慈濟的急難救助及賑災。2015年6月，八仙樂園粉塵爆燃事件造成近500名青少年燒燙傷，慈濟志工從慈濟板橋、三重園區，緊急調運21張福慧床到亞東醫院，不到1小時就協助布置好家屬休息室。

在守護西非伊波拉疫情倖存者的關懷行動中，慈濟也

送去福慧床。由於資源缺乏，當地醫療機構很難對醫療用品進行有效消毒，許多用過的器具只能燒掉。食品級塑膠製成的福慧床，只要噴上消毒液清洗，即符合衛生標準，減少「病毒感染」及「廢棄物污染」的問題。

2014年東歐波士尼亞水災，慈濟志工林美鳳與德籍夫婿加入賑災團，災區垃圾很多是泡了水的床墊。時序已是會結冰的11月，志工帶動中學生，將福慧床搬到受助者家中，展開打平並鋪上被毯。當地鄉親尤其是老人家非常感動，終於可以不用席地而睡了。

坐臥兩用的「福慧床」獲得多項國際榮譽，2014年從四千八百多件參賽作品中脫穎而出，贏得德國第六十屆紅點設計獎（Red Dot Design Award）之「最高品質獎」。這是國際間的「設計界奧斯卡」，紅點專刊《每件產品都訴說著故事》精要地說明獲獎緣由：「福慧床協助受災民眾得到充分休息，在睡眠中恢復體力，同時讓大腦有足夠的時間調適心情，處理災難造成的心理衝擊。」

蔡昇倫持續研發出多項新產品，總共取得三十餘項專利，獲頒7項設計大獎，42項發明獎。十大傑出青年基金

會也頒給他「華裔青年特別獎」，表彰他結合慈悲與創意研發賑災器具的貢獻。蔡昇倫始終謹記上人教誨，把外界的肯定與讚美當警惕，把握每一次參展和領獎的機會，向外廣結善緣。歐洲慈濟人也趁著協助參展的機會，向德、法、瑞士等國人士宣揚「來自臺灣的愛」。

貳、賑災行動機具

一、行動餐車

　　1999年九二一大地震爆發後，上人行腳至中臺灣災區，看見志工在收容所旁煮熱食，現場瓦斯管線交錯重疊，大人小孩在沸騰的湯鍋旁進進出出，令上人十分擔心安全問題。於是上人責成新竹志工蔡堅印設計行動廚房，可以將鍋具、瓦斯、火爐載上車，哪裡需要就往哪裡去。

　　「會跑的」廚房不難做，只需將兩噸以下俗稱「小發財」小貨車改裝便成。裝上了廚具，搬上瓦斯、快速爐等工具，小貨車就可以穿梭街巷，像許多賣小吃的餐車一樣。但困難在於慈濟一出餐就得供應千人以上，鍋具、廚具因此要夠大，但又不能大到難以載運。

蔡堅印從事汽車修護多年，卻從未做過機械改造的工作，甚至連製圖都不會。然而憑著「以師志為己志」、「有事弟子服其勞」的使命感，加上自己對車輛設計的好奇心，勇敢接受挑戰。

　　蔡堅印以臺灣本土的飲食習慣、慈濟救助經驗為本，歸納出在3小時，為900人上4菜1湯，或是出900份以上熱食餐盒的設計基準。當時有人捐了部6.4噸卡車，設計小組便先用木板加工。

　　一番裁切組裝後，一臺高度一樓半的龐然大車駛入眾人眼簾。蔡堅印打開車廂兩旁的側板，往上掀的部分成為遮雨棚，往下展開的部分就是烹調者站立的踏板。電鍋、瓦斯爐、流理臺一應俱全，只差把打樣用的木板換成不鏽鋼板。

　　上人一眼就看出缺失：6噸級貨車底盤高度及腰，工作區也離地將近1公尺，煮食的志工進出都要走一小段階梯，做菜時可能失足跌倒。另外，駕駛6噸半的卡車，也需要大貨車駕照，大大限制了志工人力的調派運用。

　　蔡堅印改用環保志工普遍使用的3.5噸貨車為載臺，

將工作區的踏板高度降低，也讓使用者可以調整。配備3個50人份飯鍋、兩組大型快速炒爐與直徑兩尺半的大鍋、兩組快速湯爐。另有容量一噸的水箱，搭配加壓馬達、進水抽水馬達及簡易淨水器，組成衛生安全的供水系統。夜間照明設備、排油煙機及散熱裝置等配備齊全，可供4個人同時煮食。

經過兩年的試驗後，3.5噸「大愛餐車」於2001年8月首次上路。慈濟音樂手語劇「父母恩重難報經」於新竹公演，它為近300位演員及工作人員提供餐食。臺北慈濟醫院景觀工程施工期間，它也承擔廚房工作長達一個月。

然而，2000年後慈濟各會所、環保站已廣設廚房，「大愛餐車」出勤率低，數量也始終只有一輛。及至2010年後，其他志工與產學界熱心人士，陸續研發出行動淨水機組等賑災設備，蔡堅印等人也展開行動廚房的改良。

第二代行動廚房不再結合廚具與車體，改將所有廚具「模組化」，裝設在如貨櫃的箱體中，由不同車或人載運。這是考量到慈濟環保志工開的3.5噸貨車，多達九百多輛。「環保車」平日載送資源回收物，一旦有災難就可

變身為運輸部隊。2009年8月莫拉克颱風後，慈濟就採高鐵載人、環保貨車載機具的方式，將人力物力快速運抵南臺灣佳冬、林邊等地清理災區。如果把廚房做成一個可用小貨車載運的箱體，那麼千百輛小貨車皆可成為餐車。

要讓小貨車載著跑，廚房機組的長寬得比車斗小一號，高度也要仔細拿捏，以免上車後因重心過高，危及行車安全。憑著先前累積的經驗，蔡堅印把二代行動廚房設計得更紮實。整個機組收攏時，即是一個白色外殼附帶太陽能板的大鐵箱。志工張敏忠又進一步設計出由6個模塊組成的行動廚房，模塊可以是蒸籠、湯鍋、炒菜鍋等炊具，使用者可依需求利用。

蔡堅印依臺灣香積志工的需求，調配出「本土版」的行動廚房模組：兩個50人份飯鍋、兩個大灶、一個湯鍋、一個蒸籠，特別是古早味的大灶，能在沒瓦斯的情況下燒柴煮食。電力部分則由太陽能板及蓄電池提供，不必外接電源，沒電也可運作。二代行動廚房體積略小，卻一樣能在3小時內，為千人提供4菜1湯。也能用所有鍋具煮開水，沖泡速食的「香積飯」，餵飽更多人。

二代行動廚房在2013年推出，2015年2月第一次投入救災，支援復興航空南港空難救援行動，供應熱食給冒著寒流，在低溫下的基隆河搜救的消防救難人員。次年支援臺南「〇二〇六強震」搜救行動時，則是把配備6個瓦斯飯鍋的「援助非洲版」拉到永康區維冠大樓救災現場。「我們就開了5鍋來煮麵，剩下那一鍋就煮開水，燙洗環保碗消毒。」研發志工柳宗言說。

　　從2月10日運抵現場，到2月13日搜救任務結束，行動廚房在寒冷的夜晚，為受災民眾、搜救人員乃至媒體記者提供熱食，曾創下一晚煮麵兩百七十餘碗，3天提供七千多杯手沖咖啡的紀錄，可說是最溫暖的「深夜食堂」。

　　「做這個行動餐車沒有市場，就是給慈濟志工去發揮。我想按照上人的理念繼續做，因為臺灣應該要有4套，分配在臺北、臺中、高雄、東部。」回顧一路走來的歷程，蔡堅印自嘲說自己以前不懂繪圖，到現在還是不會畫。但秉持「做就對了！」的信念，終究達成了上人交付的使命。目前除了臺灣，模組化行動廚房也已為菲律賓慈濟人所用，在海外發揮良能。

二、賑災用汽化爐

「30公升的水，用這個爐燒，35分鐘就滾了，這是很快速的救難用具！」談到因救災而出名的自家產品，從事機械業的張金德語帶自豪。從菲律賓海燕風災、高雄氣爆、復興航空南港空難，到臺南永康強震救援，這個用不銹鋼打造的賑災用汽化火爐，都在現場發揮了煮食、供暖的功能。

雖然名稱中有個「汽」字，但它並不燒瓦斯、天然氣，而是使用農業廢棄物如稻草製成的「固態生質燃料」，必要時也可就地取材，拿漂流木或乾草放進去燒。這是為偏鄉，資源匱乏環境特製的爐具，設計經過精密計算，運作原理相當特別。

汽化爐點火前，先將固態生質燃料或木柴放進燃料桶，最上層鋪上稻草、枯枝等易燃物，劃火柴或用紙條取火引燃，也可灑一點酒精膏加快燃燒。上層的燃料著火後產生熱能，下層燃料中的可燃物質，會在高溫但缺氧的狀態下分解，由固態化為液態，最後「汽化」，釋放出可燃燒的「木煤氣」。

木煤氣跟著流入爐體的空氣一起受熱，沿著中空層上升至爐口從孔洞溢出，最後接觸火源燃起熊熊烈焰。張金德以點蠟燭比喻：「燭火燒的不是蠟燭本身，而是蠟受熱後產生的氣，汽化爐的運作就是把可燃的氣體逼出來燒，因為燒的是氣所以煙很少。」

張金德的本業是機械及造紙，十多年前，開始「非木纖維」造紙的研發，「非木」是稻、麥、竹、玉米、棉花等非木材原料，是將農業廢棄物回收再利用。他位於大陸廣東省的造紙廠，向當地農民收稻草試作紙漿，沒想到露天堆放的稻草堆經雨打日曬，內部受潮分解產生沼氣而自燃。

一把火，燒出稻草作為生質燃料的可能性，但當時眾人關注的是如何避免燃燒。由於搬進廠房的稻草量太大，就將稻草壓成棒縮小體積，便於倉儲和安全維護。後來前往越南投資時，合作夥伴發現「造棒技術」有意想不到的另類用途，即可以拿來做生質燃料。張金德意識到「固態生質燃料」前景可期，在2010年以前就投入研發。至今已推出多款製造生質燃料的機具，只要把稻草、漂流木、

風倒木送進機器，經碾碎、加溫、壓製、裁切之後，亂七八糟的枯草斷木，就成為圓柱狀的燃料棒。

　　這些由農作衍生物製成的燃料，成本高於煤炭，但比天然氣低，相較於媒、石油、天然氣等從地層中取得的化石燃料，固態生質燃料有一個優點，它雖然也會釋出二氧化碳，但其來源（種植作物）也會從空氣中吸收碳。下一次收割後，其枝幹又能作成燃料，如此形成吸碳、固碳、燃燒釋放碳、再吸碳的循環，就是它的優勝處。

　　生質燃料可說是具有「碳中和」概念的綠色能源，使用的原料是原本要丟棄的農林副產物，不同於生質燃油以玉米、甘藷等糧食作物為原料，因此不會引發「與窮人爭食」的爭議。

　　張金德有位合作夥伴是慈濟志工，向上人推薦他研發的技術。上人聽了張金德的簡報後，十分讚許其兼顧環保與能源的需求，鼓勵他進一步研製使用固態生質燃料，不依賴瓦斯、燃油的爐具，以便志工帶到災區煮食、取暖。張金德承接這項任務，和研發團隊前後試作5個版本。他解釋說：「裡面的氣流流路要重新設計、規劃，不只是縮

小而已。師父要求的，實際救難需要的，都要去考量。」

2013年，他完成給慈濟志工用的第六版，名為「天火」的賑災用汽化爐，體積比油桶小，可用飛機空運，也能塞進廂型車載到偏遠地區。「當初我想用鐵板做，後來想到在外面使用，會冰天雪地、下雨啊！因此我們還是用不鏽鋼。」張金德表示，上人在和他談汽化爐的研發時，一再問：外層會不會燙？夠穩固嗎？會不會倒？上人對這些安全問題，對志工及受災鄉親的關懷溢於言表。

因應高標準的要求，研發團隊除了調整高度與重心，加強爐體的穩定性外，還特別設計一圈蜂巢式的隔熱層，六角形的孔洞可散熱，即使手腳不小心碰到，也不會燙傷。此汽化爐可裝5公斤的燃料棒，持續燃燒達5小時。相較於液態燃油與天然氣，固態生質燃料不會因為小火花就瞬間起火爆炸。無需使用耐油容器或耐壓鋼瓶，用塑膠袋、布袋、籃子、紙箱盛裝即可，還會散發香草味。

由於安全性高，能在缺電、缺化石燃料的環境中使用，賑災用汽化爐推出不久後，就投入菲律賓海燕風災救援。志工上手後，這個名為「天火」的爐具與搭配的燃料

棒，就發揮長時間供熱的優勢，將一鍋鍋冷水煮到沸騰，讓志工泡煮香積飯，餵飽為重建家園揮汗出力的人們。

海燕賑災之後，在復興航空南港空難後冷風刺骨的基隆河畔，以及臺南強震過後的冬夜，慈濟志工的救援行動中都用上汽化爐，爐口如噴射機尾焰的火光，以及持續散發的熱力，驅走了救難人員身上的寒意，和熱食一樣撫慰身心。

此精心設計的救災與民生通用汽化爐，與「變廢為寶」的固態生質燃料技術，不只展現急難救助的實用性，也具有科學教育的意義。張金德不只一次帶著這項傑作接受電視臺訪問，旗下公司參加商展時也經常在攤位上擺一臺，當作實力與愛心的證明。

三、行動淨水設備

現代化的社會中，只要扭開水龍頭，就有乾淨的水可用。然而天有不測風雲，災難降臨時，許多人方才驚覺，安適便利不是理所當然，因為自來水可能變混濁，而商店裡也買不到礦泉水。

2000年，委內瑞拉發生土石流，災區嚴重缺水。實業家志工吳東賢曾請旗下工程師沈柏聰打造「移動式貨櫃型緊急淨水設備」，將取水、沈澱、過濾、加氯等自來水廠的工序與設備，以及提供動力的發電機，「濃縮」裝進20呎的貨櫃。運抵委國後，15分鐘可出水1萬公升，緩解重災區的用水問題。

　　2011年7月，泰國遭逢300年來最大規模的水患，三分之二國土淪為澤國，許多地區到了11月還泡在水裡，衛生問題堪憂。但這一套「淨水貨櫃」卻派不上用場，因為出來的水不能生飲，只能當一般自來水用，而且運作限制多。「體積太龐大了，移動不方便，必須用上很大的吊車和拖車。它出水量大，取水量也要大，必須找到很大很深的水源才行。」志工嚴聖炎說出需求：「要的是體積小重量輕，可以放在中小型車船載具上，帶著就走。」

　　慈濟看上的新設備，是當時工研院應水利署委託，為桃園縣復興鄉山區羅浮國小製作的Qwater淨水系統。這套系統可用3個Q比喻：第一個Q是快組（Quick），只要兩個人，花不到半小時的時間就能組裝完成。單機一天可

產15噸飲用水，兩機並用就是30噸，體現另外兩個Q是豐沛（Quantity）和高品質（Quality）。

研發者陳建宏解釋Qwater系統淨水的步驟：第一步先在沈澱槽降低原水濁度，去除較大的懸浮物。第二槽為泡棉製成，孔徑小於4微米的「擔體」可過濾更小的顆粒。第三槽則是UF超過濾薄膜，孔徑0.08微米（1微米為萬分之一公分），而細菌的直徑大多是1微米，因此99%的菌種會被攔除。3道過濾後，水中生菌數也遠低於「飲用水水質標準」每100毫升大腸桿菌數需低於6的要求。

2011年8月，羅浮國小用了這套淨水系統，水龍頭流出了清澈的水。慈濟志工便邀請工研院的水科技專家周珊珊、陳建宏等人，一同打造「急難救助淨水艇」，以應泰國水患之急需。

研發小組將淨水機具的高度縮到120公分，長寬縮小到110公分之內，三槽式過濾也減為兩槽，因為災區水質含泥沙量不多。改用沈水馬達抽取中層水，避免吸入水底污泥和水面的雜物。為了進一步消除有害物質，專家們加裝紫外線消毒燈，還在出水管道上加活性碳以吸附有機毒

物，用離子交換樹脂吸收重金屬，確保水質純淨。

2011年11月17日，剛組裝完成的淨水艇從新竹山上的工廠送上卡車，載到臺北市基隆河試驗。整個機組由兩艘小艇組成，一艘裝載Qwater機組，另一艘則是裝置電能熱水器，兩艘一起使用，淨水後接著煮開水，可沖泡「香積飯」，組成一套快速安全的供水供食系統。

11月22日，研發團隊帶著兩艘小艇和機具，到慈濟關渡園區拜見上人，旋即被要求當場造水，指定的水源是慈濟人文志業中心大樓後方的造景水池。負責人周珊珊於是帶領團隊展開作業，把造出來的水送到廚房。

「剛才大家吃的午齋，是用大愛臺水池的水做出來的。」上人一句話，讓隨師的弟子們心頭一驚：上人不惜親身測試，所幸一如預期沒有不適。

通過慈濟本會驗收後，儘管淨水艇未趕上泰國水患救援，但這工業技術研究院與慈濟合作開發的賑災利器，日後一再發揮良能。

2013年11月，超級強颱海燕重創菲律賓中部萊特省，當地城鄉受損嚴重。陳建宏等工研院人員，便會同慈

濟志工，攜帶這套設備前往，在首府獨魯萬設了3個供水點。「這組機器對煮香積飯的師兄師姊幫助很大。原本在興華中學，當地志工是用推車載很多水桶，到很遠的地方取水推回來。我們機器就建在水源處，淨化之後用馬達直接抽到水塔，送到廚房，而且水更乾淨。」陳建宏說。

不過，臨海的菲國災區因暴潮侵襲，水源有鹽化情形。研發團隊回臺後，就加裝逆滲透薄膜，孔徑比UF薄膜更細微，可以濾除鹽類、重金屬分子。陳建宏指出，由於海水鹽度高，雜質也多，進行逆滲透時，壓力要加到每平方公分50公斤，每日處理海水的量會比淡水少一半。此外，管路的強度、機體的耐腐蝕性、馬達的功率都要加強，連帶體積也需增大。

於是，研發團隊與行動廚房設計者蔡堅印合作，將新的行動淨水機組，置入和行動廚房一樣的模組化箱體中，可以用3.5噸以上的貨車運送。慈濟第一代淨水系統「淨水法船」因此演變為「淨水法車」。

2015年蘇迪勒颱風肆虐後，模組化行動淨水設備在自來水供應中斷的烏來山區，每日造水15噸，於7天中供應

了相當於兩萬支600cc保特瓶的水量，不僅滿足受災鄉親飲水需求，也減少了瓶裝水的消耗。

Qwater淨水系統不斷研發精進。2018年7月，慈濟援助寮國水患，志工將最新的輕量型淨水模組帶進受災村庄。用4個大行李箱可攜帶4道過濾和殺菌設備，組裝啟動後，每小時可過濾出100公升的乾淨飲用水，在5天期間，提供了3噸水給當地災民使用。儘管供水量不大，但累積防賑災的技術儲備，讓救助者在應對水資源問題時，有了更多的彈性選擇和應用。

四、ATV全地形救災工作車

為了在斷水斷電的災區供應熱食與淨水，慈濟設計了模組化的行動廚房與行動淨水設備，可由貨車載運前進災區。但若道路受損嚴重，不說一般民車，貨車也很難通行。

2015年的蘇迪勒颱風後，慈濟人救助烏來山區就遇到這樣的難題，當地市街被洪水淹沒留下滿地泥濘，聯外道路坍方。負責治水的經濟部水利署在當地設置了管制站，

慈濟的淨水設備操作人員，是少數獲得允許進入重災區的團隊。

嚴聖炎將自己的高級轎車開進管制區，執行人員接駁，運送淨水及物資。B開頭的豪車，行駛在滿是泥石、漂流木的街道上，他管不了那麼多：「一次送大概4、50桶，每桶10公升。行李箱、後座、副駕駛座都塞滿了，只要車子承載得了，上得去走得動，能帶多少就帶多少。」他把轎車當坦克開，達成送水任務，但車體底盤卻嚴重損壞，花了數十萬才修好。

嚴聖炎總結那次救災經驗，發現得另找可在泥濘顛簸的路上行駛的交通工具，必要時可以運載淤泥，到處勘災、找水源都安全，他找到了全地形車（ATV）。這款車輛體積小，輪胎寬厚，由於輪胎接地面積與汽車相當，但重量僅及2、3臺機車重，因此對地壓力低，可在沙灘、林間、礫石地暢行無阻。軍方、搜救隊、遊憩業者都有用這種高機動性載具，許多農民也喜歡拿它當「鐵牛」，穿梭田間載運重物，有廠商生產ATV型的農用搬運車。

嚴聖炎尋尋覓覓，在2015年10月底的雲林縣農業機

械展中，找到了合適的車型。「賑災救難的時候，這種車可以跑山坡地、溪床，一般車跑不到。」製造商陳慶漳老先生，高齡近80，雖已把事業交棒給下一代，但依然精神矍鑠，站上展覽第一線推薦自家產品。因此遇到嚴聖炎，雙方簡短對談，開啟了合作關係。

為了符合志工的救助需求，廠方將原本150cc的引擎，換成馬力更大的272cc。在安全性、負載強度等方面下功夫，如設計和汽車一樣的機械式手剎車，也特別進行「超載」實驗。原本慈濟ATV救災工作車設定最大負重量是240公斤，但工作人員將350公斤重物搬上車，並停在15度坡地上，測試煞車性，確保上坡起步不會「倒退嚕」。

慈濟ATV採後輪驅動設計，4個輪子都有獨立的懸吊系統，接地面積相當於一輛1.75噸的「小發財」貨車，但320公斤車重加上兩百多公斤的載重，總合還不到600公斤，因此對地壓力比起一般貨車小很多，也就不容易陷入泥淖。

嚴聖炎請設計團隊，把「齒輪比」從一般ATV車的

1：3調降到1：5，也就是同時間內引擎轉5圈，後輪才轉1圈。如此一來，慈濟ATV的最高時速降到20公里，相當於騎腳踏車的速度，但更適合在崎嶇路面負重行駛。不求快但求穩的設計，源自於多年的急難救助經驗。為了發揮最大效能，嚴聖炎構思出「蜂巢式」的運作概念，一個ATV救災工作組由一輛勘災指揮車，4到5輛配備貨斗的運輸車組成，裝載熱食、物資分頭駛向各自負責的區域，進行發放及救助工作。

「如果一次派6臺ATV出去跑6個村落，一次就到位了。出車後第一優先是通信聯絡，距離遠，地形複雜的話，我們會裝車用天線。」嚴聖炎簡要說明「蜂巢式」運作的優勢。一輛救災工作車可遞送3、400人份熱食。若一整組同時出動，就可在半小時內送1、2,000份熱食，到方圓5公里內的4、5個發放點，在1小時內往返。

ATV也是清除淤泥土石的好幫手，只要把車子開到受災戶家門口，志工就能把鏟出來的淤泥倒在貨斗裡，然後載去指定地點倒掉。「ATV車身不是很長，貨斗傾斜角度就抓25到30度左右。一打開，用鏟子輕輕一撥，裡頭裝

的土石就掉了。」嚴聖炎說明道。

慈濟人的需求，陳慶漳幾乎照單全收，為了測試未來要用的全地形車，慈濟南區救助隊特別會同研發團隊，來到大橋下的曾文溪河床，把全地形車開上凹凸不平的卵石地，一方面測試性能，一方面訓練種子教官。雙方「邊走邊整隊」，彼此激盪腦力、磨合想法，終於做出符合救助需求的全地形車。

「他們以我們的需求做了充分的改善，涉水深度可達45公分。在送物資這方面提供很大的方便。」南區慈濟志工王壽榮，曾在發送熱食的時候，乘坐當地里長提供的耕耘機越過積水，對急難救助的困難感觸頗深，也因此更加敬佩陳慶漳的全力配合。

2017年1月25日，陳慶漳公司出品的6輛ATV救災工作車，包含一輛賑災指揮車及5輛運輸車，正式捐贈給慈濟，交由急難救助志工使用。「這車是救災用，希望臺灣以後平靜過日子，不必再救災。」陳慶漳簡短數語獻上祝福。

接收全地形車之後，慈濟志工立即將它投入2017年

「防救災科學營」活動，用來搬運摺疊床、太陽能路燈零組件等粗重物資，並藉機操練賑災運輸技能。原本100人才能完成場地布置，在全地形工作車投入後，僅需40人，節省60%的人力付出。

目前慈濟ATV還未用於救災，但已在淨灘活動中發揮功能。可以預見的是，全地形車將可深入災區，執行許多粗重的工作，志工得以更著力於賑災的實際關懷與膚慰。

慈濟賑災年表

日期	事件
1969 10月16日	艾爾西颱風9月26日在花東釀災，慈濟針對臺東卑南鄉大南村及秀林鄉崇德村災戶，致贈毛毯及救難金，是慈濟首次大型急難救助。
1970 12月6日	花蓮市成功街大火，慈濟罄盡所有慈善基金，發給急難救助金，並附一封慰問信。
1971 11月11日	7月下旬那定颱風侵襲臺灣。3戶花蓮長期照顧戶的住房被吹毀，慈濟在新城鄉嘉里村購得20坪土地，興建「慈濟嘉里小築」，是首次為風災戶建房。
1973 10月24日	強烈颱風娜拉10月7日侵襲花東地區，慈濟展開成立來最大一次賑災，也從此建立「勘災、募款、造冊、發放」的賑災模式。
1975 8月3日	強烈颱風妮娜重創花蓮，慈濟在康樂村購地興建15戶房舍，讓貧苦災戶長久安居，命名為「慈濟康樂小築」。
1977 8月2日	中度颱風薩洛馬與強烈颱風薇拉，在臺灣南部與東北部釀成嚴重災害，慈濟發起全臺捐款賑災。
1987 10月27日	強烈颱風琳恩造成大臺北嚴重水患，上人親往三芝鄉慰問山崩罹難者家屬，致贈急難救助金。
1989 10月26日	華航花蓮空難，54人喪生。慈濟提供飲食及通訊等各項服務，並關懷罹難者家屬、為往生者誦經。

1990

6月23日　中颱歐菲莉造成花蓮縣秀林鄉銅門村大規模土石流掩埋民房，上人親率委員勘災。

1991

3月10日　為濟助波斯灣戰爭孤兒，慈濟美國分會發起「一人一元」愛心活動，這是慈濟首次將慈善觸角延伸國際。

6月25日　4月底，印度洋氣旋「瑪麗安」侵襲孟加拉，慈濟美國分會5月19日發起「一人一美元」濟助孟加拉風災；上人亦在臺灣發起「一人省下一塊麵包錢」響應募款。

7月15日　中國大陸華中、華東發生世紀水患，兩億多人受災；上人發起賑災，設立捐款專戶，8月7日成立慈濟「大陸賑災小組」統籌賑災事宜。

1992

8月7日　外蒙古民生物資嚴重短缺，兩萬名嬰兒因營養不良面臨死亡威脅。慈濟兩度實地勘察，11月25日，上人對外呼籲援助外蒙古，12月28日慈濟志工前往進行發放。

1993

1月15日　慈濟與法國世界醫師聯盟（M.D.M.）合作正式簽署為期3年的「衣索比亞醫療援助方案」，協助遭受天災及戰爭影響最嚴重的北秀省曼斯及基斯區。

9月12日　尼泊爾7月起豪雨成災，蒙藏委員會請求人道援助，慈濟進入勘災，包括訪視飽受水患之苦的孟加拉。

9月20日　大陸湖南省發生40年來最嚴重水災。慈濟3度實地勘災，12月13日，志工在風雪中進行發放。

10月30日　南加州森林大火蔓延6個縣，燒毀450多棟房屋，這是美國分會首次賑濟森林大火受災戶。

1994

1月17日　加州洛杉磯大地震，七十多人罹難、一萬一千多人受傷，兩萬多人無家可歸。美國分會當晚即展開賑災發放

與關懷。

4月26日 ● 華航日本名古屋空難，日本慈濟人陪伴家屬認屍、協助翻譯，這是慈濟日本分會成立以來，首次大型急難救助。

7月10日 ● 強烈颱風提姆在花東地區釀災，慈濟兩週內完成大規模勘災、發放。

7月28日 ● 慈濟與M.D.M.合作，正式宣布援助盧安達難民行動方案。

8月16日 ● 1個月內3個颱風接連在全臺各地釀災。上人親赴中南部勘查災情、慰訪民眾，並擬定「救急」、「勘災」、「發放」、「復健」4階段賑濟方案。

9月 ● 柬埔寨連續3個月豪雨不斷，全國13省受災。11月9日慈濟勘災小組抵柬國勘查干拉等3個重災省分。

1995

1月1日 慈濟「泰北3年扶困計畫」正式啟動。開始提供清邁省熱水塘收容所及清萊省安養中心生活及醫療輔助。

1月17日 日本阪神大地震，慈濟日本分會即刻準備食物與生活必需品援助災區，並慰訪受傷華僑及留學生。

8月5日 中國大陸華南地區及長江流域洪澇，慈濟前往4省勘災；10月6日在湖南、安徽、江西展開發放。

9月13日 菲律賓邦邦牙省遭遇岢特颱風豪雨及賓那杜布火山泥漿侵襲，慈濟人在6個收容中心發放草蓆等日常用品。

10月1日 慈濟與M.D.M.簽約，對車臣難民提供緊急援助，該方案自本月起實施至1996年2月。

11月20日 大陸遼寧省暴雨引發水患，慈濟兩度前往勘災，決定援助新賓縣、清原縣、海城市3個特重災區。

1996

2月3日 ● 雲南省麗江縣發生芮氏規模7.0強震，慈濟2月13至18日前往勘災，24日致贈棉被與棉衣給受災民眾。

3月28日　●　中國大陸青海省玉樹藏族自治州發生大雪暴，慈濟於4月30日一連4天對特重災區發放食物與生活補助金。

8月1日　●　強颱賀伯重創臺灣各地，慈濟在臺北、南投、嘉義成立救災中心，上人推動「社區志工」，希望人人守望相助，在災難發生時就近及時伸出援手。

11月1日　●　因經濟問題，大量象牙海岸及鄰近國家兒童，湧入該國首府阿比尚。慈濟與M.D.M.合作援助象牙海岸街童方案即日起簽約生效，為期3年。

11月1日　●　慈濟基金會與英國倫敦大學、雷諾徹希亞（Leonard Cheshire）基金會合作的亞塞拜然3年援助計畫，即日起生效。

1997　●

8月18日　●　溫妮颱風來襲，汐止林肯大郡崩塌，慈濟在現場成立服務中心，一連6天煮熱食，也到各醫院關懷傷者。

8月25日　●　北韓連年天災，導致飢荒成災。上人不捨，派遣王端正等3人前往了解災況；1999年展開賑災行動。

9月5日　●　大陸貴州省盤縣、興義市及丹寨縣，連遭洪澇、冰雹之災。慈濟實地勘災後，決定對丹寨縣內失學兒童每年發放助學金，並為烏灣村興建小學。

12月18日　●　中國大陸浙、閩兩省8月遭受溫妮強颱襲擊。慈濟兩度勘災後，趕在過年前為兩省5縣市近13萬受災民眾，展開一連15天的發放。

1998　●

2月16日　●　華航客機在桃園中正機場附近墜毀，慈濟志工趕抵空難現場，為往生者助念；深夜轉往過境旅館安撫家屬；清晨5點開始為徹夜執勤的軍警人員供應熱食。

2月16日　●　阿富汗東北的踏哈爾省斯塔克，4日晚間發生規模6.1強震。慈濟基金會與洛杉磯騎士橋國際救援組織合作，自本日起至25日投入賑災。

7月16日	●	大陸長江流域嚴重水患。慈濟7至9月多次前往勘災,最後擇定江西、湖南、湖北、福建4省共8縣市重災區展開賑濟。
7月29日	●	本月17日,巴布亞紐幾內亞地震引發大海嘯。慈濟基金會自是日起至8月2日進行勘災,澳洲慈濟人緊急募款為當地天主教伯倫醫院購置醫療設備。
8月17日	●	祕魯嚴重水災。由臺灣、美國、阿根廷、巴拉圭等地慈濟人及醫護人員組成賑災團,為受災較嚴重的北部地區發放醫療用品及民生物資,同時義診。
9月22日	●	賴索托首都馬賽魯發生排外暴動。賴索托與南非慈濟人成立救援小組,前往收容所提供糧食及生活物資。
10月16日	●	瑞伯颱風與芭比絲颱風先後在臺灣釀成嚴重災情。全臺慈濟人深入各災區供應熱食、關懷罹難者家屬、協助環境清理等。
11月11日	●	強烈颱風「密契」10月底橫掃中南美洲各國,以宏都拉斯受災最為嚴重。慈濟勘災團展開為期8天的行程。
11月7日	●	芭比絲颱風重創菲律賓呂宋島。菲律賓慈濟人前往受災最重的邦牙西朗、葛丹戀尼示兩省發放。
11月23日	●	馬來西亞北部連續豪雨釀成水患。慈濟人前往霹靂州吉輦區、吉打區、瓜拉姆達區等重災區進行勘查與發放。
11月29日	●	慈濟於全臺發動「賑濟中美洲,衣靠有情人」活動。至12月7日共募集60只貨櫃,運送到宏都拉斯等6國。
1999	●	
1月29日	●	北韓連年天災,糧食嚴重短缺。是日起至2月1日,慈濟勘災團實地走訪平壤市、平安南道的平城市、黃海北道平山郡及鹽州郡,評估災區需求。
1月29日	●	哥倫比亞25日發生強震。慈濟美國分會組成勘災小組深入重災區哥倫比亞首都波哥大,完成乾糧發放。
6月1日	●	慈濟與M.D.M.合作,8月10日在巴黎M.D.M.總部簽

約展開為期5個月的「科索沃緊急醫療計畫」，濟助 M.D.M.在科國首府4個地區設立醫療中心、醫療站。

6月23日　美國政府提供名額安置難民，慈濟美國總會成立「協助科索沃難民安居專案」，為申請居留美國的難民伸援。

8月19日　土耳其8月17日發生規模7.4強震。慈濟派員前往伊斯坦堡勘災並發放，8月28日展開「臺灣愛心動起來──馳援土耳其，情牽苦難人」國際賑災募款行動。

9月18日　北韓7月底遭逢水患，北韓貿委會再次向慈濟尋求援助；即日起至21日，本會派員前往勘災，並於20日簽訂大米援助意向書。

9月21日　南投縣集集大地震，慈濟人在災後兩天內投入兩萬餘名志工救災、發出緊急慰問金1億6,000萬元，並展開「緊急救助期」、「安頓與關懷」及「復健重建」等3階段援助。

2000

1月2日　委內瑞拉北部沿海城市去年12月15日因豪雨引發嚴重土石流。慈濟志工實地勘災，緊急發放緊急藥品，並打造「貨櫃型緊急給水設備」，提供乾淨用水。

1月10~16日　針對中國大陸安徽郎溪縣及宣州市1999年夏天洪澇受災民眾，致贈米糧等物資，並針對失學兒童發放助學金，同時在宣州市進行義診。

2月19日　南非發生50年來最嚴重水患。慈濟到各收容中心致贈藥物及民生用品，並決定興建組合屋。

3月27日　朝鮮國際貿易促進委員會副委員長金正基3月20日來臺會晤上人，求援化肥以增加農業產量。慈濟基金會再度伸援，今日正式簽訂「援助北朝鮮意向書」。

6月17日　印尼蘇門答臘5日凌晨發生芮氏規模7.9強震。臺灣和印尼慈濟人進行第一波賑災援助行動。

10月31日　新加坡航空客機在桃園中正機場起飛前失事，慈濟志工

即刻趕往失事現場，持續陪伴至11月6日。

11月1日　慈濟成立「象神風災救災總協調中心」和「汐止救災協調中心」，志工動員供應熱食、打掃、義診、致贈慰問金。

2001

1月14日　薩爾瓦多發生芮氏規模7.4以上強烈地震。臺灣及美國慈濟人組成勘災小組，備妥醫藥用品與物資進入救援。

2月8日　印尼西朗縣連日豪雨造成20年來最嚴重水患。印尼慈濟志工前往災區進行連續6天的賑災，並進行義診。

3月2日　北韓再度請求慈濟伸援農用薄膜。慈濟擇定北韓最重要的稻米產地——平安南道大同郡作為重點發放區，協助防禦寒害。

4月22日　內蒙古自治區連續3年遭雪災、旱災、沙塵暴和蟲災襲擊。慈濟經兩度實地勘查後，6月18日在「土默特左旗」及「蘇尼特右旗」兩縣10個鄉，致贈物資及義診。

7月30日　桃芝颱風後，慈濟動員1萬2,578人次志工，提供餐點、義診服務，發出慰問金。另為花蓮縣萬榮鄉見晴村房屋全毀的土石流受災戶，援建12棟組合屋。

9月11日　美國發生九一一恐怖攻擊事件。美國慈濟志工成立南加州救災指揮中心，紐約、長島、新澤西3處成立救災服務中心，協尋失蹤僑民、發放應急物資與慰問金。

10月14日　美國10月7日起在阿富汗展開反恐戰爭，阿富汗境內超過百萬人為躲避戰火逃離家園；慈濟10月10日起與美國騎士橋國際救援組織簽約，提供難民生活援助。

2002

1月29日　印尼世紀水患，首都雅加達成水域。印尼慈濟人進行抽水、清掃、消毒、義診、建屋等「五管齊下」方式援助。

5月25日　由桃園飛往香港華航班機，在澎湖馬公外海墜毀動員志工投入助念、協助家屬辨認遺體、撫慰等工作，煮食餐

點供家屬及救難人員食用。

6月13日 ● 持續援助阿富汗難民，慈濟美國總會與騎士橋國際組織
　　　　　簽訂第三波阿富汗救援計畫合作同意書。

9月2日 ● 賴索托慈濟人會合南非、臺灣、美國等地志工，攜帶逾
　　　　　10噸玉米粉，展開慈濟「賴索托糧食補助計畫」的第
　　　　　一場發放。

11月30日 ● 貴州綏陽縣6月連續豪雨釀災，7月乾旱、8月氣溫驟降，
　　　　　造成稻穀嚴重減產；慈濟7、10月兩度實地勘災，11月
　　　　　30日、翌年1月4日，為受災農民致贈生活物資。

12月7日 ● 連續3年乾旱的安徽省霍邱縣，7月淮河沿岸遭受洪災
　　　　　肆虐，農民生計困難。慈濟8月16日實地勘災後，12月
　　　　　7日、翌年1月2日進行兩梯次發放。

2003 ●

2月24日 ● 新疆維吾爾自治區南部喀什地區，發生芮氏規模6.8強
　　　　　震。慈濟勘災小組2月27日抵達勘查，針對伽師縣的克
　　　　　其克江孜小學及提木小學進行援建。

3月1日 ● 阿里山森林小火車發生翻覆意外。慈濟雲嘉南3地志工
　　　　　動員，至大林慈濟醫院關懷。

4月25日 ● 臺北和平醫院爆發院內集體感染SARS，慈濟自25日至
　　　　　6月中旬，動員志工，持續供應全臺及離島共87所機構
　　　　　醫用物資，並為醫護人員、病患與隔離民眾製作素餐。

12月26日 ● 伊朗東南部卡曼省斯路古城巴姆市（Bam），發生芮氏
　　　　　規模6.7強震。慈濟基金會勘災小組30日與土耳其、約
　　　　　旦志工在伊朗會合後，立即展開物資發放。

2004 ●

4月23日 ● 墨西哥北部黑石市4月初發生150年來最嚴重水患。慈
　　　　　濟與天主教Caritas教會合作發放。

7月3日 ● 敏督利風災後，動員志工提供熱食、致贈應急金；大林

		慈濟醫院在東石鄉設立醫療站，進行義診服務。
12月4日	●	菲律賓呂宋島東部11月17日起兩週內，連遭4個颱風侵襲，重創奧羅拉（Aurora）、奎松（Quezon）兩省。菲律賓慈濟志工7日起兩個多月間，進行多次發放與義診。
12月26日	●	印尼蘇門答臘西北外海發生芮氏規模9.0強震，引發印度洋大海嘯，波及南亞及非洲東岸12個國家。慈濟「大愛進南亞」專案，針對南亞海嘯災區進行重建計畫。
2005	●	
3月1日	●	聯合國難民署（UNHCR）與慈濟馬來西亞吉隆坡分會簽屬「諒解備忘錄」，邀請人醫會為難民南亞、印尼提供義診服務 。
3月29日	●	印尼蘇門達臘北部28日晚間發生芮氏規模8.7強震。慈濟印尼分會連夜備妥救援物資運往尼亞斯島，翌日前往發放。
8月29日	●	超級颶風卡崔娜重創美國南部，是美國105年來最嚴重的風災。慈濟志工9月4日起在各個收容中心設站服務，致贈物資兌換卡，並發放現金支票。
10月8日	●	巴基斯坦東北巴屬喀什米爾山區，發生芮氏7.6淺層地震。聯合國呼籲國際社會伸援，10月18日，慈濟義診勘災團抵達。
2006	●	
5月27日	●	印尼中爪哇省日惹發生芮氏規模6.3地震。印尼、臺灣、馬來西亞和新加坡志工組成醫療團，本月31日抵達日惹災區發放，後續並展開「印尼日惹慈濟希望工程」。
8月5日	●	廣東省乳源縣瑤族自治縣，7月15日受碧利斯颱風侵襲，引發「715洪澇」。廣東慈濟人8月兩度前往勘災，11月18日、12月15日兩度進行貧困受災戶發放。

12月6日	●	榴槤颱風在越南南部5省造成重大災情，越南慈濟人8日在前江省（Tien Giang）鵝貢東縣（Go Cong Dong），針對貧窮且房屋毀損家庭發放800份應急金及快熟麵。
2007	●	
5月29日	●	波利維亞2月發生嚴重水災。美國慈濟志工4月進入勘災，本日集合美國、阿根廷和巴拉圭慈濟志工進行發放。
9月13日	●	印尼蘇門答臘外海，12日發生芮氏規模8.4強震。慈濟印尼分會成立緊急救援小組，進入重災區明古魯市勘災、發放。
10月14日	●	梧提颱風造成菲律賓甲美地省羅沙瑠（Rosario Cavite）鎮嚴重水災。慈濟志工深入勘災，為搭建在垃圾場上的貧民區「夢想村」，致贈生活物資、義診服務。
10月19日	●	南美洲祕魯南部發生強震，美國、阿根廷慈濟志工跨國賑災，於皮斯卡市、伊卡市、卡尼特市3個災區進行大型發放，並進行義診。
10月26日	●	印尼雅加達芝林京（Cilincing）區嘉利巴魯（Kalibaru）村火災。慈濟志工前往發放帆布供搭建臨時住處。
11月3日	●	多明尼加受諾艾（Noel）熱帶暴風侵襲災情嚴重。慈濟志工於阿度紐葉沃（Hato Nuevo）和亞斯提萬（Estaban Martinez）避難所進行物資發放。
2008	●	
1月3日	●	慈濟吉隆坡分會與聯合國難民最高專員署（UNHCR）駐馬來西亞辦事處合作，進行「難民兒童學前教育計畫」，在「UNHCR暨慈濟教育中心」進行課輔、義診。
3月1日	●	印尼北加西線的哈拉班楂亞村（Pantai Harapan Jaya）及格拉旺縣的西達利村（Sedari）水患嚴重，慈濟印尼分會展開2天大型發放和義診活動。
4月20日	●	賴索托糧食短缺，慈濟志工展開賑災行動。首波6個月

短期援助計畫圓滿結束。4月20日最後一梯次發放,後續展開中長期的援助計畫評估勘查。

5月7日 ● 緬甸納吉斯風災,慈濟基金會動員泰國、馬來西亞、臺灣志工,10日進到緬甸勘災,15日在仰光近郊的蓄寶甘鎮(Shwe Pauk Kan)發放。

5月17日 ● 四川省12日發生芮氏規模8.0地震,慈濟基金會立即成立賑災關懷協調中心,並向全球發起「慈濟川緬膚苦難‧大愛善行聚福緣」募心募款活動;首梯次救援物資及志工於15日抵達災區,展開賑災評估及膚慰工作。

6月18日 ● 美國紅十字會總會與慈濟基金會簽署人道援助合作備忘錄,未來在全美災難中,充分合作進行救援和重建。

7月18日 ● 卡玫基颱風造成高雄、臺東、屏東地區嚴重水患,慈濟志工深入災區,分送熱食、生活包,致贈慰問金,並協助清理家園和校園。

2009 ●

1月9日 ● 慈濟「海地人道援助與賑災計畫」啟動,援助項目包括物資發放、醫療援助、學校援建與環保教育。慈濟賑災團於15、16日在太子港市、太陽城貧民區展開發放。

7月12日 ● 雲南省楚雄州7月9日發生芮氏規模6地震。昆陽慈濟志工一行9人於12日前往震央姚安縣勘災。

8月8日 ● 莫拉克颱風重創臺灣中南東部,慈濟全面投入賑災,並發起「八八惡水毀大地,秉慈運悲聚福緣」募心募款行動,展開「六安」計畫——安身、安心、安居、安學、安生及山林安養生息。

9月2日 ● 印尼西爪哇省發生強震。慈濟致贈受災民眾白米等物資,之後並援建邦加冷安大愛國立小學,2010年8月3日落成啟用。

9月29日 ● 南太平洋美屬薩摩亞群島發生芮氏規模8.0強震,引發海嘯。慈濟志工10月3日前往勘災,10日在3個重災區

	發放物資與現值卡。
10月1日	印尼接連兩天傳出強震，西蘇門答臘省首府巴東市災情嚴重，慈濟志工展開醫療、賑災等援助，並援建在強震中受損的巴東第一國立高中，2010年8月7日啟用。
10月1日	凱莎娜颱風及芭瑪颱風接連襲菲，災情嚴重。慈濟菲律賓分會為防止災區發生疫病，啟動大規模「以工代賑」，帶動重災區馬利僅那市（Marikina City）居民清掃家園。
2010	
1月12日	海地共和國當地時間下午4點53分，發生芮氏規模7.0強烈地震。慈濟於第一時間啟動賑災救援機制，由美國總會、多明尼加聯絡處成立賑災協調中心。本會發起「善念齊聚‧送愛到海地」全球募心募款活動。
2月27日	智利大地震引發海嘯。慈濟展開大型發放及義診，並促成智利慈濟臨時連絡點成立。
3月4日	高雄縣甲仙鄉發生強震。慈濟援建玉井國中15間組合教室5月5日完工，援建甲仙國小12間大愛教室9月8日交屋。
7月19日	慈濟基金會取得聯合國經濟暨社會理事會「非政府組織特殊諮詢地位」，未來可以NGO身分參與相關會議、提供建議，並與各NGO交換經驗。
10月	閩北地區連日豪雨，重創福建省順昌縣多處村落。慈濟基金會先後4次深入勘查災情，決議援建400戶住屋。
10月27日	印尼中爪哇省的默拉皮火山26日爆發。慈濟志工本日在日惹斯雷曼縣（Sleman）長格凌安鎮發放物資，28日到醫院發放慰問金。
11月3日	巴基斯坦水患馳援，慈濟第一梯賑災團於信德省塔塔縣蘇加瓦鎮拉爾糖廠（Larr Sugar Mill）展開發放。

2011

2月22日　紐西蘭基督城發生芮氏規模6.3地震。慈濟紐西蘭分會25日首批賑災物資,從澳洲布里斯本空運至基督城。

3月11日　日本宮城縣外海發生芮氏規模9.0強震,並引發海嘯。慈濟基金會馳援日本強震災民,翌日,首批賑災物資透過外交部協助空運至東京。

3月30日　緬甸東北部發生地震。慈濟前往大其力市、達樂市勘災,並於達樂市達樂佛寺、馬安龕佛寺舉行首次發放。

10月2日　瓜地馬拉聖羅莎省古依拉巴市8、9月遭受水患、地震侵襲,慈濟志工發放生活用品與食物予受災戶。

12月23日　為援助菲律賓瓦西(Washi)風災災民,慈濟菲律賓分會籌備運送物資,28至30日陸續於卡加延德奧羅市發放。

2012

1月20日　中東國家受茉莉花革命影響,敘利亞大批難民湧入約旦北部城市。約旦慈濟人於2011年12月23日及今日,兩度前往馬夫拉克(Mafraq)地區發放食物物資。

2月14日　關懷泰國水患,慈濟基金會自2011年9月迄今,在曼谷、大城府、佛統府、彭世洛府等地展開一連串關懷暨發放行動,持續半年。

7月　　　中國大陸連日豪雨,長江流域水位暴漲,22省區發生洪澇,稱之「七二一特大自然災害」。慈濟志工24、26日兩度前往北京市房山區勘災。

10月30日　美國慈濟展開桑迪颶風災後首波援助行動。紐約分會出動志工送便當到收容所;次日成立「救災協調中心」。

12月14日　菲律賓南部三寶顏慈濟志工聯合醫護人員,14日前往寶發颱風重災區東達沃省,15、16日為基那巴坎(Kinablangan)、巴坎卡(Baganga)鄉親舉辦義診。

12月15日　義大利北部艾米利羅馬納(Emilia Romagna)5月發生兩

次地震。德國慈濟志工承擔賑濟工作，這是慈濟人首次
在歐洲的跨國慈善關懷行動。

2013

1月16日　印尼雅加達與茂物地區豪雨。慈濟印尼分會於靜思堂成
立急難救助中心，安置居民，並烹煮熱食。

4月　四川省雅安市20日發生芮氏規模7.0地震。慈濟志工晚
間抵達名山縣第一中學勘災，為師生送上麵包、乾糧。

9月9日　菲律賓三寶顏市遭摩洛民族解放陣營武裝份子攻擊。慈
濟大愛復健暨義肢製造中心及大愛眼科義診中心員工與
病患受困，慈濟志工展開援助行動。

10月　菲特颱風於7日在福建省福鼎市登陸，造成福建、浙
江等地嚴重水患。慈濟志工10日前往鄞州區姜山鎮勘
災，並發放食物。

10月19日　因應保和島強震災情，菲律賓慈濟人前往義診、發放，
提供1,130戶慰問金及900多條毛毯。

11月11日　海燕颱風8日登陸菲律賓，重創中部省分。慈濟基金會
11日成立「海燕颱風賑災總指揮中心」。11月20日賑
災團在獨魯萬市啟動以工代賑，帶動災民打掃家園。

2014

4月12日　智利北部伊基克市（Iquique）外海1日發生芮氏規模8.2
地震，引發海嘯及山崩災情。慈濟志工為災民發放生活
物資，紓解缺糧困境。

5月21日　臺北捷運板南線發生乘客攻擊事件。北區慈濟志工接獲
通報，前往亞東、和平等醫院關懷。

6月1日　波利維亞、阿根廷及智利慈濟志工前往波國貝尼省特立
尼達市，為3月水患災民發放大米、毛毯及醫療包。

7月23日　復興航空公司班機，在澎湖縣湖西鄉西溪村墜毀。澎湖
慈濟志工聞訊隨即啟動關懷機制。

8月1日　高雄市氣爆事件。至31日止，共動員全臺志工4萬

		3,084人次，進行安心、安身、安生、安學等各項工作。
11月5日	●	海地太子港及北邊城市海地角因連日暴雨成災。慈濟志工6日於太子港重災區太陽城與拉薩琳，為災民發放。
12月30日	●	慈濟基金會馳援馬來西亞東海岸水患災民，是日由臺灣調度香積飯運往吉隆坡，翌日分送至雪隆分會與吉蘭丹支會。
2015	●	
2月4日	●	復興航空公司班機墜毀在基隆河南港河段。慈濟花蓮本會第一時間成立協調總指揮中心；同一時間，志工立即啟動關懷行動。
4月11日	●	波士尼亞為2014年5月歐洲巴爾幹半島洪澇嚴重受災的國家之一，慈濟於同年10月舉辦首次發放。本日，來自德、法、奧大利等9國慈濟志工進行第二次援助。
4月25日	●	尼泊爾當地時間上午11時56分發生芮氏規模7.8地震。26日上午，本會成立「慈濟賑災協調中心」。
6月27日	●	新北市八里區八仙水上樂園發生粉塵爆炸意外。慈濟結合醫護、復健、社工、志工等人力系統投入關懷。
8月5日	●	緬甸大雨成災。慈濟志工在曼德勒省蒙育瓦鎮，展開第一場急難救助。
8月13日	●	中國大陸天津濱海新區一碼頭發生強力爆炸。天津慈濟志工，前往泰達開發區第二小學安置點服務與關懷。
9月19日	●	緬甸7、8月間受雨季及熱帶氣旋影響，造成全國逾8成的地區發生水災。在馬來西亞慈濟志工協助下，今明兩日進行第一階段稻種發放。
12月20日	●	廣東省深圳市光明新區20日中午發生滑坡災害。廣東慈濟志工至安置點關懷；21日起為搜救人員提供援助。
12月19日	●	巴拉圭河因連續大雨水位上漲，造成沿岸地區淹水。慈濟亞松森聯絡處志工於今明兩日及2016年1月9日，分別在聖塔庫魯茲（Santa Cruz）、邦尼亞都打空部

（Banado Tacumbu）與會所周邊進行發放。

12月19日　　慈濟基金會援助飽受伊波拉病毒與洪水肆虐的西非獅子山共和國。菲律賓及馬來西亞慈濟志工募集鞋子；臺灣發起「衣生無量匯聚愛・萬里情牽獅子山」募衣活動，送往獅子山。

2016

1月6、13日　茉莉颱風2015年12月中旬侵襲菲律賓中部地區。菲律賓慈濟志工6日在東明多羅省（Oriental Mindoro）、13日前往新怡詩夏省甲萬那端市（Cabanatuan）發放。

2月6日　　　高雄市美濃區凌晨3點57分發生芮氏規模6.4淺層地震，造成臺南市永康區維冠金龍大樓崩塌。慈濟基金會在臺南靜思堂與花蓮靜思精舍成立防災協調中心及總指揮中心，並在維冠金龍大樓旁設立服務中心。

3月14日　　印尼西爪哇萬隆縣自3月上旬起連日大雨，造成境內芝達隆河氾濫成災。萬隆慈濟志工14日起，先後於重災區柏烱索昂鎮（Bojongsoang）、達耶吾苟洛特鎮（Dayeuhkolot），為災民發放物資。

4月19日　　日本九州熊本縣益城町於14、16日發生芮氏規模6.5及7.3淺層地震。災後，慈濟日本分會志工持續蒐集災情，並與災區官員協調志工前往災區援助事宜。

4月27日　　厄瓜多西北部16日晚間6時58分發生芮氏規模7.8地震。慈濟基金會委由美國、智利慈濟志工共9人組成勘災團，於27日出發了解災情。

4月27日　　馬來西亞柔佛州西北部自4月中旬起風災頻傳。麻坡慈濟志工於4月27、30日先後在東甲市（Tangkak）與武吉巴西（Bukit Pasir）為災民發放急難救助金。

5月14日　　美國德州大休士頓地區於4、5月因連續暴雨引發水患，慈濟德州分會於是日起在重災區華頓（Wharton）、格林斯彭特（Greenspoint）、盧森堡（Rosenberg）發放。

5月18日	●	印尼西爪哇萬隆縣芝達隆河3月間因大雨氾濫。萬隆慈濟志工與軍方合作於達耶吾苟洛特鎮（Dayeuhkolot）為災民發放生活物資。
6月6日	●	法國中部及北部於5月間因連續降雨引發洪災。慈濟法國志工於6月6、20日前往勘災，並於薩爾布里市（Salbris）先發放急難救助金。
6月24日	●	中國大陸江蘇省鹽城市6月23日遭雷雨、冰雹與龍捲風襲擊。來自上海、南京、昆山、蘇州等華東地區慈濟志工於24日抵達重災區阜寧縣勘災。
7月9日	●	強颱尼伯特8日凌晨5點50分自臺東縣太麻里鄉登陸，重創臺東市、太麻里鄉等地。慈濟基金會前往臺東勘災並發放祝福金與生活物資。
7月14日	●	自6月下旬起，暴雨造成中國大陸長江中下游安徽、江西、湖北等地約2,300多萬人受災。湖北省武漢慈濟志工於14日前往江夏區安置點關懷鄉親，並捐贈物資。
7月16日	●	斯里蘭卡5月間因大雨引發水災及土石流災情。臺灣、新加坡及馬來西亞慈濟志工組成賑災團，與斯國慈濟志工7月16日前往重災區凱格勒地區（Kegalle）發放。
7月16日	●	美國西維吉尼亞州6月下旬暴雨成災。慈濟新澤西分會偕同芝加哥及華府志工，7月16、17日於重災區艾爾克維鎮（Elkview）、瑞內爾鎮（Rainelle）發放現值卡。
7月17日	●	阿根廷安德列理歐斯省（Entre Rios）瓜雷瓦市（Gualeguay）日前遭逢水患。時值冬季天氣嚴寒，慈濟阿根廷聯絡處志工前往發放毛毯。
7月20日	●	德國慈濟志工范德祿等7人，於20日與塞爾維亞難民及移民事務委員會（Republic of Serbia Commissariat for Refugee and Migration）簽署冬衣合作發放備忘錄。
8月23日	●	美國南部8月中旬受熱帶性低氣壓影響，路易斯安那州因河流氾濫，引發大規模水災。慈濟美國總會及德

州分會志工23日組成關懷團，前往重災區巴頓魯治市（Baton Rouge），隨後展開勘災、發放。

8月28日　義大利中部24日發生芮氏規模6.2地震。德國及義大利慈濟志工28至31日於重災區列蒂省（Rieti）及阿斯科利皮切諾省（Ascoli Piceno）等地關懷災民。

9月29日　梅姬颱風27日登陸臺灣，造成南部、東部縣市多處淹水與土石流災情。慈濟志工29、30日於旗山、美濃及六龜等地展開安心家訪，致贈祝福禮；嘉義、臺南、宜蘭等地志工29日亦前往當地災區關懷受災戶。

10月7日　艾利颱風外圍環流帶來豐沛雨量，花蓮、臺東縣多處發生土石流及淹水等災情。慈濟基金會7日成立防災協調中心，各地志工輪守會所，隨時掌握通報訊息。

10月10日　馬修颱風（Hurricane Matthew）4日橫掃加勒比海地區，重創海地。慈濟美國總會團隊10至12日與海地志工至重災區萊凱市（Les Cayes）、傑洛米市（Jeremie）勘災。

10月27日　海馬颱風（Haima）19日侵襲菲律賓卡加延省（Cagayan）。馬尼拉慈濟志工前往該省土格加勞市（Tuguegarao）勘災後，是日為東巴薩因里（Balzain East）貧民區發放。

12月7日　印尼亞齊省北部外海於12月7日發生芮氏規模6.5淺層地震，受災狀況以畢迪賈雅縣（Pidie Jaya）最為嚴重。災後，慈濟棉蘭支會立即展開援助。

2017

1月5日　馬來西亞東海岸因雨季豪雨引發水患，慈濟馬來西亞分會所屬檳城、哥打巴魯及雪蘭莪等3地志工，於5至9日前往吉蘭丹州及登加樓州，為災民發放物資。

1月14日　泰國中部巴蜀府（Prachuap Khiri Khan）挽沙藩縣（Bang Saphan）因連續豪雨，發生水災。慈濟志工14至19日為鄉親發放熱食，其間亦進行以工代賑，帶動鄉親打掃。

3月3日	辛巴威2017年2月受熱帶氣旋迪尼歐（Dineo）影響發生水患，導致缺糧更加嚴重。慈濟志工3至5日於重災區札卡（Zaka）發放大米及淨水藥，並提供熱食。
3月14日	緬甸岱枝鎮13日發生芮氏規模5.1地震。仰光慈濟志工於14日前往勘災，並至醫院慰問傷者，以及為受災鄉親提供熱食便當。
3月18日	紐西蘭奧克蘭遭強烈風暴侵襲。慈濟志工於18日在伊甸山基督教守約者之家（Promise Keeper Mt. Eden）發放急難救助金及食物包。
4月14日	澳洲新南威爾斯州受熱帶氣旋黛比（Debbie）影響，發生水患。雪梨與黃金海岸慈濟志工於14、21日前往湯保根（Tumbulgum）、崆峒（Condong）等地為災民發放。
6月4日	斯里蘭卡卡魯塔拉縣帕林達努拉區5月26日因大雨發生土石流。慈濟志工30日關懷被撤離的災民，是日於威迪亞班達拉學院臨時安置中心發放毛毯、福慧床。
7月2日	中國大陸「0622暴雨事件」，導致浙江、江西、湖南等11個省份發生澇災。湖南慈濟志工7月2日成立慈濟湖南長沙防賑災協調中心，並前往長沙縣梛梨鎮勘災，了解災民的安置情形與需求。
7月7日	菲律賓中部萊特省6日發生芮氏規模6.5淺層地震。奧莫克本土志工7日展開關懷行動，前往重災區卡南加鎮（Kananga）勘災，8日發放毛毯、大米。
7月14日	越南檳椥省巴知縣連年乾旱，加上土地鹽化致農作物收成減產、缺少乾淨水源。慈濟志工自7月14日至8月12日期間，分3梯次發放不鏽鋼臥式水塔。
7月30日	尼莎颱風29日晚間登陸，造成全臺39處淹水，主要集中在屏東縣沿海鄉鎮。慈濟志工30日總動員，前往牡丹鄉、林邊鄉、佳冬鄉政府安置中心致送熱食與生活物資。
8月26日	哈維颶風（Harvey）25日由德州首次登陸美國，造成休

士頓及附近城鎮發生嚴重洪患。慈濟達拉斯分會接獲訊息，志工於 26、27 日前往避難所為災民送上毛毯。

9月8日 ● 5級颶風艾瑪（Irma）6日橫掃加勒比海諸多島嶼國家，其中聖馬丁島（St. Martin）災情慘重。荷屬聖馬丁慈濟志工於8日展開急難救助工作，進行食物及大米發放。

9月21日 ● 墨西哥普埃布拉州（Puebla）19日下午發生芮氏規模7.1地震。里昂慈濟志工21日搭車前往墨城，勘察災區狀況，並於翌日關懷罹難災民家屬。

11月17日 ● 越南中部地區10月中旬因連續降雨發生水患。慈濟越南聯絡處於11月17至19日於和平省進行賑災，為災民發放物資及急難救助金。

11月18日 ● 柬埔寨金邊市鐵橋頭縣（Chbar Ampov）因雨季大雨引發水災。慈濟志工接獲縣長求助並前往勘災，於本日為災民發放大米。

12月18日 ● 啟德颱風（Kai-tak）16日侵襲菲律賓中南部，奧莫克慈濟大愛村嚴重淹水。帕洛鎮慈濟大愛村志工及時伸援，於18至22日為災民烹煮熱食。

2018 ●

2月2日 ● 菲律賓伊利甘市（Iligan）自2017年12月下旬起，先後受天秤颱風及熱帶性低氣壓影響，大雨成災。慈濟志工於2、3日為該市42個里的災民發放臺灣人道援外大米。

2月6日 ● 花蓮近海於6日23時50分發生芮氏規模6.26的極淺層地震。慈濟基金會7日凌晨0時許在靜思精舍成立「0206花蓮地震」防災協調總指揮中心，展開援助行動。

4月28日 ● 美國維吉尼亞州林其堡市（Lynchburg）15日遭龍捲風侵襲。慈濟華府分會及維州瑞其蒙聯絡處志工於18日前往災區勘災，28日在林其堡市發放現值卡、毛毯等物資。

7月29日 ● 美國夏威夷可愛島（Kauai）於4月間因暴雨發生水災，

慈濟夏威夷分會於7月29日在哈納萊伊小學（Hanalei Elementary School）發放現值卡、圍巾及香積飯等物資。

7月31日 ● 印尼龍目島（Lombok）於7月29日發生芮氏規模6.4地震，雅加達慈濟志工於7月31日、8月1日勘災，並前往收容所、醫院關懷傷者，發放祝福金。

8月15日 ● 中國大陸廣東省信宜市11日因強降雨引發水災，信宜慈濟志工15日前往災區新寶鎮勘災；16日於該鎮中心小學發放生活用品，並帶動災民清掃及資源回收。

8月23日 ● 臺灣於23至29日期間接連受熱帶低氣壓與西南氣流影響，是為「0823熱帶低壓水災」。慈濟花蓮本會於下午3時成立防災協調總指揮中心。

9月17日 ● 墨西哥莫雷洛斯州（Morelos）荷呼特拉市（Jojutla）及德拉奇市（Tlaquiltenango）16日暴雨成災，慈濟本土志工於17、18日發放熱食，並於22日發放物資予受災戶。

10月13日 ● 菲律賓北部卡加延省（Cagayan）9月中旬遭山竹颱風（Typhoon Ompong）侵襲，慈濟志工於13、14日在拔高鎮（Baggao）發放大米、毛毯及衣物。

10月21日 ● 「1021鐵路事故」臺鐵自強號於新馬車站出軌。慈濟志工於羅東聯絡處成立合心防災協調中心、新馬車站成立服務中心；花蓮本會亦成立防災協調總指揮中心。

10月21日 ● 印尼龍目島（Lombok）、蘇拉威西島（Sulawesi）接連於8、9月發生大地震。災後，慈濟印尼分會啟動急難援助，並與印尼國軍簽署合作備忘錄，將為災民援建住宅。

10月24日 ● 宏都拉斯秋露地佳省（Choluteca）10月上旬大雨成災，慈濟志工勘災後，於24至26日先後在馬可比雅市（Marcovia）、秋露地佳市，為災民發放食物及日用品。

11月17日 ● 美國佛羅里達州於10月上旬遭4級颶風麥克（Hurricane Michael）重創，慈濟志工勘災後於本日在重災區巴拿馬市（Panama）發放現值卡及毛毯。

| 12月24日 | 印尼巽他海峽（Sunda Strait）22日晚間突發海嘯，波及爪哇島西部的萬丹省（Baten）與蘇門答臘南端的楠榜省（Lampung）。慈濟印尼志工展開援助行動。 |

2019

2月22日	厄瓜多曼納比省聖塔安娜縣（Santa Ana）19日受暴雨侵襲，郊區的拉烏紐鎮（La Union）發生淹水災情。22日，慈濟志工勘查，也為受災居民送上生活物資。
3月20日	伊代氣旋在馬拉威及莫三比克造成重大衝擊後，轉向侵襲辛巴威東部。20日，辛巴威慈濟志工朱金財與本土志工，前往馬尼卡蘭省勘災及發放。全球慈濟志工也陸續響應「善行共振‧讓愛『非』揚」募心募愛活動。
3月23日	巴西聖保羅州於10日遭暴雨侵襲，造成聖貝納爾多坎普市（São Bernardo do Campo）等地發生水災。慈濟志工勘災後，於3月23、31日及4月7日發放物資。
4月16日	慈濟與國家災害防救科技中心簽訂「災防科技研究與應用合作協議」，由該中心協助慈濟災防人員教育訓練，以及整合政府與慈濟的資料，建置「慈濟防災情資網」。
5月5日	印尼明古魯省中明古魯縣4月下旬因連續降雨，發生水災。巴東慈濟志工前往勘災後，於5月5日在邦哈吉鎮（Bang Haji）根丁村（Genting）為災民發放生活用品。
5月10日	菲律賓呂宋島於4月22日發生芮氏規模6.1地震，慈濟菲律賓分會於5月10日在邦邦牙省（Pampanga）波瑞克鎮（Porac），為災民，發放大米、毛毯及祝福金。
6月17日	印尼東南蘇拉威西省科納韋縣（Konawe）於6月上旬連日降下豪雨，造成洪水及土石流災情。慈濟印尼分會17日展開賑災行動，為災民發放生活物資及義診。
6月18日	中國大陸四川省宜賓市長寧縣雙河鎮於6月17日22時55分發生芮氏規模6.0地震。慈濟志工聽聞消息，震後21小時，慈濟第一批志工及賑災物資抵達珙縣重災區。

7月6日	●	美國加州里奇克萊斯特市（Ridgecrest）於4、5日先後發生芮氏規模6.4及7.1地震。慈濟美國總會志工6日展開勘災，於20、21日發放現值卡及毛毯。
7月12日	●	與交通部中央氣象局簽署「防賑災氣象運用及教育推廣合作」備忘錄，並在苗栗園區啟用全臺第一個「慈濟防備災教育中心」。
7月24日	●	慈濟日本分會正式成為日本災害志願行動組織（JVOAD）成員。
8月18日	●	瓜地馬拉阿瑪蒂德蘭市（Amatitlán）3日因暴雨引發土石流，慈濟志工7日勘災後，18日為災民發放食品等物資。
9月4日	●	菲律賓納卯市（Davao）8月28日因豪雨造成河水氾濫成災，重創塔羅莫（Talomo）、杜伯克（Tugbok）、卡利南（Calinan）等3個里。慈濟志工啟動「以工代賑」。
9月7日	●	寮國南部逢雨季汛期，加上8月下旬接連受楊柳、劍魚颱風所影響，大雨成災。泰國慈濟志工於9月7日前往占巴塞省協助勘災，自翌日起發放熱食。
12月20日	●	澳洲東部森林大火肆虐，黃金海岸慈濟志工於20日前往昆士蘭省消防緊急救難中心（Queensland Fire and Emergency Services）慰問；雪梨慈濟志工21日發放。
2020	●	
1月16日	●	阿爾巴尼亞共和國（Albania）於2019年11月26日發生芮氏規模6.4地震，慈濟志工在2020年1月塞爾維亞難民冬衣發放行程結束後，於本日轉往阿爾巴尼亞勘災。
1月19日	●	印尼當格朗西薩丹河（Cisadane River）河水氾濫，致德陸那卡鎮（Teluk Naga）、巴古哈吉鎮（Pakuhaji）部份地區淹水。慈濟志工本日為災民發放4,830份物資。
1月26日	●	2019新型冠狀病毒肺炎疫情蔓延，慈濟基金會本日啟動「2019新型冠狀病毒跨志業應對」群組，展開關懷行動。

1月31日	●	大陸慈濟基金會新冠肺炎疫情援助，緊急從印尼採購醫用口罩、手套，1月30日送抵湖南機場，31日配送7家醫療機構。此為慈濟捐贈的第一批防疫醫療物資。
2月17日	●	莫三比克中部於2月中旬連日大雨，造成索法拉省（Sofala）部分地區發生水患，慈濟得知後，為受災鄉親烹煮熱食及捐贈物資，至22日止共發放1,301戶。
2月23日	●	慈濟澳洲墨爾本聯絡處於維多利亞省薩斯菲爾德（Sarsfield），為林火災民發放現值卡、醫療包、環保毛毯、圍巾等物資，共37戶受惠。
3月8日	●	巴西聖保羅市於2月中旬因瞬間強降雨，致使聖米格爾保利斯塔區（São Miguel Paulista）嚴重淹水。慈濟志工勘災後，於本日為災民發放物資，共幫助73戶。
5月18日	●	慈濟基金會馳援全球新冠肺炎防疫行動，捐贈一批醫療物資予南蘇丹紅十字會（South Sudan Red Cross）。物資於5月18日送抵當地，該國為慈濟在全球第109個慈善關懷的國家地區。
5月31日	●	菲律賓東薩馬省5月中旬遭黃蜂颱風侵襲，慈濟志工勘災後，於本日發放大米等生活物資及急難救助金，逾1千4百戶受益。
6月27日	●	馬來西亞柔佛州20日大雨成災，造成新山縣振林山（GelangPatah）部分村落淹水。慈濟於27、28日推動以工代賑，帶動鄉親清掃環境，並提供義診服務。
7月4日	●	中國大陸重慶市綦江流域因6月下旬起連日降下暴雨，7月1日綦江區多處遭受洪災，慈濟志工前往勘災，8日起展開援助行動，發放祝福金，兩天共幫助732戶。
7月16日	●	印尼南蘇拉威西省（Sulawesi Selatan）北魯烏縣（Luwu Utara），13日因連日大雨發生水災。慈濟志工於16、19日前往該縣百汶達鎮（Baebunta）發放物資。
7月19日	●	中國大陸受連日暴雨影響，7日造成江西省九江市湖口

縣、都昌縣多處淹水。19日慈濟志工前往勘災，23日於土塘鎮中心小學發放毛毯及生活包，共幫助558戶。

7月24日 ● 韓國自6月下旬起受梅雨季連續降雨影響，各地陸續傳出水災。慈濟志工7月24起展開勘災關懷行動，致送生活物資。

8月03日 ● 慈濟基金會防疫協調總指揮中心啟動全球「防疫2.0」計畫，擬採購外科口罩、防護口罩、防護衣、手套等防疫物資備存，並鼓勵各地自製布口罩，因應新冠肺炎疫情秋冬變化及需求。

8月5日 ● 印度6月中旬進入雨季，連日豪雨造成東北部發生水災。慈濟與印度靈醫會合作，於8月5日至9月20日在重災區阿薩姆省（Assam）、喀拉拉省（Kerala）進駐發放。

8月13日 ● 中國大陸四川省雅安市受連日強降雨影響，蘆山縣受災最為嚴重，13日慈濟志工接獲訊息，當日晚間將淨斯福慧床、毛毯及生活包各2百份，送至臨時安置點。

9月18日 ● 蘿拉（Laura）颶風8月下旬重創美國德州及路易斯安那州。慈濟志工於9月初前往橘郡（Orange County）等地勘災，並在18、19日為災民發送物資，幫助18戶。

9月19日 ● 墨西哥霍奇米科市（Xochimilco）8月上旬遭暴雨侵襲，發生土石流及水災。本土志工隨即展開勘災，於本日發放急難救助金、毛毯、口罩及洗手液，共86戶受益。

9月22日 ● 印尼西爪哇省蘇加武眉縣（Sukabumi）21日因大雨致河流氾濫，洪水侵襲芝朱璐（Cicurug）、芝達胡（Cidahu）、巴隆庫達（Parungkuda）等鄉鎮。慈濟志工於22至24日陸續發放熱食及打掃工具等物資。

11月2日 ● 強颱天鵝（Goni）1日在菲律賓中部造成災情，超過2百萬人受災。3日，慈濟菲律賓分會副執行長李偉嵩帶

隊前往八打雁市（Batangas），4日啟動以工代賑，提供代賑金，兩天總計約1千1百人次參與。

11月3日 ● 慈濟基金會援助全球新冠肺炎疫情行動，捐贈2萬個一次性口罩、2千個防護口罩、2千個護目罩及50支額溫槍，予非洲突尼西亞世界醫師聯盟（M.D.M.）。該國為慈濟在全球第118個人道援助（慈善關懷）的國家地區。

12月9日 ● 越南自10月上旬開始，接連遭蓮花等9個颱風侵襲，在中部地區引發災情。約50名慈濟志工於12月9至13日為新林香等7社的災民，發放祝福金，逾9千9百戶受益。

慈濟急難賑災 —— 無量大悲 救苦眾生

策劃執行／財團法人印證教育基金會、慈濟教育志業執行長辦公室
編　　著／財團法人印證教育基金會
文字提供／釋德淨、佛教慈濟慈善事業基金會、菲律賓分會、馬來西亞
　　　　　雪隆分會、新加坡分會、泰國分會、越南分會、美國總會、
　　　　　林櫻琴、陳惠眞、王運敬、陳美羿、黃秀花、葉子豪
責任編輯／劉銘達、盧蕙馨
文字校對／劉銘達、盧蕙馨、慈濟教育執行長辦公室
圖片提供／慈濟花蓮本會、佛教慈濟基金會文史處圖像資料組、阮義忠

發 行 人／王端正
總 編 輯／王志宏
叢書主編／蔡文村
叢書編輯／何祺婷
美術指導／邱宇陞
內頁排版／極翔企業有限公司
出 版 者／經典雜誌
　　　　　財團法人慈濟傳播人文志業基金會
地　　址／台北市北投區立德路二號
電　　話／（02）2898-9991
劃撥帳號／19924552
戶　　名／經典雜誌
製版印刷／禹利電子分色有限公司
經 銷 商／聯合發行股份有限公司
地　　址／新北市新店區寶橋路 235 巷 6 弄 6 號 2 樓
電　　話／（02）2917-8022
出版日期／2021 年 6 月初版
定　　價／新台幣 450 元

國家圖書館出版品預行編目 (CIP) 資料

慈濟急難賑災－無量大悲　救苦眾生
= TZU CHI : Disaster Relief/
財團法人印證教育基金會／編著 -- 初版 . -- 臺北市 : 經典雜誌，
2021.05　面 ; 15*21 公分
ISBN 978-986-06341-8-1（精裝）

1. 佛教慈濟慈善基金會 2. 慈善 3. 國際賑災 4. 急難救助 5. 聯合國

548.126　　　　　　　　　　　　　　　　110007312

ISBN 978-986-06341-8-1

00450

9 789860 634181